JN240568

バウムガルテンとスピノザ論争史

18世紀ドイツ哲学再考

津田栞里

Baumgarten und die Geschichte des Spinozastreits

Überlegungen zur deutschen Philosophie des 18. Jahrhunderts

Shiori TSUDA

晃洋書房

目　次

第Ⅱ部　バウムガルテンとスピノザ論争史

凡例

引用

1. 外国語文献の邦訳を引用する場合、必要に応じて筆者により表現を改めた箇所がある。
2. 外国語文献を参照する際に、既存の邦訳がある場合はその書誌情報および頁数を〔 〕内で示す。

表記

1. 引用内の《 》は、原文のスモール・キャピタルを意味する
2. 引用内の〈 〉は、原文のイタリックを意味する。
3. 引用内の〔 〕は、(i) 引用文の原語、(ii) 引用者による言い換えや補足を意味する。
4. 引用内の傍線は引用者による強調を意味する。
5. 引用内の〔……〕は、省略を意味する。
6. 原語の表記は引用元のテクストに準じ、ラテン語のuとv、iとj、あるいはドイツ語のtとthなどの使用も原典に従って、現代的表記に修正することはしなかった。
7. 原語を〔 〕で示す際、読みやすさを考慮し、動詞を不定詞にて示すことがある。

スピノザとスピノハザの表記に関して

本書では、スピノザ本人を意味する場合のみ、「スピノザ」と表記した。また、汎神論者や無神論者、さらにライプニッツ主義者までを含む、スピノザ主義者とみなされた思想家を意味する場合には、「スピノハザ」と表記した。この規則に即すと、本書の主題は「バウムガルテンとスピノハザ論争史」と表記すべきだが、出版をめぐる事情から省略している。

一見すると不自然に思われる「スピノハザ」という表記を通じて、一八世紀前葉のスピノザに端を発する当時の論争群が、スピノザではなく、スピノハザをめぐる論争であったことを、読者に感じてもらうことが狙いである。

略　記

バウムガルテンの著作

1．『形而上学』に関しては主として二版を用いる。
2．『形而上学』からの引用については、「*Metaphysica*¹」のように、著作名に上付きで版数を表記する。
3．本文からの引用では、パラグラフ番号を示す。
4．序文からの引用では、原典の頁数を示すとともに、羅独対訳版の頁数を併記する。

他の著作

1．ヴォルフの著作を引用する際には、パラグラフ番号を示す。但し、序文については頁数を記載する。また、各パラグラフに付された注解からの引用では、パラグラフ番号の後ろに「not.」を付す。
2．カントの著作からの引用ではアカデミー版カント全集の巻数と頁数を記載し、岩波版カント全集に収録されているものについては、その頁数を併記する。
3．ランゲの著作からの引用では、頁数を示す。
4．スピノザ『エチカ』からの引用では、次の略号を用いる。Def：定義、P：定理、Dem：証明、C：系、S：備考。

序　章　従来の哲学史に対するオルタナティブ

第一節　カントに始まる近代ドイツ哲学史

▼本書の問題意識

哲学史とは何か――この問いを哲学そのものへの批判として受け取るとき、その端緒はカントの批判哲学に見出されねばならない。カントの登場によって、哲学史は一つの体系として語られるようになった。一八世紀末の哲学史論争では哲学の概念が模索され、ヘーゲルをはじめとする一九世紀の哲学史家たちは哲学史の叙述を通じて自身の思想体系を展開したのである。その結果、カントの批判哲学を正面から引き受けて叙述された哲学史は、カントからヘーゲルへと至る進歩史観的な一つの物語を提供することになった。そこで語られるのは、カントの批判哲学が先鞭した超越論的観念論に始まり、フィヒテの主観的観念論、そしてシェリングの客観的観念論を経て、ヘーゲルの絶対的観念論に至って完成するという通俗的な「ドイツ観念論」の物語であり[1]、そこでは一九世紀ドイツ観念論の先駆者としてのカントが描き出される。現在の研究水準を踏まえるならば、このような哲学史観が不当な「画一化」にほかならないことは既に指摘されるところであり[2]、それは通俗的な「ドイツ観念論」の物語におけるカント以降の叙述の解体とその再構成へと私たちを向かわせている[3]。

そしてこの物語はカント以降の叙述に留まらず、カント以前の哲学史叙述においても同様の問題を抱えている。なぜなら、カントは一九世紀ドイツ観念論の先駆者でなければならないからである。誤解を恐れずにいうならば、カントは「哲学革命」を実現した、哲学史の新しい体系の始まりに置かれるべき思想家として、その革新性が強調されねばならず、[4]カントの批判哲学に直接的な関係があるとされてきた思想潮流のみに光が当たることになる。具体的には、合理主義哲学とイギリス経験論の発展的折衷という要素が過度に強調され、カントに至るまでの一八世紀ドイツ哲学史はライプニッツ哲学を体系化したヴォルフの名が挙がるだけの簡便な記述で済まされてしまうのである。しかしながら、実際の一八世紀ドイツは一七世紀末から続く合理主義哲学と敬虔主義神学の緊張関係の只中にあり、そこでは豊かな啓蒙思想が育まれていた。先述の物語は、カント以降の「ドイツ観念論」の叙述に導かれるように、カント以前の一八世紀におけるドイツ内部の思想の豊かさ（さらに、フランスやイギリスと共通する「啓蒙」という時代性）を矮小化してしまう可能性を孕んでいる。

では、どのようにして新しい物語を紡ぐことができるのか。そのオルタナティブを提示しようとするとき、私たちは「啓蒙主義」が哲学史のメインストリームに対して果たした理論上の貢献を正当に評価せねばならない。そのために、カント以前、とりわけカントと時代的なコンテクストを共有していた一八世紀前葉から中葉のドイツ哲学に関して、それを「合理論」として一括りにする耳なじみのよい図式を捨て去り、むしろその複雑性や多様性、そして豊潤さに注目することから始めよう。従来の哲学史のオルタナティブを提示すること、これが本書に底流する著者の問題意識であり、本書の中心をなすバウムガルテン『形而上学』読解はその第一歩である。

▼本書の目的

本書は、一八世紀ドイツの哲学者バウムガルテン（Alexander Gottlieb Baumgarten, 1714-1762）の主著『形而上学』を、一七世紀後葉から一八世紀前葉に展開されたスピノザ（Baruch De Spinoza, 1632-1677）、あるいはスピノザ主義の解釈をめぐる一連の論争への応答として読み直すことで、バウムガルテンに哲学史上の正当な位置を与えることを目的とする。

バウムガルテンは、大陸合理論を代表するライプニッツ（Gottfried Wilhelm Leibniz, 1646-1716）やヴォルフ（Christian Wolff, 1679-1754）の後継者として、あるいは先の大陸合理論とイギリス経験論を統合して自らの批判哲学を提唱したカント（Immanuel Kant, 1724-1804）の先駆者として、哲学史に名を連ねてきた。つまり、バウムガルテンはスコラ哲学からの移行期である一八世紀前葉と、カントによる「哲学革命」が開始した同世紀後葉という時代の変わり目に位置している。それにもかかわらず、多くの哲学史では「美学の創始者」として登場するばかりで、一人の哲学者としての輪郭は朧気である。ここには、バウムガルテンが一八世紀という時代の思想潮流をよく反映するがあまりに、その独自性が隠れてしまっているという事情があろう。一つの世紀の異なる時代が〈いかにして〉結びつくのか――没時代的な思想家であるバウムガルテンにおいてこそ、この問いは正面から問われねばならない。

たしかに、批判期に至るまでのカントの思想形成史に関する従来の研究を挙げることによって、バウムガルテンは哲学史の穴を埋める役割を担ってきたのだと結論することもできよう。しかしながら、既存の研究は、ライプニッツやヴォルフ、あるいはカントといったいわゆる大物の哲学者から問題構制を輸入して、バウムガルテンを再構成する傾向にある。詳細は後述するが、バウムガルテンの『形而上学』さえも、羅独対訳本や英訳を除いて、著作全体に目を配った研究は国際的にもかぎられており、その他の多くは別の哲学者の議論枠組みを移植して外在的視点から当該テクストを読解している。ここにはバウムガルテンが与する啓蒙思想そのものが哲学史のなかで宙吊りになってきたこともいくらか関係しているのであろう。したがって、本書はバウムガルテンを一八世紀ドイツ哲学史の主要な登場人物として扱うとともに、バウムガルテンのテクストそのものを精読するという姿勢を徹底する。

第二節　一八世紀ドイツ哲学史再考

▼傍流としての啓蒙思想

「哲学史」と銘打たれた書籍を並べて、その目次を比較したことがあるだろうか。そのうちで「啓蒙思想」という見出しが設定されているものは決して多くはない。なぜ一八世紀ドイツ哲学史に関する叙述において啓蒙思想は等閑視されてしまうのか。以下では先述の通俗的ドイツ観念論を描く古典的な哲学史として、ヒルシュベルガーの『小哲学史』および『西洋哲学史』を例に挙げて、「哲学史の近代モデル」がもたらす一八世紀哲学史叙述の問題点を指摘したい。ヒルシュベルガーは、『小哲学史』の「十七及び十八世紀の偉大な諸体系」という章を「合理論」・「経験論」・「啓蒙主義」の三つに分類すると、次のように述べる。

かれ〔＝カント〕の哲学はかれの時代にたいしてまず近代的な哲学として姿を現わす——なぜなら、デカルト、ヒューム、ルソーなどから出てきた思想がいまやドイツにおいて実をむすんだからである（ヒルシュベルガー『小哲学史』、二四八頁）。

デカルト、ヒューム、そしてルソーの三名は、合理論・経験論・啓蒙主義をそれぞれ代表する思想家として同書のなかで挙げられる。つまり、ヒルシュベルガーは合理論・経験論・啓蒙主義を統合する哲学者（あるいは、「調停者」といっても差し支えないであろう）として、カントを哲学史のうちに位置付ける。このような前提の下では、これらの三大潮流はカントの思想形成にどのような影響を与えたのかという視点から語られることになる。合理論との関係でいえば、デカルトに始まる「普遍妥当的で必然的な命題からなる厳密な学を欲する」という大枠の親近性だけでなく（ヒルシュベルガー『小哲学史』、二五二頁）、そもそもカントがデカルトからスピノザ、そしてライプニッツと続く古い形而上学の伝統的な関心事を放棄していないことも指摘され（同書：二四八頁）、ゆえにカントは合理論を思想基盤とする思想家とみなされる。他方で、経験論は合理論で展開される伝統的な形而上学を「本当の意味で近代的」（同書：二一九頁）にするという仕方で貢献し、カントにとっては合理論の有効なカウンターパートとして、いくつかの視点を提供する役割を担うことになった。なかでもヒュームの懐疑論はカントを「独断のまどろみ」（同書：二三六、二四八頁）から目覚めさせ、カントが批判哲学への道を切り拓くことに一役買ったのである。しかしながら、啓蒙主義とカントの関係はそのかぎりではない。ヒルシュベルガーは啓蒙主義を次のように評価する。

　精神の世界における偉人たちの事蹟につづいて始まる啓蒙時代は、近代の成しとげたものを信じ、それを生に適用しようとする。この信念と意志は啓蒙主義の特徴である。ひとはもはや基礎研究に努めない、すでに確実なものを手にしていると感じ、いまはできるだけ広い範囲に進歩による幸福を及ぼそうとする。その点で啓蒙主義は典型的な通俗哲学である。十六、十七世紀の体系の創始者たちの深さに対し、これは一つのマイナスであり、そしてこの平板化への不満こそ、やがて啓蒙主義の克服を招くことになる（ヒルシュベルガー『西洋哲学史』、三一一頁）。

合理論と経験論はカントの思想基盤を成すものであり、その点で両者からカントへと至る歴史が進歩・発展の途として描かれるのに対して、啓蒙主義は「一つのマイナス」かつ「平板化」であるような、いわば歴史の揺り戻しとみなされる。その上で、ヒルシュベルガーは啓蒙主義がカントに与えた影響のうちで最も重要であると考えるルソーについて、その影響とは「カントが知識ではなく、信仰によって宗教を基礎づけたこと、実践理性を理論理性に優先させたこと」（同書：三二四頁）であると述べる。ヒルシュベルガーのカント解釈の是非は保留するとしても、注目すべきはその『西洋哲学史』が啓蒙主義に対して一定の紙幅を割いているにもかかわらず、啓蒙主義とカント思想の理論的な接点として語られるのは神の存在証明や実践理性の問題にかぎられているという事実である。そこでは、啓蒙主義を代表するルソーの影響がカントの宗教論および実践哲学に限定される。このような合理論と経験論を批判哲学形成のための不可欠の要素として強調するヒルシュベルガーの見立ては決して誤りではないだろう。というのも、『純粋理性批判』におけるカントの重要課題の一つが独断論と経験論の調停であることは疑いえないからである。問題であるのは、「ドイツ観念論」の先駆的要素が先の独断論と経験論の調停にのみ見出されることで、従来の「ドイツ観念論」の記述がカント以前の記述の指針を決定してしまった点である。

▼スピノザへの着目――J・イスラエルの思想史研究から

従来の哲学史に対してそのオルタナティブを提示しようとする試みは二〇世紀末から確認できるが、そこには初期啓蒙への立ち返りとスピノザそのものや「スピノザ主義者」と呼ばれた者（以下、スピノザと表記）への着目という一つの共通性を見出すことができる。[5] 今世紀に入ってからも、一八世紀ドイツ哲学史の再編はよりいっそう多くの研究者の関心を集めているが、[6]〈なぜ私たちはスピノザに着目するのか〉。近年の研究潮流の呼び水となった歴史家J・イスラエル（Jonathan Irvine Israel, 1946–）による思想史研究の立場からの回答を紹介したい。

J・イスラエルは、急進的啓蒙・穏健な啓蒙・反啓蒙という三項図式を提示し、この三者が繰り広げる論争によって啓蒙時代が形成されてきたのであり、そのうちの急進的啓蒙こそが近代民主主義に関わる概念の創出に寄与したと指摘する。[7] そして、J・イスラエルは『急進的啓蒙』（*Radical Enlightenment*, 2001）のなかで当時のスピノザの存在に対して、次のように述べる。

スピノザ主義の問題は、啓蒙初期のヨーロッパ思想を適切に理解する上で、中心的かつ不可欠なものである。一七世紀末から一八世紀初頭にかけてのヨーロッパの知的議論におけるスピノザ主義の重要性は、既存の二次文献から誰もが想像するよりもはるかに大きい。〔……〕「スピノザ主義」という用語は頻繁に使用され、〔……〕スピノザの体系への厳格な支持というよりも、むしろ実質的には急進的啓蒙全体を、すなわち、来世における報いと罰を含む神の摂理や啓示、奇跡を排除したすべての理神論的、自然主義的、無神論的な体系を広く示した。しかし、このことはこの使用が曖昧で無意味な用法であったことを意味しない。それどころか、啓蒙初期の言説におけるこのスピノザとスピノザ主義という用語のきわめて頻繁で広範な使用は、〔……〕まさにスピノザの哲学を他の急進的な思想の広範囲にわたるネットワークと結びつけることを意図したものである（Israel, *Radical Enlightenment*, pp. 12-13）。

すなわち、J・イスラエルは、初期近代において「スピノザ」や「スピノザ主義者」という言葉が非常に頻繁かつ広範に使用されていたという事実を膨大な一次資料から示したうえで、スピノザは「曖昧で無意味な」仕方で利用された「レッテル」の機能しかもたないという従来の評価を斥け、先の事実をスピノザと各国の急進的な思想の広範囲なネットワークとして高く評価するのである。したがって、〈なぜ私たちはスピノザに着目するのか〉と問えば、それは歴史的資料がスピノザの重要性を示しているからであるというのが第一の回答となろう。

ところで『急進的啓蒙』から始まるJ・イスラエルの啓蒙三部作は、スピノザを思想的源流とする急進的啓蒙主義者たちの群像劇であって、それは急進派と穏健派の一連の論争からなる思想史叙述である。そのような論述スタイルは「論争に焦点を当てる方法〔controversialist method〕」と名付けられ、第二部『啓蒙をめぐる論争』（*Enlightenment Contested*, 2006）で次のように説明される。

社会と思想の相互作用を、部分的に共有され、また部分的には議論された概念との衝突の連なりとして想定する方法論は、インテレクチュアル・ヒストリーにおける論争主義者のアプローチと呼ぶのがよいであろう。〔……〕社会、政府、そして教会やその他の団体が最も広範かつ正確に彼らの学問上の立場と伝統との関係を定義し、そして思想と「公共圏」のあいだの結びつきが最もはっきりと明かされるのはここ〔＝公的な論争や衝突〕だからである（Israel, *Enlightenment Contested*, p. 23）。

論争に注目して描かれた思想史は、思想と「公共圏」の結びつきを詳らかにする。つまり、論争はその大小に関わらず、どのような思想が支持される／支持されないのかということ、またより重要ではない知識人によって公表・再利用される場合に、その思想はどのように変化・簡略化されるのかということ、さらにいつ・どのように思想が広まり、その思想の広まりが広範に認識されるとどのような結果をもたらすのかということを正確に示す。[8] ここに、「急進的な思想をスピノザ主義の流れに位置付けないかぎり、一八世紀の論争、思想、議論の基本的な構造は理解できない」[9] というJ・イスラエルの強い主張を支える、もう一つの基本姿勢が潜んでいよう。つまり、「精神の革命こそが現実世界の革命に先行する本質的革命である」[10]。

現実社会をめぐる争点が具体的には異なる問題（例えば神学の教義をめぐる問いであれ、政治体制をめぐる問いであれ）を扱うとしても、それらを「一定の水準を越えた領域において」、形而上学の視座から捉え直すならば、一切は二元論と一元論の対決に収斂する。それゆえ、啓蒙は「理性と伝統とのあいだでバランスをとることを求め、概して現状を支持する穏健な（二つの実体論に立つ）啓蒙」と「身体と精神を一体のものとし、神と自然とを同一視する、そして、あらゆる奇跡、身体から独立した霊魂を否定し、理性だけが人間の生活を導く唯一の要因だとして伝統を顧みない急進的な（単一実体説をとる）啓蒙」とが繰り広げる論争空間として描き出すことが可能である。[11] このような啓蒙解釈を提示するJ・イスラエルにとって、『エチカ』で一元論を展開し、『神学・政治論』において平等を語るスピノザは、精神の革命と現実世界の革命、両者の源流にほかならなかった。したがって、スピノザ、否、スピノザは二重の意味で革命の先導者であるというのが、〈なぜ私たちはスピノザに着目するのか〉という問いに対する第二の回答となる。[12]

▼「群小哲学者」の再評価からなる群像劇

では、〈なぜ私たちはスピノザに着目するのか〉という問いに哲学・哲学史研究の立場からはどのように回答することができるだろうか。先述のように、従来の哲学史における一八世紀ドイツ哲学は、カントから始まるドイツ観念論のプロローグとして位置付けられてきた。それに対して、スピノザに注目して一八世紀ドイツ哲学史を読み直すことは、スピノザが当時の論争の一翼に分かちがたく結びついているがために、その「公共圏」を叙述することになる。換言すれば、大物の哲学者からなるオムニバスではなく、「群小哲学者」[13]が繰り広げる群像劇として、哲学史を再編することへと私たちを導く。群像劇の中心が特定の登場人物ではなく、その劇の舞台（時間的・空間的広がりをもった場所）であるように、そこではカントが中心に置かれるのではなく、一八世紀ドイツを舞台として哲学史においてはしばしば「群小哲学者」にすぎなかった思想家たちに、ライプニッツやカントといった偉大な哲学者に劣らないだけのスポットライトが当てられる。したがって、群像劇としての一八世紀ドイツ哲学史という一つのオルタナティブの提示を期待して、私たちはスピノザに着目するのである。

J・イスラエルが提供したスピノザで繋がる当時の人的ネットワークは、たしかに一八世紀ドイツにおけるスピノザの重要性を示唆している。ところが、そこに描かれた一八世紀ドイツにおけるスピノザ受容を本書の議論の前提におくことは難しい。というのも、現実世界の革命のための精神の革命としてではなく、哲学史のためのスピノザ論争史として再編する必要があるからである[14]。換言すれば、一八世紀ドイツ哲学を代表する群小哲学者バウムガルテンを、当時のスピノザ論争史との関係に注目して読解するための準備として、スピノザ論争史の争点を整理することが求められる。それによって、その群小哲学者の問題意識は当時の「公共圏」との関係から掬いだされ、その群小哲学者のテクスト研究を通じてスピノザが一八世紀ドイツ哲学に果たした理論上の貢献が明らかになるはずである。つまり、〈なぜスピノザに着目するのか〉という問いに一八世紀ドイツ哲学・哲学史研究の立場からより説得的な回答を用意することができる。また、当時のスピノザ論争史との関係に注目してバウムガルテンを読解することは、翻って、カントを時代の主人公とするオムニバス形式の哲学史を再考する契機となり、群小哲学者からなる群像劇としての一八世紀ドイツ哲学史を、部分的であれ、提供することになる。

第三節　バウムガルテンとその研究史

▼一般的見解──接ぎ木の哲学者

本書が主題的に扱うバウムガルテンは紛れもなく群小哲学者であるが、[15]それにもかかわらず一定の研究蓄積があるのは、バウムガルテンがあらゆる哲学史のオムニバスに登場する大物の哲学者との思想的影響関係をもつからである。

第一に、バウムガルテンとカントの関係を挙げることができる。カントは自身が行うケーニヒスベルク大学での形而上学講義において、バウムガルテンの『形而上学』を教科書として使用していた。また、倫理学講義でもバウムガルテンの『哲学的倫理学』を用いている。カントが講義で用いた教科書には多くの書き込みがあったとも伝えられており、[16]実際にカントの『形而上学』への書き込みはアカデミー版カント全集に収録されている。[17]したがって、カントにおけるバウムガルテンの影響は、カント自身の書き込みからバウムガルテンの受容とそこからの離反の軌跡を辿ることが可能であり、それゆえ、批判期に至るカントの思想形成史という観点からバウムガルテンは研究対象とされてきたのである。

第二に、バウムガルテンと、ライプニッツおよびヴォルフの関係を挙げることができる。ライプニッツに関しては、『モナドロジー』や『弁神論』、さらにクラークとの書簡や『ライプツィヒ学報』まで、数多くの著作を蔵書のうちに確認することができる。[18]それればかりか、バウムガルテンは『形而上学』の第二版序文と第三版序文（以下、それぞれ「第二序文」「第三序文」とする）のなかでライプニッツからの影響について言明している。[19]他方、ヴォルフとの影響関係については複雑な事情が絡み合う。当初ヴォルフはハレ大学の哲学部で教鞭を執っていたものの、バウムガルテンがハレ大学で学ぶときには、敬虔神学者たちとの論争の過程でハレを追放されてしまっていたため、バウムガルテンは兄ジークムント・ヤーコプ（Siegmund Jacob Baumgarten, 1706-1757）を介してヴォルフ哲学に触れていた。より悲惨であったのは、ヴォルフの著作が禁書となったことである。公にはヴォルフ哲学を講じることさえも禁じられるという状況下で、バウムガルテンはヴォルフ学派の思想家との交流を通じてヴォルフ哲学を学び、それを『形而上学』のうちに結実させた。実際にバウムガルテンの著作の構成やその叙述方法はヴォルフに多くを負っており[20]、それはバウムガルテンが従来の哲学史のなかで「ヴォルフ学派」と称されることの説明に足るほどである。

ライプニッツ‐ヴォルフ哲学ともカントとも繋がりをもつバウムガルテンは、スコラ哲学の伝統が随所に垣間見られる一八世紀前葉と、カントの批判哲学が展開された同世紀後葉、一つの世紀の異なる時代を結びつける、いわば接ぎ木の哲学者として研究されてきた。換言すれば、バウムガルテン研究とはカントにおけるライプニッツの研究であり、あるいはライプニッツ哲学そのものの一八世紀ドイツにおける受容の解明であった。それゆえ、従来の多くの先行研究はバウムガルテンのテクストそのものを内在的に読むことはせず、ライプニッツやヴォルフ、あるいはカント哲学の問題構制を援用することでバウムガルテンという哲学者の輪郭を描いてきたのである[21]。

▼新局面の到来――ランゲ‐ヴォルフ論争への注目

このような状況に一石を投じたのが、ランゲ‐ヴォルフ論争というハレ大学を舞台とした当時の一大論争への注目である。それは一般に運命論と自由意志をめぐる争いと言われ、敬虔主義神学の立場からはライプニッツ‐ヴォルフ哲学の世界論が運命論として受け取られたために、ヴォルフがスピノザ主義者として糾弾された事件である。ゆえに、それはスピノザ論争にほかならない。彼らの論争は一七二〇年代にハレ大学内部の闘争として始まり、ハレから追放されたヴォルフが一七四〇年同地に帰還するまでのおよそ二〇年にわたって続いた。そのあいだにバウムガルテンは、まさにそのハレ大学で学び、教鞭を執り、そして『形而上学』構想を練っていたのであり、近年の先行研究が指摘するようにその論争がバウムガルテンの思想形成に与えた影響は大きい。

ところが、同論争は研究史上あまり評価されてこなかった[22]。今世紀に入ってカントの『純粋理性批判』における自由のアンチノミーをランゲ-ヴォルフ論争の再構成として解釈できるという見解が明示されたことで、[23]ランゲ-ヴォルフ論争という当時のスピノザ論争の哲学的意義が再評価され、バウムガルテンは敬虔主義神学とヴォルフの合理主義哲学の調停に関して歴史的に重要な役割を果たした思想家として注目されるようになったのである。[24]

　このようなバウムガルテン研究の新局面を後押ししたのは、バウムガルテンの生涯が「合理主義的な敬虔主義者」そのものであったからにほかならない。[25]バウムガルテンは、一七一四年六月一七日[26]にベルリンで、プロテスタントの福音派の説教者であるヤーコプ・バウムガルテン（Jacob Baumgarten, 1668–1722）と、ロジーナ・エリーザベト（Rosina Elisabeth Baumgarten, 1690–1717）のあいだに生まれた。母親はバウムガルテンが三歳のときに、また父親も八歳のときに他界してしまう。その後、一七二七年に敬虔主義神学者フランケ（August Hermann Francke, 1633–1727）によって設立された孤児院に入るまでのあいだ、バウムガルテンはクリストガウ（Martin Georg Christgau, 1697–1776）のもとで教育を受けた。そこでは、学術・芸術を学ぶだけでなく、ヘブライ語やラテン語を学び、特にラテン語で書かれた詩に触れ、さらには自身で毎日ラテン語の詩作を行うなどしていたといわれている。ハレの孤児院に移ってからハレ大学で学ぶようになる一七三〇年まで、神学および哲学に関する教育の大部分を担うことになったのは、ヴォルフ哲学への造詣も深かった兄ジークムント・ヤーコプである。その後、バウムガルテンは兄による指導に加えて、若き反ヴォルフ主義神学者ランゲ（Johann Joachim Lange, 1670–1744）等からも神学を学ぶようになった。その他、文献学やアラビア語・ギリシャ語、古代史や貨幣学を学んだ。そうして、一七三五年に教授資格論文『詩に関するいくつかの哲学的省察』を執筆し、その後ハレ大学で自身も教鞭を執るようになった。[27]以上の簡単な略歴からもわかるように、バウムガルテンはかなり早い時期から敬虔主義神学と合理主義哲学を学び、両者に対して深い造詣をもっていたのである。

　当初こそ、ランゲ-ヴォルフ論争そのもののテーマであったとされる運命論と自由意志、つまり実践的な事柄に限定してバウムガルテンに関する研究も蓄積される傾向にあったが、ここ数年はより広いテーマのもとに議論されるようになりつつある。[28]それゆえ、ランゲ-ヴォルフ論争という当時のスピノザ論争に注目し、バウムガルテンを「合理主義的な敬虔主義者」として評価する傾向は近年高まりをみせているといって差し支えない[29]。

▼『形而上学』の包括的理解のために

ライプニッツとカントの接ぎ木としてのバウムガルテン研究は、バウムガルテンの内在的な問題意識を捉えることはできず、その思想の独自性を不当に矮小化してしまう可能性をもつ。他方で、バウムガルテンを敬虔主義神学と合理主義哲学のあいだに位置付けようとするいくつかの先行研究は、従来看過されてきたバウムガルテンの独自性を明らかにしつつあるが、バウムガルテン研究は今まさに新局面を迎えたばかりであって、バウムガルテン思想の根幹は依然として明らかにされていない。例えば、主著『形而上学』を貫くバウムガルテンの関心事が何であったのか、この問いへの回答さえも待たれているのである。このような現状の背景には、『形而上学』を考察対象とするにあたっての先行研究の方法論上の二つの重大な問題があると考えられる。第一に、全一〇〇〇項からなる当該著作について、項の単位での引用・解釈ばかりが積極的に進められてきた点である[30]。それによって、項が依拠する文脈や項を束ねる部門の関係、さらに著作全体の体系的解釈を提示することが困難になってしまっている。第二に、当該著作は生前四度も版を重ねているにもかかわらず、諸版の異同が長らく看過されてきた点である。必ずしも恣意的ではないにせよ、任意の版のみの参照を可能にしてきたのは、『形而上学』の書き換えが概念そのものではなく、細部の表現に施されているという事情による[31]。しかしながら、実際には各版のあいだに思想的発展を読み取ることが可能であり、むしろそこに注目しなければ、私たちは容易にバウムガルテンの思想の特色を捉え損ねてしまう。

そこで本書は、文献研究の基本に立ち返り、主著『形而上学』に関する精緻なテクスト分析を土台としつつも、近年注目されるスピノザ論争史との関係を踏まえて、『形而上学』全体に包括的見解を与えるよう試みる。具体的なプロセスは次のとおりである。まず『形而上学』諸版の異同に注目する。『形而上学』は一七三九年から一七七〇年までの三〇年間にわたって計七度の版を重ね、生前に出版された四版（一七五七）までには内容上の主要な改変が確認されている。さらに、『形而上学』のうち初版、二版および三版には序文が付されているものの、一部の先行研究を除いて、諸版の序文が研究対象とされることはなかった。そこで私たちは『形而上学』の序文に注目し、そこから〈『形而上学』を貫く一つの問題意識が当時のスピノザ論争への応答である〉という仮説を導出する。詳細は第Ⅱ部に譲るが、実体定義の成立背景およびその目的の説明に大部分が割かれている「第二序文」では、自らの実体定義が伝統的図式ともスピノザの実体定義とも異なることが強調され、二版ではその独自の実体論をめぐって主要な書き換えが施されている。したがって、私たちは〈なぜスピノザに着目するのか〉という問いに、バウムガルテン研究の立場からも回答することができるだろう。なぜなら、スピノザ論争史とバウムガルテン自身の問題意識との連関がテクスト分析によって示されるからである。

▼本書の構成

本書は二部構成である。

第Ⅰ部「初期近代ドイツとスピノザ」では、初期近代ドイツにおけるスピノザ論を問題とし、一つのスピノザ論争史を提供することが主題となる。本書の主たる課題は、バウムガルテンという思想家をスピノザ論争史のうちに位置付けることで彼の思想がもつ独自性を明らかにすることであるから、第Ⅰ部では同時代をスピノザ論争史として読み直すことの有効性が示されねばならない。そこで、まずスピノザの『遺稿集』が刊行された一六七七年から、バウムガルテンに直接的な影響を与えたランゲ‐ヴォルフ論争が始まる一七二一年までのあいだに、どのようにスピノザが受容され、その像が変化していったのかを検討する。その際に「スピノザ主義」という表現に注目してその意味内容を抽出することで、いくつかの時期に応じてスピノザが展開していったことが示される（第一章「初期近代ドイツにおけるスピノザ論争史　一六七〇—一七二〇」）。次いで私たちはランゲ‐ヴォルフ論争の検討へと進む。先に取り上げるのは、ヴォルフをスピノザ主義者として批判したランゲである。具体的には、ランゲの『神、世界、及び人間についてのヴォルフの形而上学説における、誤りで有害な哲学に関する慎ましく詳細な発見』（以下『発見』）の冒頭に付された「手引き〔protheorie〕」を考察対象として、ランゲのスピノザ理解を描き出す。ここから、ランゲが第一章で確認したそれ以前のスピノザ論争史を引き受けながら、ヴォルフ批判を契機として新局面を用意したことが示される（第二章「ランゲのスピノザ論」）。続いて、私たちはランゲによって批判されたヴォルフによるスピノザ論の検討に取り組む。ヴォルフはランゲとの論争の終局にあたる時期に出版された『自然神学』においてスピノザ反駁を行ったことから、同テクストを考察対象とする。従来はスピノザそのものへの批判である点にヴォルフの功績は見出されていたが、ランゲ‐ヴォルフ論争という文脈のうちに、つまり先立つランゲのスピノザ理解と対比的に読み解くことで、スピノザ論争史上のヴォルフの意義が再提示される（第三章「ヴォルフのスピノザ論」）。

第Ⅱ部「バウムガルテンとスピノザ論争史」では第Ⅰ部の成果を踏まえて、バウムガルテンをスピノザ論争史のうちに位置付けるとともに、スピノザ論争史を軸としてバウムガルテンを再解釈するという本書の主題に取り組む。そのためには大きく二つの段階的な作業が必要となろう。第一に、それはバウムガルテンがどのようにスピノザを理解していたのか、いわば第Ⅰ部に続く論争史を描くことである。そこで本書が考察対象とするバウムガルテンの主著『形而上学』におけるスピノザへの言及を概観することから始める。それによって、バウムガルテンがどのように当時のスピノザ論争史を引き受けていたのかが、具体的ないくつかの論点とともに描き出される（第四章「バウムガルテンとスピノザ」）。そして、第二段階として、バウムガルテンにとってスピノザとは何だったのかを問う。そのために、私たちはバウムガルテンにおけるスピノザの検討に見出された中心的な論点である実体論、とりわけその実体定義に注目して、スピノザがバウムガルテンの思想形成に果たした役割を明らかにする。具体的には、『形而上学』二版での異同、およびそこに付された「第二序文」に注目することで、バウムガルテンの実体定義が伝統的な実体定義からの差異化であり、スピノザからの差異化であり、そしてスピノザを批判するヴォルフからの差異化であるということを示す。さらに、バウムガルテンの『形而上学』全体を貫く存在の階層構造が提示される（第五章「実体」）。最後に、バウムガルテンの実体論の狙いに鑑みて、神と被造実体の関係の解明を試みる。それによって、第五章で検討された実体論が『形而上学』全体をどのように基礎付けるのか、また、バウムガルテンによって定式化された二つのスピノザ主義とその批判の内実がよりいっそう明らかにされる（第六章「神と被造物」）。補章「実体化された現象」では、実体論においては周縁的であった物質一般を指す概念に焦点を当てることで、議論の補完を試みるとともに、先行研究が問題としてきたカント哲学やライプニッツ哲学との影響関係を検討するための視座を提供する。以上の議論を通じて、本書は〈没時代的思想家であるバウムガルテンにとって『形而上学』を貫く課題とは当時のスピノザ論争への応答である〉というテーゼを提示することを目指す。

注

（1）Cf.大河内 二〇一五：一二。
（2）Cf.下田 二〇一五：一一六。
（3）Cf.大河内 二〇一五。
（4）H・ハイネは『ドイツ古典哲学の本質』のなかで、哲学上の大問題とその社会的な意味を扱うという論述の方針のもと、ルターによる宗教革命に続いて生じたカントの批判哲学における認識論的転回を「哲学革命」と名付け、フランス革命とは異なるかたちでの政治革命の到来を期待している（cf.ハイネ 一九七三：一三八）。
（5）Cf.Beiser 1987; Mauthner 1920-1923.
（6）Cf.Dyck 2018; Mulsow 2018; Schröder 2002; 加藤 二〇二二。
（7）Cf.Israel 2001: 13.
（8）Cf.Israel 2006: 25.
（9）Cf.Israel 2010: 21〔29〕.
（10）Israel 2010: 37〔45〕.
（11）Israel 2010: 18-19〔27〕.
（12）さらに言葉を続けるならば、論争の一翼を担う急進的啓蒙が、民主主義や人権と性における平等、生活様式における個人の自由や思想・表現・出版の自由、さらに立法プロセスおよび教育からの宗教的権威の排除や教会と国家の完全な分離といった、ポスト・キリスト教時代の西洋世界の基盤となる社会的・文化的な価値観をかたちづくったという見解は、スピノザのアクチュアリティを支えることになる（cf. Israel 2010: vi-xi〔4-7〕）。

（13）W・シュナイダース 二〇〇九：一一九。

（14）先行研究も指摘するように、J・イスラエルの啓蒙解釈、つまり「スピノザ主義」という用語の広範な使用を急進派の意図的なものであるとみなすこと、さらに『急進的啓蒙』で展開された広大な議論の成否に関しては、一定の留保を必要とするであろう。

（15）W・シュナイダースもまた、バウムガルテンの名を直接的には挙げていないものの、次のように述べている。「トマージウスとヴォルフ、そして彼らの後継者たち、つまり「群小哲学者」がそれ〔理性の自立化〕をようやく実現したのだった。「群小哲学者」がこの時代の哲学理解の問題に多大の関心を寄せたのは、時代精神をいわばそのまま受容したためである」（シュナイダース 二〇〇九：一二九）。

（16）Cf. キューン 二〇一七：二六四。

（17）アカデミー版カント全集では『形而上学』四版が収録されているが、それはカントが書き込みをした同版が先んじて発見されたからである。近年では、『形而上学』三版へのカントによる書き込みが発見され、二〇一九年に出版された（cf. Kant 2019）。

（18）Cf. Anon. 1762.

（19）具体的には、悪の問題や「恩寵の王国」（cf. Baumgarten, *Metaphysica*^{2}, b3〔S.21-22〕）、認識の第一原理である「充足根拠律」やモナドといった概念（cf. Baumgarten, *Metaphysica*^{3}, b7〔S.31〕）に関してである。

（20）増山は『形而上学』の特色として、（1）一〇〇〇の項（§）から構成され、先行のものが後続のものを前提する点、そして（2）主要なラテン語の哲学用語にドイツ語訳が付される点を挙げると、それぞれがヴォルフの方法論の踏襲であると指摘している。（1）の特色はヴォルフが提唱する「数学的教授法〔die mathematische Lehr-Art〕」の採用であり、（2）の特色でもそこでのドイツ語訳された概念はヴォルフの「人工語〔Kunstwörter〕」の踏襲であるという（増山 二〇一五：二四―二六）。

（21）このような従来の研究方法を象徴するトピックとして、「予定調和説」や「モナド論」、さらに「現象的実体」を挙げることができるが、それぞれのトピックの検討は本書の補章に譲る。

（22）C・シュヴァイガーによれば、『ヴォルフ全集』の編者でもあるJ・エコールや古典的にはM・ヴントは、ランゲがライプニッツ－ヴォルフ哲学を理解していなかったためにランゲ－ヴォルフ論争は生じたのであり、ゆえにランゲの議論を検討することには哲学的価値がないと評価していた。一九九〇年代に入って、ランゲの批判がライプニッツ－ヴォルフ学派の思想に潜む根本的なアポリアを明らかにしたことがB・ビアンコによって指摘されると、以降ランゲ-ヴォルフ論争は哲学研究の対象となった（Schwaiger 2011: 79）。

（23）Cf. Schwaiger 2011: 80.

（24）C・シュヴァイガー以前にも、M・カスラや河村がランゲ-ヴォルフ論争への応答としてのバウムガルテンの独自の位置を指摘してきた。M・カスラは、バウムガルテンの予定調和説への態度、さらにモナド解釈といった同時期におけるライプニッツ哲学の受容について多くの成果を残している（cf. Casula 1979: 547-574）。河村は、無限への進行〔progressus in infinitum〕に注目して、ランゲ-ヴォルフ論争を経たバウムガルテンの自由論を描き出す。（cf. 河村 一九九四：一一四―一一八）。とはいえ、従来の研究史を踏まえつつ、同論争からの影響のうちにバウムガルテンの自由論に対する包括的な見解を示したという点で、C・シュヴァイガーが果たした役割は大きい。

（25）Cf. Look 2018: 12.

（26）七月一七日生まれとする説もあるが、ここでは英訳に付された序論に準じた（cf. Fugate and Hymers, 2013: 5）。

（27）Cf. Gawlick and Kreimendahl 2011: IX-XXX; Fugate and Hymers 2013: 5-11; 井奥 二〇二〇：二二七―二四二。

（28）代表的であるのは、C・ダイクによる研究である。C・ダイクは、従来とは異なる図式、つまり、ランゲとヴォルフのあいだにバウムガルテンを位置付けることで、第一に魂の本性、第二に感官の評価、そして第三に予定調和説の解釈における、バウムガルテンの独自性を指摘する（Dyck 2018: 78-93）。

（29）Cf. McQuillan 2021: 151-152.

（30）『形而上学』全体を射程に収める研究としては、M・カスラによる『バウムガルテンの形而上学』（一九七三）が挙げられよう。

（31）C・シュヴァイガーも類似の見解を示しており、バウムガルテンの態度を「静かな知的作業のなかで変革をもたらす」と表現している（cf. Schwaiger 2011: 81）。

第Ⅰ部　初期近代ドイツとスピノザ

啓蒙時代に明確な年数区分を設けることは難しいかもしれないが、一九世紀の工業化による社会構造の変化と対比して、一八世紀の啓蒙思想とその先駆的議論を確認することのできる時期を「初期近代〔early modern〕」と呼ぶことは今日広く受け入れられているように思う。[1] このような時代区分を採用するとき、初期近代の思想は同時代に支配的であった伝統的観念の見直しとそれらに対峙するだけの新理論の企てであると総評できる。そして、それは解消不可能な二元性の対立、いわば論争的ダイナミズムともいえるもののうちに展開した「精神の革命」にほかならないとして、[2]『精神の革命』の著者J・イスラエルがその二項対立を急進的啓蒙と穏健な啓蒙のうちに捉えたことは先述のとおりであるが、ここで注目したいのは急進的啓蒙と無神論の関係である。「急進的啓蒙の真髄は、思想・表現・出版の完全な自由を要求し、民主主義を最良の統治形態とみなすこと」であり、それこそがスピノザ主義的な特徴であるという立場の同著者は、先の二項対立を理神論者と無神論者との違いに結びつけることを許さない。[3] しかしながら、政治的・社会的課題への関心が高かったイギリスやフランスに比べて、ドイツ啓蒙はしばしば宗教上の課題が議論の中心であったといわれるように、本書が扱う初期近代ドイツにおいてスピノザは無神論の標語にほかならなかった。したがって、急進的啓蒙の起源を徹底してスピノザに見出すならば、少なくともドイツにおいては無神論の問題とスピノザをめぐる議論は表裏一体であると言わねばならない。[4] そこで私たちは、急進的啓蒙という概念から離れて、その思想的原理として注目されたスピノザに目を向けよう。換言すれば、J・イスラエルが提供する初期近代ドイツにおける急進的啓蒙と穏健な啓蒙の論争史を、初期近代ドイツにおけるスピノザ論争史として、あるいは、キリスト教文化圏における伝統と革新のあいだで繰り広げられた無神論の歴史として再構成する。この論争は同時に、「哲学する自由」を唱えたスピノザを媒介として展開した、神学と哲学、つまり、信仰と理性をめぐる論争でもある。[5]

議論に先立って、ドイツ固有の事情を整理しておきたい。一六世紀の宗教改革はヨーロッパにおけるキリスト教の宗派化を引き起こし、カトリック教会はプロテスタントに対抗する宗派教会としての性格を強めていった。「一人の支配者のいるところ、一つの宗教」というアウクスブルク宗教和議（一五五五）で確立した原則は、ベーメン（ボヘミア）での皇帝によるプロテスタント弾圧と中央集権化を後押しし、結果的にプロテスタント貴族たちを蜂起させることになった。これが三十年戦争（一六一八―一六四八）の始まりである。この争いは神聖ローマ帝国を二分する内乱へと発展、さらにその支援をめぐってヨーロッパ全体へと波及していった。ヨーロッパを襲ったのは同戦争だけではない。小氷期という厳しい気候は、大飢饉を招き、そして黒死病（ペスト）も再流行した。このような幾重にも重なる危機的状況下で、主たる戦場となったドイツの人口は大きく減少、同地域は大きく荒廃していったのである。ウェストファリア条約の締結によって同戦争が終わりを迎えたとき、帝国には分権的な秩序が保障され、各領邦には政治制度や信教を自立的に決定する主権が認められた。[6]ドイツ啓蒙を牽引してきたのは、この時期に成立したいくつかの代表的な都市ないし領邦であり、そこでは宗教改革以来の（ないし、神聖ローマ帝国拡大にまで遡ることが可能な）一連の宗教と政治に関わる課題が問われ続けていたのである。

本書の第Ⅰ部はまさにこの時代を対象に、ドイツにおいてスピノザがどのように語られたのかを検討することにある。それは、第Ⅱ部でスピノザ論争という同時代的な問題意識のもとにバウムガルテンを読み直すための準備作業にほかならない。そこで第一章では、初期近代ドイツにおけるスピノザの多様な像を、「スピノザ主義者」という表現の定式化や流布に寄与したとされるいくつかの言説から明らかにする。この作業は、初期近代ドイツにおけるスピノザ論争史が複数の糸の絡み合った多様な対立をめぐる歴史であることを示すであろう。[7]続く第二章と第三章では、一八世紀を代表するスピノザ論争の一つ、ランゲ－ヴォルフ論争において、両者がどのようにスピノザを特徴付けていたのかを確認し、そこにバウムガルテンを経てカント以降まで続くスピノザ論争史の新局面を指摘する。第二章でのランゲによるスピノザ批判の検討によって、私たちは第一章で描き出した段階的なスピノザの拡張が終わり、むしろ運命論という特徴が強調されていったことを捉えるであろう。そして第三章でヴォルフの「スピノザ論」を検討することで、バウムガルテンへと続くスピノザ批判の論点が明晰判明なかたちで提供されていることに気付かされる。繰り返しになるが、第I部の課題とは本書のテーゼ〈没時代的思想家であるバウムガルテンにとって『形而上学』を貫く課題とは当時のスピノザ論争への応答である〉を第II部で検証するための論点を精確に抽出することであり、その一連の記述を通じて初期近代ドイツ哲学研究におけるスピノザ論争史という視点の妥当性を示すことである

最後に、第I部が提示するスピノザ論争史に関して簡単に補足しておく。序章で述べたとおり、本書が採用する方法はJ・イスラエルの「論争に焦点を当てる方法」に着想を得たものであり、その研究を踏まえてスピノザに注目している。但し、当時の論争構造の複雑性に鑑みて、本書は広義の「論争」を念頭に置き、また、必ずしもスピノザが明示されていない場合や、論争の当事者がスピノザ主義者を自認していない場合を含むものとして整理した。その際に、スピノザという表現さえも、スピノザそのものとスピノザ主義者（自称であれ他称であれ）を包括的に指示する点には注意が必要である。詳細は後述するが、当時のスピノザ論争はとりわけその初期であるほど、スピノザが直接に問われることは少なく、スピノザ主義者（と言われた人）たちの刊行物も匿名であった。さらに、スピノザに否定的な立場（であると今日では評価される）思想家がスピノザ主義者として批判されることもあった。そこには非常に多層的な言論空間が広がっていたからである。

注

(1)　Cf. 長尾 二〇二三：三六―三七。

(2)　J・イスラエルが、啓蒙の論点は二者択一の問題であるという立場にたち、啓蒙の図式を提示したことは序章で述べたとおりである。論争によって可能となるダイナミズムは、アメリカ独立革命とオランダ革命という現実世界における革命に先行した、大規模な文化変容を伴う知的変化の本質的革命となった。J・イスラエルはそれを「精神の革命」と呼び（Israel 2010: 37〔45-46〕）、民主主義や個人の自由、そして平等といった近代的な価値の起源であると主張する。このようなJ・イスラエルの啓蒙観には多くの批判が向けられているが、啓蒙を論争的ダイナミズムと評することには一定の支持を得ることができそうである。例えば、長尾は「プロセスとしての啓蒙」という見解を強調するが、それは対立的要素によってもたらされたダイナミズムが形成する「相互に矛盾し葛藤し合う統一のない総合性として啓蒙を捉える立場である（長尾 二〇二三：九二―九三）。

(3)　Cf. Israel 2010: 19-21〔28-29〕.

(4)　J・イスラエルが指摘するように、無神論者が必ずしも急進的・平等主義的でなかったとしても、ドイツの無神論者はスピノザに結びつけられていたのである。ここに、現実世界の革命に通ずるような社会の道徳原理や社会的行動の一切が、伝統的な実体二元論と急進的な実体一元論という形而上学説の対立に根差すというJ・イスラエルの大胆な主張の限界を指摘することができるのではないだろうか。そのかぎりで、第Ⅰ部はJ・イスラエルへの批判的応答という役割を副次的に担う。

(5)　F・バイザー『理性の運命』は、カントからフィヒテに至るまでのドイツ哲学を、スピノザ受容という視点から「理性の権威〔the authority of reason〕」が失墜していく過程と、目的論さらに「生気論的唯物論〔vitalistic materialism〕」が台頭していく様子として鮮やかに描き出したことで知られている。その際に重要となるのが理性と信仰という対立図式であるが、F・バイザーはそれが一八世紀前葉のドイツ、つまり啓蒙初期に成立していたことを指摘すると、その象徴的な一例である合理主義哲学者ヴォルフとトマジウスやランゲといった敬虔主義神学者の対立の争点がスピノザおよびスピノザ主義であったことに注目している（cf. Beiser 1987: 48-61）。但し、生気論が確立されたのは一九世紀初頭といわれることから、F・バイザーの解釈には一定の留保が必要である。

(6)　帝国は領邦間の紛争解決・安全保障共同体という役割を担うことになり、両者には相互補完的体制が構築された。また、領邦君主は各地域の再建の要として躍進することになるとともに、領邦君主の居城や宮廷は政治の中心となり、貴族は「脱政治家されたエリート」として服従することになる。

（7）　F・バイザーやW・シュレーダーなど、初期近代ドイツにおけるスピノザ受容を扱う研究は哲学分野においても決して珍しいものではない。しかしながら、スピノザをめぐる言説が最も多様であった受容初期、つまり一七世紀終盤から一八世紀前葉の受容については、精確な見取り図がいまだ提供されていない。というのも、J・イスラエルが一次資料に基づいて示したように、あまりにも多様な言説とスピノザが結びつけられていたからであろう。また、汎神論論争以前はベール（Pierre Bayle, 1647-1706）による『歴史批評辞典』のスピノザ項がドイツでの一般的なスピノザ解釈を形成していたという解釈が一般に受け入れられてきたという事情もある。二〇一一年に出版されたスピノザ辞典でも、ベールの当時の影響力や注目度について言及されている（cf. Mori 2011: 85-106; モロー 二〇一二：一四七—一四八）。例えば先述のF・バイザーもその立場に与しており、ベールによって際立たされたスピノザの汎神論的特徴に注目してメンデルスゾーン登場前後の思想を整理することで、理性と信仰の対立から理性と自然の調和、さらに世界‐機械論から有機体論へと展開する時代の潮流を描き出している。F・バイザーによると、第一にスピノザ思想が当時主流のルター派と相性が良かった点、第二に自然科学観や哲学に向けられる批判を自然主義が免れていた点を理由として、スピノザがカント以降に再度脚光を浴びることになったという。その結果、一九世紀以降にスピノザは生気論的唯物論の一つの雛形として受容された（cf. Beiser 1987: 13-15, 60）。

第一章　初期近代ドイツにおけるスピノザ論争史　一六七〇―一七二〇

本章では、ヴォルフとランゲの論争（第二章と第三章）、そして〈没時代的思想家であるバウムガルテンにとって『形而上学』を貫く課題とは当時のスピノザ論争への応答である〉という本書のテーゼを検討する第Ⅱ部に先立って、『エチカ』を含むスピノザの『遺稿集』が刊行された一六七七年から、ランゲとの論争の直接的契機となったヴォルフによる「中国人の実践哲学」に関する記念講演が行われた一七二一年までを一区切りに、スピノザをめぐる当時の言説とそこで扱われる論題の関係を改めて整理することで、当時のスピノザ論争史の変遷を辿る。

第一節　スピノザ論争史の始まり
――J・トマジウスによる『神学・政治論』批判（一六七〇）

▼「『神学・政治論』反駁」と「自由思想家反駁」

一六七〇年に匿名で刊行された『神学・政治論〔*Tractatus theologico-politicus*〕』は、宗教的不寛容という同時代的課題――宗教的不寛容が蔓延る社会で、思想の自由はいかにして守られるのか、に対するスピノザの応答の書である。古典的な研究のうちには『神学・政治論』を政治的パンフレットとして位置付けるものもあったように[1]、同書は『エチカ』とは異なる仕方で受け取られてきた。そのような傾向は後世にかぎるものではなく、スピノザが初めてドイツに紹介されたときにも確認できる。保守的で伝統主義的なザクセン選帝侯国の最大都市ライプツィヒで展開された『神学・政治論』批判は、まさに政治的観点からの批判を含むものであった[2]。

『神学・政治論』の批判者であり、ドイツのスピノザ受容の旗振り役となったのは、ライプツィヒ大学の哲学教授J・トマジウス（Jacob Thomasius, 1622-1684）であった[3]。J・トマジウスは、一六七〇年五月八日の講義要綱公告〔Proscriptum Promulgationi Lectionum publicarum facultatis Philosophicae〕「哲学する自由についての匿名の書に対する反駁〔*Adversus Anonymum de Libertate Philosopandi*〕」（以下、「『神学・政治論』反駁」）のなかで、「哲学する自由を認めても道徳心や国の平和は損なわれないどころではなく、むしろこの自由を踏みにじれば国の平和や道徳心も必ず損なわれてしまう」という『神学・政治論』の一節を引用すると（Thomasius, *Adversus Anonymum de Libertate Philosopandi*, S.571-572）、次のように言葉を続ける。

〔「哲学の自由のための短い演説〔*Oratiuncula pro Philosophia liberanda*〕」と『神学・政治論』〕どちらの著者も、意見を形成し、新しい教えを世に氾濫させるに当たって、最大の許可を促すという同じ目標を持っていた。違いは、ディキンソンは自分のパンドラを哲学者の学校だけに持ち込もうとしたが、もう一人は神学者の聖域に持ち込もうとしたことである（Thomasius, *Adversus Anonymum de Libertate Philosopandi*, S.572)。

J・トマジウスは「『神学・政治論』批判」に先立って、「自由思想家に対する反駁〔*Adversus Philosophos Libertinos*〕」（一六五五、以下「自由思想家反駁」）を執筆していた。そこでは、医学者ディキンソン（Edmund Dickinson, 1624-1707）を取り上げて、公教育における自由の問題が議論される。J・トマジウスは、ディキンソンが「民主主義的哲学〔Philosophae democraticæ〕」と呼ぶところの誰もが好きなことを教えることのできる自由に反対し（cf. Thomasius, *Adversus Philosophos Libertinos*, S.445, 447-448)、そのような哲学者を奔放な自由を求める「自由思想家〔libertinos〕」であるとして批判して、大学におけるアリストテレス主義のスコラ哲学を擁護した（cf. ibid. S.445, 438-439)。前記に引用した「『神学・政治論』批判」では、「自由思想家反駁」で批判の対象となったディキンソンとは対照的に、『神学・政治論』の危険性が大学という公教育の自由の問題に留まらないことが危険視されている。すなわち、哲学する自由という名の下にあらゆる宗教への無制限の認可をひた隠しにして、「神学者の聖域〔Sacraria Theologorum〕」に侵食しようとしているとみなされたのである。そして、それは宗教上の問題に留まらない広がりをもつと認識されていく。

▼宗教的観点からの批判——自然主義という無神論

J・トマジウスは、「当時の自然主義者の総統〔Naturalistarum hujus aevi Patriarchae〕」（Thomasius, *Adversus Anonymum de Libertate Philosopandi*, S.573）であったハーバート（Edward Herbert, 1583-1648）の自然神学を引き合いに出して、『神学・政治論』における哲学する自由を自然主義と評価する。

われわれはそれ〔無神論〕を自然主義と呼ぶ傾向があるが、その基礎や要素の大部分は、〔エドワード・ハーバートとトマス・ホッブズという）現代の二人の革新者の最も有害な原理を縫い合わせ、混ぜ合わせたものである。著者はこの本のタイトルを自然主義と名付けたが、これは正鵠を射ているのかもしれない（Thomasius, *Adversus Anonymum de Libertate Philosopandi*, S.574）。

『神学・政治論』反駁」における第一の批判は、当時ヨーロッパで復興していた自然主義と結びつけられた無神論批判であり、[4]その点で宗教的観点からのものであった。

ところが、J・トマジウスは『神学・政治論』に対する無神論としての批判を同僚のラポルト（Friedrich Rappolt, 1615-1676）に譲ってしまう（cf.ibid. S.575）。それゆえ、「『神学・政治論』反駁」のうちに議論を取り出すことはできないから、J・トマジウスが念頭においていたラポルトによる神学教授就任講演（同年六月）の公告を参照したい。そこでは次のように述べられる。すなわち、ハーバートの議論とスピノザの『神学・政治論』は、救済のためには自然神学で十分であって、あらゆる宗教やあらゆる時代に救済を受けることのできる信仰箇条が存在すると主張している。[5]また、J・トマジウス自身の別の小論では、自然主義が「自然の光」と「恩寵の光」の対象を混合して神の啓示なしに救済を達成できると主張し、そのことは啓示によって知られなければならない宗教の領域に哲学的思索が侵入するような哲学の拡張として説明されているといわれる。[6]したがって、J・トマジウスが『神学・政治論』を無神論として批判するとき、それは哲学する自由という言葉に神の啓示を必要としないほどの哲学の拡張を捉えているのである。[7]

▼政治的観点からの批判――分裂への恐れ

さて、「『神学・政治論』反駁」に戻ろう。宗教的観点からの議論を離れたJ・トマジウスは、政治的観点から『神学・政治論』に対する批判を続ける。[8]J・トマジウスが注目したのは、『神学・政治論』第二〇章「自由なる国家においては各人はその欲することを考え、その考えることを言うことが許される、ということが示される」である。[9]ここでは個別の論点を検討することはせず、(一) 各人の思考や言論の自由を奪うことは不可能であるが、それにもかかわらず、(二) その自由には一定の制限が設けられ、そして (三) その自由を批判する反論に応答しているという「『神学・政治論』反駁」での同章の整理に則して、J・トマジウスによる批判の概要を確認したい。

(一) 各人の思考や言論の自由を奪うことは不可能であるという『神学・政治論』の主張に対して、内的な行為である思考と外的な行為である言論を区別し、国家が思考に力をもたないとしても、邪悪な行為(後述するように扇動的な言論)に法律は適用できるし、そうあるべきであることを強調する(cf. Thomasius, *Adversus Anonymum de Libertate Philosopandi*, S. 576-578)。その上で (二) 各人の思考や言論の自由にはどのような制限が設けられるべきかを問うたとき、欺瞞や憎悪、権威に基づくような情念に翻弄された言論か、あるいは、理性的言論であるかという制限の基準では不十分であり、むしろ私的な発言(口の堅い友人だけに私的に吐露した言論〔quae se privatim exonerant in finum amici taciturni〕、秘密のコミュニケーション〔clandestina communicatio〕)と公的な発言(広場で大衆に広められた言論〔quae diffunduntur per plateas publicas〕)とのあいだの区別に基準を設けるべきであると主張する(cf. ibid. S. 578-580)。これが「穏健な隷属〔temperata Servistus 〕」と呼ばれるJ・トマジウスの立場であり、(三) 各人の思考や言論の自由を批判する反論への応答として隷属を批判する『神学・政治論』に次のように回答する。

しかし、実際のところ、わが国の穏健な隷属は、誰にも自分の心の考えを偽ることを強要しない。自然主義の認可よる分裂の恐れは、法律がすべての人の舌を一つにし、心を一つにするよう命じる場合よりもはるかに大きい(Thomasius, *Adversus Anonymum de Libertate Philosopandi*, S. 581)。

以上の整理を踏まえると、政治的観点にみる「『神学・政治論』反駁」を貫く問題意識とは、人々を派閥に分裂させるような扇動的意見を検閲しないことへの恐れであることがわかる。検閲が教会内の分裂を招くという『神学・政治論』の主張に対して、J・トマジウスは自然主義という派閥を認可して分裂を容認することそれ自体を危険視しており、その点で派閥の存在そのものを扇動的な反乱とみなすのである。派閥の存在という分裂の恐れは、多種多様な哲学の方法が学生の心をかき乱すことも反乱であるとみなしていたことからも明らかなように（cf. ibid. S.580）、宗教的な事柄にかぎらず、哲学的な事柄に関しても抱かれていた。[10] だからこそ、J・トマジウスは哲学する自由を批判し、「穏健な隷属」のもとで一つの宗派、一つの学派であることを賞賛するのである。このようなJ・トマジウスの立場はまさにドイツ啓蒙主義の夜明け前を象徴している。

第二節　「スピノザ主義者」の導入
――C・トマジウス『月刊対話』におけるスピノザ批判（一六八八）

▼ドイツ啓蒙主義の始まり

では、いつドイツ啓蒙は始まったのか――それは一六八七年、J・トマジウスの子であり、法学者としても知られるC・トマジウス（Christian Thomasius, 1655-1728）がライプツィヒ大学で「講義要項公告」を掲示したときであると言われている。[11] 先述のとおり保守的であった同大学ではラテン語で授業が行われていたが、C・トマジウスは前記の「講義要項公告」でドイツ語での講義を行う宣言をしたのである。「フランス人をいかに模倣するか」というタイトルで展開された同講義では、ドイツ語の使用という大学の内部構造の革新に留まらず、「宮廷の理想」に則ったフランスの模倣によって大学を世間に開放するというより広い社会的な革新をも念頭においたものであった。[12] その翌年には学術雑誌『月刊対話〔*Monats-Gespräche*〕』を創刊し、C・トマジウスは哲学や神学、政治学をはじめとする国内外の最新の動向をドイツ語で論じるようになった。そのなかには、後述するスピノザ『エチカ』に対する批判も含まれる。このようなC・トマジウスの動向は、「ドイツ啓蒙の父」の名に相応しいものであるが、一方で一六九〇年にはライプツィヒでの教育活動と出版活動を禁じられてしまう。そこでC・トマジウスはハレに移り、バウムガルテンの活動拠点ともなる新しい大学の設立に注力した。ハレ大学では、「神学を大学の序列の筆頭に、哲学をその最後尾に置く古い大学序列に取って代わって、法学が主導的学問となる」[13]。そして、ハレという都市はC・トマジウスとヴォルフをそれぞれ中心とする二つの学派の対立のなかで、初期ドイツ啓蒙主義の中心となっていった。

▼チルンハウスとの応酬

ドイツ啓蒙主義の一翼を担ったC・トマジウスは、本章が扱うスピノザ論争史においても重要な役割を果たしている。というのも、ドイツにおける最初のスピノザ主義批判、すなわち、「スピノザ主義者」という呼称を導入したのがC・トマジウスであったからである。それは、デカルト主義者でスピノザとも親交のあったチルンハウス（Ehrenfried Walter von Tschirnhaus, 1651-1708）に向けて発せられたものであった。C・トマジウスは一六八八年三月にスピノザの遺稿集の解説と『エチカ』の要約を『月刊対話』で公開すると、その記事のなかでチルンハウス『精神の医学（*Medicina mentis*）』（一六八七）を取り上げて、「スピノザ主義者」であると糾弾した。このときに「スピノザ主義」という語は、初めてドイツ語へと翻訳されたと言われている[14]。

C・トマジウスによるチルンハウスに向けたスピノザ批判は、それが「スピノザ主義者」という呼称の導入である点以外にも、いくつかの理由から注目に値するものである。第一に、C・トマジウスはライプニッツの師であり、また、チルンハウスはヴォルフの師である点であるように[15]、両者が同時代の思想上の前提となっていた点である。第二に、C・トマジウスがこの世を去る一七二八年まで、スピノザ受容を語る際の一人のキーパーソンであり続けた点を挙げることができる。それは、父J・トマジウスがドイツ初のスピノザ批判者であり、また自身が初めて「スピノザ主義者」という用語をドイツ語に導入したというだけではない。従来の研究でベール『歴史批評辞典』のスピノザ項によって形成されたといわれてきたドイツにおけるスピノザの源流を、ポワレ（Pierre Poiret, 1646-1719）を媒介として、C・トマジウスのうちに見出すことができるのである[16]。また、私たちにとってより重要であるのは、第二章・第三章で主題的に取り上げるランゲ－ヴォルフ論争の際にもC・トマジウスがランゲに助言を行うなどして、当該のスピノザ論争にも加担していた点である[17]。そこで本節では、チルンハウスに向けられた批判を手掛かりに、C・トマジウスが導入した「スピノザ主義者」の特徴を検証する。

▼「スピノザ主義者」という標語――自然主義と内在主義に根差す人間知性

C・トマジウスとチルンハウスのスピノザ論争は三つの論点から構成されるといわれており[18]、それらは方法に関する批判[19]、倫理に関する批判[20]、そして神の教義に関する批判である。以下では、「スピノザ主義者」という表現が用いられた最後の論点を中心に扱う。

> さらに、他のいかなる〈哲学者〉も、あたかも知性〔Verstand〕が無限な精神つまり神のうちに〔in mente infinita seu Deo〕あるように私たちのうちにあると考えることができないことは明らかである。しかし、もし〈スピノザ主義者〔Spinosiste〕〉が彼らの先生〔であるスピノザ〕の〈諸仮説〉に留まるのであれば、そのようなことを考えなければならない。なぜなら、〈神はあらゆる事物の内在因であり、超越因ではない〔Deus sit omnium rerum causa immanens non transiens〕〉とは、まさに〈スピノザ〉が言っていることだからである（Thomasius, *Monats-Gespräche*, S. 841）。

『精神の医学』のなかで神の問題についての議論は確認されないものの、チルンハウスの言説の多くはキリスト教の正統的な立場に一致していたと評価されている[21]。しかしながら、デカルト主義者であったチルンハウスの連続創造説に即したいくつかの記述が、C・トマジウスにはスピノザの教義に思われたようである。例えば、「私たちの本性をあたかも超人的なものに変え、それどころか神の本性の多くを共有するようにみえる」（Tschirnhaus, *Medicina mentis*, S. 19）といった表現は、チルンハウスが説明なしに神の本性を人間が共有すると主張する点で、キリスト教の教義に反する内在主義と評価されたのである。また、理解する能力〔facultas concipiendi〕と想像する能力〔facultas imaginandi〕を対比して、前者が「無限の精神のうちに、あるいは神のうちにあるように、私たちのうちにある〔in nobis est, tanquam in mente infinita seu Deo〕」(ibid. S.44) という記述もその批判の対象の一つである。以上から、C・トマジウスは、「あたかも知性が無限な精神つまり神のうちにあるように私たちのうちにあると考える」立場、つまり、人間知性と神の連続性を主張するような記述をスピノザに結びつけていたと結論することができる。

前記引用が示すように、C・トマジウスは人間知性に関わるいくつかのチルンハウスの記述を、実際にはそれらがデカルトからの影響であったにもかかわらず[22]、スピノザ『エチカ』(Spinoza, *Ethica*, 1P18〔七四頁〕) からの影響として評価していた。このような誤った結びつきはなぜ生じてしまったのだろうか——この点について、自然主義批判の文脈から一つの説明を与えてみたい。J・トマジウスが自然の光としての哲学の拡張をスピノザの哲学する自由とみなし、自然主義として批判していたことは前節で述べたとおりであるが、C・トマジウスが批判するチルンハウスも「自然の光」が神に近づくために十分であると考える (cf. Thomasius, *Monats-Gespräche*, S.759)、いわば自然主義者であった。この背景には、論理学という人間知性の学の変容とそれに対するそれぞれの立場がある。同時期のドイツでは、アリストテレスやスコラ哲学の伝統から脱却して論理学を科学のためのオルガノンとするために、近代的な論理学が提唱されるようになった[23]。チルンハウスのようなデカルト派の論理学が認識経験を強く重視するのに対して[24]、C・トマジウスは論理学を実用的で現世的な事柄に関係させ[25]、論理学の目的を学習の達成のための、心の自然な光である知性の訓練においた。論理学の関心は、超自然的な事柄に対する神学の権威と対照的な関係にあり、信仰の領域とは区別されていたのである[26]。このような立場からは、人間知性と神の知性の連続性は人間知性に信仰の領域を侵しうるほどの無限の可能性を見出そうとする危険な思想であるとC・トマジウスには思われたであろう。そして、スピノザとチルンハウスは、自然主義を媒介として抵抗なく結びついたと考えられる。この点で、C・トマジウスは自然主義批判という問題意識をJ・トマジウスから引き継いでいるといえる。他方で、神の定義を引き合いに出し、スピノザにおける神

を内在因と特徴付けるのは、C・トマジウスにおいてである。(27)

第三節　スピノザの拡大
――シュトッシュ『理性と信仰の一致』（一六九二）

▼最初期のスピノザ主義者

C・トマジウスによる批判に対して抗戦するチルンハウスの姿からも想像ができるように、一七世紀終盤において既にスピノザに親和的とみなされることは有害なことであった。(28) その背景には、「自由思想家〔Freigeister〕」の勢力が拡大しつつあったことを挙げることができる。(29) そのような状況にもかかわらず、スピノザの教義を積極的に受容した『理性と信仰の一致〔*Concordia rationis et fidei*〕』（一六九二）という匿名の著作が出版地をアムステルダムと偽って出版された。(30) 同著作はおよそ百部しか印刷されなかったが、その著者は同時代を代表するスピノザ主義者として、あるいはまた、唯物論者として語られることになった。その著者の名は、シュトッシュ（Friedrich Wilhelm Stosch, 1648-1704）である。(31) シュトッシュは、ブランデンブルク選帝侯に使えた宮廷人であったが、その活動拠点であったベルリンは当時急進的な思想が交錯する中心地として知られていた。都市としての歴史の短いベルリンが寛容でコスモポリタン的な雰囲気であったこともあり、(32) その地では大学の外部でも地下文書を作成して配布するということが行われていたようである。(33) それゆえ、シュトッシュの驚くべき行動はドイツにおける出版事情の変化の兆しを表しているともいえる。(34)

シュトッシュの基本的な立場は、著書のタイトル『理性と信仰の一致』に表れている。但し、両者の一致は一切の信仰の主張を理性の基準に従わせることによって達成されると考えられている点で、前節までの議論を踏まえるならば自然主義的傾向にあるといえるであろう。また、シュトッシュは当時の代表的な無神論の立場の一つであって、神の遍在や魂の不死と死後の断罪を否定するソッツィーニ派の秘密組織に出入りするなかで、(35) 自らの思想の中心にソッツィーニ派の教義を据えることになったようである。[36] それゆえ、シュトッシュがプーフェンドルフ（Samuel von Pufendorf, 1632-1694）およびシュペーナー（Philipp Jakob Spener, 1635-1705）を含む調査委員会によって告発されたとき、そこではソッツィーニ派を流布していることが非難の中心となった。[37] つまり、シュトッシュと同著をめぐる論争において、直接的にスピノザが問題とされることはなかったのである。[38]

しかしながら、本節では以下の理由からシュトッシュを最初期のスピノザ主義者として扱うことにする。最も注目すべきは、次章で検討するランゲによってシュトッシュが「スピノザの弟子」とみなされている点である（Lange, *Bescheidene und Ausführliche Entdeckung*, S. 234）。『理性と信仰の一致』をドイツでスピノザ主義が流行したことを示す最古の証拠の一つとみなす伝統的な研究への見直しは進んでいるものの、[39] それでもなお、シュトッシュが当時の多くの思想家たちにスピノザ主義者やそこに結びつけられた無神論者、理神論者、唯物論者、[40] そして自由思想家の代表人物として扱われていた事実は看過できないものである。[41] そこで、以下では調査委員会によって告発された内容のうちでも、シュトッシュをスピノザ主義者とみなす理由となった神と自然の同一視に関わる汎神論的傾向と、人間の自由の問題において論点となる唯物論的傾向を中心に議論を進める。

▼汎神論的傾向——単純化と異教との接続

シュトッシュの汎神論的な思想は、冒頭の記述から十分に理解される。シュトッシュは哲学者が判明に認識する事柄とは、存在者が自分自身からではなく、他のものから存在するということであり、また他のものの中に存在することであって、それは「宇宙の一部である、天地の付属物」であると述べる（Stosch, *Concordia rationis et fidei*, S. 1）。この時点で、彼が一切の被造物を世界の一部とみなしていることがわかるだろう。続けてシュトッシュは神が唯一の実体であり、万物の第一原因であることを確認し、神が神自身のうちに一切を含んでいると結論するのである（ibid. S. 2-3）。但し、神と自然を同一視するシュトッシュの発想がスピノザの影響であるのかは検討の余地が残る。というのも、スピノザであれば「能産的自然〔natura naturans〕」である神と「所産的自然〔natura naturata〕」である神の属性のすべての様態、ここでは神を除く一切を区別するが、シュトッシュは原子の集合体とみなした自然と神を同一視してしまうからである[42]。他方で、スピノザそのものからどの程度の影響を受けていたのかには留保をしたとしても、内在因としての神というC・トマジウスによって捉えられたスピノザ主義の特色を徹底したものとして、評価することもまた可能である。

ところで、スピノザを汎神論的性格に特徴付けられた無神論の標語とする論調がベールによる『歴史批評辞典』によって決定づけられたことは異論のないところであろう。ベールは、スピノザを、「全く新しい方法にもとづく体系的な無神論者だったが、学説の内容は古今東西のいくたの哲学者と共通していた」と評価している（ベール『歴史批評辞典』、六二八頁）。つまり、「宇宙全体が一つの実体にすぎず、神と世界は同じものだという考え」はスピノザに独自のものではない（同書、六四三頁）。さらに、彼はスピノザ項の注のなかでストア派の世界霊魂論やカバラ主義の創造論を引き合いに出すと、「不変不動な最高存在はもろもろの魂だけでなく、宇宙にあるすべての物質的・物体的なものも生み出した、あるいは自分の実体から引き出した」という説明をスピノザに加えたのである（同書、六四五―六四七頁）。ベールの当該著作が部分的に独訳されたのは一七三六年のことであったが[43]、その期を待たずして、神学者ブッデウス(Johann Franz Buddeus, 1667–1729) によって、ベールのスピノザ解釈はドイツで広まっていった[44]。ブッデウスにとって、スピノザは他のいかなる無神論者よりも、その思想の普遍性から危険視されていたようである[45]。ブッデウスは『スピノザ以前のスピノザ主義に関する議論〔*Dissertatio de Spinozismo ante Spinozam*〕』のなかで、スピノザの先例としてストア派を取り上げると、両者の根本的な問題が神と自然の汎神論的な同一性にあり、倫理的な問題を含むその他のすべての誤りはこの形而上学的な点に起因すると考察している[46]。ブッデウスは、シュトッシュに対しても、『理性と信仰の一致』の中心的な特徴をスピノザ主義、つまり神を唯一の実体と定義し、それによって神が自由をもたず、ただ必然性によってのみ行為することを不可避に導くものと捉えていたことを指摘している[47]。あるいは、ブッデウスの対論者であったヴァハター（Johann Georg Wachter, 1673-1757）は『ユダヤ教のスピノザ主義〔*Der Spinozismus im Judenthum*〕』のなかで「神と被造物を混同する汎神論的性格においてユダヤ教とスピノザは一致する」という見解を示している。[48]したがって、シュトッシュによって単純化された汎神論は、古今東西の多様な汎神論的性格をスピノザと結びつけるこれらの思想とその急速な伝播に一役買っていたと推察される。

▼唯物論的傾向——生理学からのアプローチ

ランゲを代表とする後代への影響に鑑みた場合により重要であるのは、シュトッシュの唯物論的な思想である。[49]シュトッシュは、人間の思考作用を生理学的に解釈することを試みていた。彼は人間の魂が「血液の適切な興奮」と「体液の流れ」から成り立っていることを確認し、それによって随意か不随意かに関わらない一切の行動がもたらされると説明する（Stosch, *Concordia rationis et fidei*, S.10）。そして、理性や意志によって、例えば自分の感情を制御することができないことの理由を、血液や体液の流動量によって生じる事柄であるからだと主張する（ibid. S.30）。つまり、シュトッシュは理性や意志の存在を否定していないものの、魂の本質を（一）微細な流れる物質、（二）その適切な流動、（三）適切に配置された脳の器官、（四）脳と脳の器官を流れる物質の多様な決定と変更におくことで（ibid. S.73-74）、肉体に魂を還元するという意味で唯物論的な立場を主張するのである。[50]

生理学に基礎付けられた唯物論という特徴もまた、スピノザそのものからどの程度の影響を受けていたのかには留保が必要であろう。実際にシュトッシュにはガッサンディ（Pierre Gassendi, 1592-1655）やホッブズ（Thomas Hobbes, 1588-1679）、マルブランシュといった多様な思想家からの影響が指摘されている。[51]しかしながら、スピノザ論争史の展開として評価するには興味深い。『理性と信仰の一致』がC・トマジウスとチルンハウスの論争（一六八八—一六九〇）とほぼ同時期に書かれたものであるにもかかわらず、「スピノザ主義者」とみなされたチルンハウスとシュトッシュは決して近い形而上学上の思想をもつわけではない。シュトッシュが魂と肉体の分離を認めないという意味で心身二元論を否定するのに対して、チルンハウスは明確に二元論の立場に与する。このことが示すのは、スピノザを評価する画一的な基準があるわけではなく、むしろ批判者たちがスピノザを形作っているということである。

第四節　スピノザの拡大

――ラウ『省察と命題、そして哲学的・神学的疑念』（一七一七）

▼ハレ大学を彷徨うスピノザ

数多の思想と結びつけられることでスピノザの外延が拡張し始めたこの頃、ライプツィヒを追われたC・トマジウスを中心にハレ大学が創立される（一六九四）。そこでは、アリストテレス主義のスコラ哲学を教える伝統的で保守的なライプツィヒ大学とは異なり、実践重視の法学を主導的学問とする新しい大学モデルが実践され、ハレは同時期のドイツ啓蒙主義を代表する地となっていった。また、ルター派のC・トマジウスが改革派の敬虔主義者たちを擁護し、彼らがともに学べる場としてハレ大学が構想された点は重要な意味をもつことになった。というのも、フランケ（August Hermann Francke, 1663-1723）をライプツィヒから招き入れ、敬虔主義の牙城という呼称を獲得するまでに至ったからである。したがって、ハレ大学は啓蒙主義と敬虔主義、両者がときに手を結び、ときに鋭く対立しながら、それぞれの思想を醸成しドイツ全土にその影響を広めていく、その中心地になっていく[52]。

私たちにとってより重要であるのは、ハレ大学がスピノザ論争の主戦場でもあったことである。ドイツに「スピノザ主義者」という言葉を導入したC・トマジウスだけではなく、前節で触れたブッデウスも、一七〇五年にイェーナ大学に赴任するまで、ハレ大学の道徳哲学の教授として教鞭を執っていた。そのあいだにブッデウスは、『スピノザ以前のスピノザ主義に関する議論』を発表するなど、スピノザ批判の土壌を確実につくっていたのである。本節では、啓蒙主義と敬虔主義の交叉するスピノザ論争の中心地で学び、後に恩師から「スピノザ主義者」として糾弾されることになった思想家ラウ（Theodor Ludwig Lau, 1670-1740）を取り上げる。

ラウはカントで知られるケーニヒスベルクで法学を学んだ後、創立後間もないハレ大学ではC・トマジウスに師事、一六九五年からは六年かけて、オランダ、イギリス、フランスを巡って、スピノザやベール、トーランドといったいわゆる急進的な思想を学んだといわれている。当時のドイツでは物珍しい思想に溢れるラウの著作『神、世界、人間に関する哲学的省察〔*Meditationes de Deo, Mundo, Homine*〕』（一七一七、以下『省察』）は、匿名で出版されるとたちまち「スピノザ主義」や「無神論」の嫌疑をかけられることとなった。逮捕され、町からも追放されたとき、ラウは自身が学んだハレ大学に助けを求めたものの、師であったC・トマジウスによっても「無神論者」であり「悪名高いスピノザの著作」の影響があると見放されてしまう。その後、弁明として『省察と命題、そして哲学的・神学的疑念』を匿名で出版するも、その甲斐も虚しく、再びC・トマジウスによって鋭く批判されてしまう。一連の騒動の発端は、ラウという「スピノザ主義者」とその師C・トマジウスのあいだで勃発したハレ大学を舞台とするスピノザ論争である。次章以降で扱うランゲ＝ヴォルフ論争の前哨戦は、そのきっかけである『省察』が焚書となってもなお、バウムガルテン等を含む当時の知的エリートに強い影響力をもったと言われていることが示すように[53]、以降のドイツにおけるスピノザ論争を方向付けるものであったと考えられる[54]。以下では、最初に出版された『省察』を検討の対象として、スピノザ主義の特徴を紹介していきたい[55]。

▼汎神論的傾向——一なる内在神

ラウにはシュトッシュ以上にスピノザからの影響が色濃く出ており、その理解はベール『歴史批評辞典』の「スピノザ」項が一つの土台となっているため[56]、広く汎神論的な伝統が『省察』では確認できる[57]。まず、ラウの広く汎神論的な傾向が確認される一節を引用する。

私にとって、神は能産的自然であり、私は所産的自然である。神は思惟する理性〔ratio ratiocinans〕であり、私は思惟された理性〔ratio ratiocinate〕である。神は形成する形相〔forma formans〕であり、私は形成された形相〔forma formata〕である。神は単純な物質〔materia simplex〕であり、私は変容された物質〔materia modificata〕である。神は海であり、私は川の流れである。神は水であり、私は一滴のしずくである。神は火であり、私は火花である。神は地であり、私は土の一塊である。神は空気であり、私は流れ出るものである。神は太陽であり、私は光線である。神は身体であり、私は体の一部、手足である。神は心〔mens〕であり、私は心のはたらき〔mentis operatio〕である。神は永遠である。神は全知である。神は遍在する。神は全能である（Lau, *Meditationes philosophicae*, S.9）。

ラウもまた神を自然と捉えているが、先述のシュトッシュとは異なり、能産的自然と所産的自然の区別を採用する。多くの研究者が指摘するように、ここにはスピノザの影響が確認できると同時に、続く表現にはスピノザ以外のさまざまな思想家からの影響を指摘することができる[58]。ここで個別の影響史を検討することはできないが、神と人間を表現する対概念は、能動－受動の関係を想起させるものと、全体－部分の関係を想起させるもの、そして原因－結果の関係を想起させるものの三つに大きく分類することが可能である。この三つの要素は、前記引用ですべての表現が併記されていることからも明らかなように、ラウのなかでは区別なく結びつけられており、ここから広範な汎神論思想に起源をもつ徹底した汎神論が導かれている。

次いで、ラウの汎神論を特徴付けるいくつかの要素を確認したい。一つ目の特徴は神の唯一説である。「神が唯一である」という主張がラウにも確認されるが（Lau, *Meditationes philosophicae*, S.11）、彼の場合には神の唯一説の理由として、神の完全性を挙げる点にその独自性がある（ibid. S.11-12）。つまり、完全なものは必然的に単一であり、多数化することで完全性は損なわれると彼は主張しており、神の唯一説を無批判に前提とするシュトッシュとは相違があると言えよう[59]。

そして二つ目の特徴は世界の神への内在である。ラウは宇宙〔universum〕を「あらゆる被造物の複合体あるいは体系」と定義した上で、「この世界は神のうちにあり、神からあり、そして神を通じてある」と述べる（cf. Lau, *Meditationes philosophicae*, S.18）[60]。世界が神に内在するという記述も重要だが、同時に神からあるとは神からの流出を示唆し、翻って無からの創造を否定している点に注目したい。先にそして共に存在する無限の存在者から生じたという記述も（cf. ibid. S.19）、流出による創造を想起させるものである。ゆえに、ラウにおいては世界が神に内在することは世界が神からの流出によって創造されたことであり、ここにスピノザと新プラトン主義思想の統合をみることができる。

このようにラウにはシュトッシュよりも広範な思想家からの影響が確認され、彼によってベールがスピノザに用いたような「古今東西のいくたの哲学者と共通」する汎神論が提唱されたと評価することができる。この点に自覚的であったラウは、これを「自然宗教〔religio naturalis〕」と名付け、特定の地域や支配者のもとで信仰される「政治的宗教〔religio politica〕」や「社会宗教〔religio societatis〕」から区別している（cf. ibid. S.17）。

▼唯物論的傾向――世界‐機械論との接続

スピノザ主義の特徴として、とりわけドイツにおいて忘れてはならないのは唯物論としての側面であろう。それは先述のシュトッシュで前景化したが、唯物論の傾向はラウにも確認される。ラウは人間が「密度の低い物質〔materia tenuis〕」である魂と「密度の高い物質〔materia craffe〕」である身体から構成され（cf. Lau, *Meditationes philosophicae*, S.28）、それぞれの物質を構成するのは自然という全体に従う諸部分、つまり粒子〔particula〕から構成されるとする（cf. ibid. S.29）。このとき、ラウは魂と身体に能動‐受動関係を持ち込み、能動的な物質である魂が受動的な物質である肉体に作用すると説明するものの（cf. ibid. S.29）、魂の指示は身体とその器官によって変容させられ、実際には身体とその構造に従うと結論する（cf. ibid. S.30）。つまり、ともに物質である魂と身体のあいだの作用関係は、身体の構造に規定されるのである。

肉体に魂が従うという素朴な唯物論を生理学的に説明したシュトッシュに対して、ラウはそこに構造という視点を持ち込んだ。そして魂と身体のあいだの作用関係を身体の構造から説明したように、ラウは構造によって世界を規定する。ラウによれば、世界の構造は神の秩序と調和のうちにあり、それは神によって維持され統治されているので（cf. ibid. S.23）、世界は神という監督のもとで動かされるものなのである。それゆえ、世界と神の関係は、構造をもった機械〔machina〕と弾み車〔rota〕、あるいは構造を与えられた自動機械〔automaton〕と動力源〔loco-motiva〕に準えて説明することができる（cf. ibid. S.23-24）[61]。したがって、ラウのうちにはシュトッシュの生理学的な唯物論の傾向と、世界‐機械論へと続く唯物論の展開を指摘することができ、注目すべき特徴とは機械に例えられた世界の構造への着目である。

本書ではスピノザ論争史として、シュトッシュやラウといった自由思想家を記述してきたが、従来の研究が指摘してきたように、ここでの問題は唯物論とも深く関係している。本章が扱う一八世紀前葉（厳密には初頭というべきであろう）のドイツにおいては、自由思想家たちがルクレティウスやホッブズ、そしてスピノザに関する書物を地下出版することで、彼らの唯物論を流布していった。例えば先述のブッデウスがそうであったように、当時の思想空間で主流派に位置付けられるような思想家たちは、そのような地下文書に対して唯物論としての批判を熱心に展開した。しかしながら、本来の意図とは反対に、当時の知的空間で唯物論に注目を集める結果となってしまったのである[62]。そして、実際に重要であるのは、唯物論の批判者たちも単に否定的であっただけではなく、むしろ特定の唯物論の可能性を強調し、場合によっては唯物論的な見解を指示することさえあったことである[63]。この図式はそのままスピノザ批判にも当てはまるであろう。初期近代ドイツにおける隠れた唯物論の受容を検討するためには、同時期の思想空間において主流派であった合理主義哲学者とその論敵である敬虔主義神学者に注目するのはもちろんのこと、そこに至るまでの自由思想家がどのような唯物論を展開したのかが一つの論点となる。隠れた唯物論の受容という観点から本章のこれまでの議論を振り返るならば、シュトッシュの唯物論は魂における思考を生理学的に解釈することを目指す点に特徴をもち、続くラウは物質として魂を捉える点でシュトッシュと見解を共有しながらも、心身の影響関係に関してはそこに「構造」をもった機械としての見方を持ち込んだ。彼らが唱える唯物論は、次章以降で唯物論としてではなく、むしろ渾然一体としたスピノザへの批判として議論の俎上にあげられることになる。

注

（1）Cf. 吉田 二〇二一。
（2）後述のように「『神学・政治論』反駁」には宗教的観点と政治的観点、両者からの批判を確認することができる。それゆえ、J・トマジウスが『神学・政治論』を宗教と社会にとって不都合なものとして批判したという説明をJ・イスラエルは与える（cf. Israel 2001: 628）。他方で、B・ベグリーは「『神学・政治論』反駁」が宗教的理由ではなく政治的理由によって展開される点に注目する（Begley 2018）。
（3）ライプツィヒ大学はドイツ啓蒙主義の始まりの地としても知られているが（cf. ヴァイグル 一九九七：四〇）、後述するC・トマジウスの大騒動を見れば明らかなように、ライプツィヒ大学そのものはプロテスタント正統派のスコラ哲学を牽引する保守的で伝統主義的な場であった。実際、J・トマジウスの野望は「アリストテレス研究を正当的なルター派神学と矛盾しないやりかたで復活させることだった」と言われている（cf. スチュアート 二〇一一：五〇）。
（4）Cf. 吉田 二〇二二：三七〇。
（5）J・イスラエルによれば、ラポルトは『神学政治論』が神の啓示を軽視し、理性によって教えられる信仰を説くものであるとして、それを自然宗教と断じている（cf. Israel 2001: 628）。
（6）Cf. Begley 2018: 5-6.
（7）J・トマジウスによる自然主義の批判はその後もストア派批判として展開され、例えば *Exercitatio de Stoica mundi exustione* ではストア派の自然主義と決定論の問題を明らかにし、ストア派とキリスト教の根本的矛盾を曝きだしている（cf. Leask 2016: 236）。
（8）先の引用で挙げられたもう一人の革新者ホッブズ（Thomas Hobbes, 1588-1679）の政治学との関連について、「『神学・政治論』反駁」では詳細な記述がない。しかしながら、「自然状態について〔De Statu Naturali〕」（一六六一）という講演では、人間を平和的な動物であるという一般的見解を受け入れないどころか、人間の自然状態は闘争状態であるという誤った主張を展開した点を強く批判している（cf.Begley 2018: 7）。

（9）同章の主張とは（一）各人の思考や言論の自由を奪うことは不可能であるが、それにもかかわらず（二）その自由には一定の制限が設けられていること、そして（三）その自由を批判する反論に応答するために、その自由の利点（芸術や学問の発展）はその自由がもたらすいかなる不利益をも凌駕する、というものである（cf. Thomasius, *Adversus Anonymum de Libertate Philosopandi*, S. 576）。

（10）B・ベグリーによれば、J・トマジウスは哲学上の学派を学生が自由に選ぶことを容認していない（cf.Begley 2018: 9）。

（11）Cf. ヴァイグル　一九九七：四〇。

（12）Cf. ヴァイグル　一九九七：四八。

（13）Cf. ヴァイグル　一九九七：六二。

（14）一六八七年に刊行された『精神の医学』は翌一六八八年にライプツィヒでも出版されたと言われている。執筆の背景にはスピノザとの知的交流が指摘されており、具体的には一六七四年から両者の交流が始まって、翌年にはスピノザ自身から『エチカ』の原稿を受け取ったと言われている。そこでは、主に自由意志や人間の動機、デカルトの運動の法則についての議論が交わされたようである（cf.Israel 2001: 637）。その後、チルンハウスはC・トマジウスの攻撃から身を守るために即座に応答文を友人たちに配布、それは同年六月号の『月刊対話』に掲載された。翌一六八九年一月号にC・トマジウスによる和解文が提出されたことで彼らの論争は終わりを告げたが、実際にはチルンハウスがそこにもまた応答文を用意していたようである（cf.Israel 2001: 637-639）。

（15）ヴォルフがチルンハウスとの交流を開始したのは一七〇五年のことであり、当時はまだあまり知られていなかった微分法について学んだようである（cf.山本　二〇二〇：九）。また、先述のようにチルンハウスはスコラ的な伝統の一つである三段論法を批判しており、ヴォルフは自伝のなかで「三段論法が真理発見の手段ではないことをチルンハウスの『精神の医学』……から学んだ」とも述べている（cf.山本　二〇二〇：一七）。このことは、ライプツィヒ大学での論理学講義が『精神の医学』を参照にしているという事情とも合致しよう（cf.山本　二〇二〇：五九）。

（16）Cf.Mori 2011: 87-89. チルンハウスとの論争の後ではあるが、C・トマジウスはポワレのスピノザ解釈に関する著作を執筆している（Thomasius, *Dissertatio ad Petri Poiret libros de eruditione solida*, 1694）。

（17）Cf.山本　二〇一六：四二。

（18）Cf.Wurtz 1981: 64.

（19）C・トマジウスはチルンハウスとスピノザの方法論の比較を行っている。C・トマジウス自身がその比較は両者の影響を証明するものではなく、推測にすぎないことを認めているものの（cf. Thomasius, *Monats-Gespräche*, S.824-825）、『精神の医学』というタイトルや著作の目的全体がスピノザに直接触発されたものであることを強調するのである（cf. Thomasius, *Monats-Gespräche*, S.424-425）。J・ウルツによれば、それは方法論を説いた『精神の医学』に続いて『身体の医学』がおかれるという構成と『精神の医学』の一部が教育の問題に関係する点が、『神学・政治論』からの影響を思わせたからである（cf. Wurtz 1981: 64）。さらに、C・トマジウスは『精神の医学』の三つのセクションのタイトルがスピノザの方法から期待される三つの成果に対応していると主張したものの、チルンハウスは同時代の多くの思想家が精神の向上に関する論考を行っていると回答している（cf. Wurtz 1981: 65）。

（20）J・ウルツによれば、倫理に関する批判の争点は、有用なものの探究、美徳の定義、そして最高善の概念という三点にまとめられる。チルンハウスが有用なものの探究を真理の獲得から生じる喜びとして捉える点、さらに美徳を健全な理性の法則に従って人間が自身の本性を維持する能力と定義する点に、C・トマジウスはスピノザ主義的な主題をみてとった。しかしながら、チルンハウスは真理の獲得や美徳の有用性に関するこれらの考えはスピノザ以外の他の哲学者にも共通すると反論し、意志と自由という人間の本性の概念によってスピノザと自身の美徳の概念は区別されると主張する。まり、美徳を人間の本質と捉えるスピノザに対して（cf. Spinoza, *Ethica*, 4Def8〔一五頁〕; 4P20〔三六―三七頁〕）、チルンハウスは健全な理性の法則に従って行動する人間の能力と捉え、人間が徳のある行動をするためには人間の理性が必要であると考えているのである。さらに、最高善の定義についてもスピノザの教義との根本的な違いを示すことができるとチルンハウスは考えていた。スピノザにおいては、「精神の最高の善は神の認識」（Spinoza, *Ethica*, 4P28〔四三頁〕）であるが、チルンハウスにとっては知恵と徳、そして平静の結びつきであり、これは人間において完全な仕方で共通に見出すことが可能であるとともに現世で実現できることを強調している（cf. Wurtz 1981: 67-70）。

（21）Cf. Wurtz 1981: 70.

（22）Cf. Wurtz 1981: 71.

（23）三段論法が棄却され、真理の序列付けや正当化だけではなく、確実性や確信の生成と保存が論理学の新たな課題として挙げられるとともに、心理的活動や能力についても議論が行われるようになった。

（24）Cf. Dyck 2019: 16。デカルト派の論理学には経験（あるいは事実の観察）から理性（論理的なもの）へと向かうという共通の傾向があり（cf. カッシーラー 二〇〇〇：一七五―一八四）、ここには受動知性と能動知性の対立図式が前提される。一方でC・トマジウスは、理性と意志の両者がともに受動的でも能動的でもあるという流動的な立場をとる（cf. Dyck 2019: 2-4）。C・トマジウスの論理学の特徴については、W・シュナイダース 二〇〇九：一三〇―一三四に詳しい。また、山本は、ヴォルフがデカルト以来のヨーロッパ近世哲学の重要な伝統に結びついているのに対して、C・トマジウスは反アリストテレス主義者であり、学問の数学的厳密性よりも世俗性と優美性を重視すると評価している（山本 二〇一六：七：一五）。

(25) P・シュレーダーによれば、C・トマジウスは内乱の根本的な原因である宗教的対立をなくそうとするために、社会の保護を第一の目的とする純粋に世俗的な機関としての国家の提示を目指していた。国家の運営は神の啓示ではなく、従順と理性に基づかねばならず、信仰の問題は個人の良心に委ねられねばならない。他方で、C・トマジウスは、神学的教義の適切な限界を確立したいと考えており、つまり、哲学的な知識は救いを得るための議論には不十分であり、救いは信仰と神の恵みによると考えていた（cf. Schröder 2016: 779-780）。

(26) C・トマジウスには折衷主義的な傾向を指摘しておく必要がある。C・トマジウスはライプツィヒ時代の論理学講義をもとにした『理性の教説への導入』のなかで、アリストテレス派、デカルト派、プロテスタント派の論理学の折衷を試みている（cf. Schröder 2016: 781; Dyck 2019: 16）。三者はそれぞれ、アリストテレス派は三段論法に代表される論理学を、デカルト派は事実の観察に基づく自然科学的方法論に則った論理学を、そしてプロテスタント派は神の啓示に導かれた正しい理性認識による論理学を、それぞれに構想していた。

(27) 後世であれば、ここで自由と必然性の議論へと接続するところだが、・トマジウスによるチルンハウス批判において、決定論の問題が全面的に扱われる箇所は管見のかぎり確認できない。但し、チルンハウスはC・トマジウスによる批判への応答のなかで、「自然のうちには一として偶然なものがなく、すべては一定の仕方で存在し、作用するように神の本性の必然性から決定されている」(Spinoza, *Ethica*, 1P29〔八四頁〕)を否定し、意志の自由を主張する（cf. Wurtz 1981: 73）。このようなチルンハウスの態度は、『エチカ』第一部定理一八の採用が容易に人間の自由の否定に通ずるという問題意識が彼にあったことを示唆する。

(28) Cf. Israel 2001: 640; スチュアート 二〇一一：一五九。

(29) Cf. スチュアート 二〇一一：五三四。

(30) 同著作の内容が論争を招くことを承知していた著者シュトッシュは、匿名にするだけでなく、出版地も偽ったが、その甲斐も虚しく一六九四年には逮捕されてしまった（cf. Israel 2001: 642-643）。

(31) シュトッシュの思想史上の意義は、海老坂によって国内でも比較的早い段階で指摘されている。海老坂は、カッシーラーがドイツ啓蒙における戦闘的宗教批判の希薄性を指摘するのに対して、クヌッツェンやラウとともにシュトッシュの名を挙げ、彼らの著作を一種の思想革命と評価している（cf. 海老坂 二〇〇二：二七―二八）。

(32) ヴァイグル 一九九七：二六六。

(33) Dyck 2019: 4-5.

(34) 一七世紀後半のドイツの書籍検閲の戦略は、ルター派、カルヴァン派、カトリックのいずれであれ、教会関係者によって決定され、その主な目的は、神学的見地から危険とみなされる作品を排除することであった。例えばクヌッツェンやシュトシュによる少数の書籍は容赦なく弾圧されたものの、一七〇〇年以前のドイツでは、哲学的、科学的、政治的に急進的な書籍は僅かであった。しかし、一八世紀に入って急進的な著作（出版物や写本）の出現が頻繁になると、検閲は後退していった。（cf.Israel 2001: 105）

(35) 同サークルには、シュトッシュの父で改革派〔敬虔主義〕の牧師であったバルトロメウス・シュトッシュ（Bartholomäus Stosch）も関与していたといわれている（cf.Dyck 2019: 57-58）。

(36) Cf.Dyck 2019: 5.

(37) Cf.Döring 2016: 757; Israel 2001: 644. J・イスラエルによれば、告発の理由は、（一）キリストの神性と三位一体の否定（二）神が『聖書』の著者であることの否定、（三）最後の審判と地獄の否定、（四）天使と悪魔の否定、（五）原罪の否定、そして（六）神を自然と同一視である（cf.Israel 2001: 643）。

(38) シュトッシュ自身が同著作においてスピノザの名を挙げることは管見のかぎり確認できない。

(39) Cf.Döring 2016: 757; Dyck, 2019: 57-58.

(40) 例えばヴァルヒ（Johann Georg Walch, 1693-1775）は『哲学事典』のなかで「霊魂は実体ではなく、物質ないしは肉体の偶有性である」と主張する思想家にシュトッシュの名を挙げていた（cf.海老坂 二〇〇二：二七）。

(41) Cf.Israel 2001: 645. また、シュトッシュはライプニッツともベルリンの宮廷を通じて親交があり、シュトッシュの唯物論は『モナドロジー』で批判の対象となっている（cf.Dyck 2019: 5）。

(42) Cf.海老坂 二〇〇二：二八。

(43) ゴットシェートによるベール『歴史批評辞典』の全訳が出版されるのは一七四一年のことである。

(44) Cf.Mori 2011 : 87.

(45) Cf.Israel 2001: 634.

(46) Cf.Leask 2016: 236.

(47) Cf.Israel 2001: 644。但し、参照箇所（Buddeus 1706: 113-22, 316）を確認したところシュトッシュへの言及は確認できなかった。

(48) Cf.海老坂 二〇〇二：三三。

（49）例えばランゲにおいてはスピノザ主義と唯物論が分かちがたく結びついている（cf.Lange, *Bescheidene und Ausführliche Entdeckung*, 43, 55）。また、一八世紀前葉のドイツにおける唯物論思想の重要はC・ダイクに指摘されている（cf.Dyck 2016）。C・ダイクはラウやシュトッシュによる唯物論思想を代表的なものとして紹介し、それがヴォルフ主義やトマジウス主義の思想家たちのあいだで批判的に受容されたと述べる。ヴォルフ主義の場合、彼らはライプニッツ哲学と唯物論のあいだに親和性を見出した結果、そこには唯物論を鋭く批判する者も他方でそれを無害な誤謬とみなすような譲歩の姿勢をみせる者もいた。他方トマジウス主義は、例えばリューディガー（Andreas Rüdiger, 1673-1731）やクルジウス（Christian August Crusius, 1715-1775）によって唯物論へと接近していったのである。

（50）この背景には、人間の魂が肉体なき後には消滅する、つまり人間の魂の不死性への否定がある。（三）死後の裁判と地獄の否定が可能となるのは、肉体の死をもって魂も消滅するために、人間は死後の裁判にかけられることがないからであり、海老坂は死後の応報思想への批判にシュトッシュの思想的出発点をみている（cf.海老坂 二〇〇二：二八）。但し、シュトッシュは神の恵みによって人間全体を永遠に保存することが可能であると考えている点には注意が必要である（cf.Stosch, *Concordia rationis et fidei*, S.77）。

（51）Cf.Dyck 2019: 57.

（52）Cf.ヴァイグル 一九九七：六一―八三。

（53）Cf.海老坂 二〇〇二：三八。

（54）Cf.Israel 2001: 652-65.

（55）『省察』は、（Ⅰ）「神学的‐自然学的省察」、（Ⅱ）「自然学的省察」、（Ⅲ）「自然学的‐医学的省察」、そして（Ⅳ）「倫理的・政治的・法的省察」という四つの部門〔caput〕から構成される。ラウによれば、人間とは（一）神学的に、つまり宗教的なものとして、（二）自然学的に、つまり被造物として、（三）医学的に、つまり健康なものとして、（四）倫理的に、つまり有徳なものとして、（五）政治的に、つまり市民・臣民として、（六）法的に、つまり法に適ったものとして考えることができるのであり、先に挙げた四つの部門はこの六つの分類を踏まえている（Lau, *Meditationes philosophicae*, S.29）。

（56）一七三六年にラウが作成した未発表の著作と翻訳の目録に確認できる（Mulsow 2016: 461）。

（57）ラウは自身の教説がスピノザ主義者や無神論者の嫌疑を掛けられるかもしれないと自覚していたことはチルンハウスとは異なる点である（Theodor Ludwig Lau, *Meditationes philosophicae de Deo, mundo et homine*, S.5）。

（58）具体的には、ホッブズやロック、さらにプロティノスやブルーノ等からの影響が指摘されている（cf.Dyck 2019: 5, 75）。あるいは、イスラエルはC・トマジウスの記述を根拠として、「アリストテレス、プラトン、ピタゴラス、エピキュロス、デカルト、ハーバート・オブ・チャーベリー〔＝エドワード・ハーバート〕、ホッブズ、マキャベリ、スピノザ、ベーヴァーラント、ラ・ペイレール、ボッカリーニ、ルクレティウス、ル・クレール、モンテーニュ、ラ・モット・ル・ヴァイエ、ブラント、ベール、ホイヘンス、トーランド、ブルーノなど」の名を挙げている（Israel 2001: 655）。スピノザを新プラトン主義思想や東洋の教説等と結びつける理解がドイツ国内で定着することにラウも一役買っていたことは十分に予想されよう。

（59）シュトッシュの場合には、神の唯一性は議論に先立って前提とされており、神が第一原因であることがその理由とされている（cf. Stosch, *Concordia rationis et fidei*, S.1-3）。

（60）また、創造以前の世界は「神の深みうちの萌芽〔embryo in ejus abysso〕」や「神の生殖器のうちの精子〔semen in ejus lumbis〕」、あるいは「神の中心にある円〔circulus in suo puncto〕」に例えられる（cf. Lau, *Meditationes philosophicae*, S.18）。

（61）但し、ラウは世界の構造を神によって任意に変更可能なものとして想定している。（cf. Lau, *Meditationes philosophicae*, S.24）。

（62）Cf. Israel 2001: 634-635.

（63）Cf. Dyck 2016.

第二章　ランゲのスピノザ論

バウムガルテンによるスピノザ主義批判の前史として、一八世紀初頭に至るまでのドイツにおけるスピノザの批判的受容の歴史（第一章）を前提として、同時代の最大のスピノザ論争といわれるランゲ－ヴォルフ論争がどのように先立つスピノザの群像を引き受けたのかを明らかにすることが本章および次章の課題となる。

本章では、まずランゲ－ヴォルフ論争の概観を確認し、その後ランゲがどのような論点でもってヴォルフをスピノザ主義者と批判したのか、一七二四年に出版されたランゲ『発見』の冒頭に付された「手引き」を中心に、その背景と論題の要点を検討する。

第一節　ランゲ-ヴォルフ論争

▼論争の背景

一七二〇年代にハレ大学では神学部教授ランゲと哲学部教授ヴォルフのあいだで一大論争が勃発した[1]。ランゲがハレ大学に着任した年、ヴォルフは形而上学や自然神学などの哲学的な講義を同大学で始めていたが、その講義の中でヴォルフはしばしば敬虔主義とは反対の立場を主張していた（そして、その講義に神学部の学生たちも次第に惹きつけられていった）。そのなかでヴォルフが神学部の推薦するランゲの息子を差し置いて、自分の弟子であったテュミッヒ（Ludwig Phillip Thümmig, 1697-1728）を大学の役職に登用することに成功、それによって神学部との緊張感は高まっていった。

このような状況下で、一七二一年にはヴォルフによる記念講演「中国人の実践哲学」が行われたのである。そこでヴォルフはスピノザに言及していないものの、自身の理性主義の立場からキリスト教の信仰がなくとも、人間が徳を実践することが可能であることを説いた。この主張は、宗教的真理が啓示によってのみ与えられるとする敬虔主義の立場と対立するものである。前章で確認したように、多様な思想が既にスピノザのもとで統合されていたという当時の事情を踏まえるならば、ヴォルフの立場はランゲにとってスピノザを想起させるような、厳密には恣意的に結びつけることが可能なものであった。この講演を機に、ランゲはヴォルフをスピノザ主義者というレッテルのもとで鋭く批判するようになり、当該論争はハレから追放されたヴォルフが一七四〇年同地に帰還するまでのおよそ二〇年にわたって続けられた。

同時期をハレで過ごしたバウムガルテンにとって、ランゲ-ヴォルフ論争はセンセーショナルな事件であり、近年の先行研究が指摘するようにその論争が彼の思想形成に与えた影響は大きい[2]。そしてその影響は、バウムガルテンのスピノザ解釈にも色濃く確認されるのである。

▼論争家ランゲの歩み[3]

ランゲは一六七〇年一〇月二六日、ガルデレーゲンの大家族に生まれた。一五歳の時に家を焼失したことで地方議員だった父は財政難に陥り、クヴェトリンブルクのギムナジウムに通うことになるまでのあいだ、彼は叔父の世話になることになった。兄のニコラウスを見習って牧師になることを目指したランゲは、一六八九年にライプツィヒ大学に入学し、東洋主義・敬虔主義の神学者フランケの指導を受けた。フランケが正統派ルター派と対立してライプツィヒを解任されると、ランゲはフランケを追ってエアフルトに移り、その後ハレにもしばらく滞在したものの、すぐにベルリンに移ると（一六九三）、家庭教師や教師を経てギムナジウムの学長となった（その後、現在のポーランドのゲーズリンで学長を務めたこともある）。この職に就いてから、ランゲは古典言語（彼の最も有名な著作であるラテン語の文法書は、二六度も版を重ねた）と哲学についての講義を行った。この二度目のベルリン滞在中に、ランゲは最初の哲学的論文である『精神の医学』[4]を執筆し、同著作はハレで三度版を重ねた。[5]この著作によって一躍有名となったランゲは、一七〇九年にハレ大学神学部に着任、そしてそのおよそ一〇年後に先のランゲ－ヴォルフ論争が勃発したのである。

ランゲは様々な神学論争を展開したが、[6]やはりヴォルフに対する敬虔主義の先鋒としての役割が最も重要であろう。『無神論に対する神と自然宗教の大義〔*Causa Dei et religionis naturalis adversus atheismum*〕』（以下『大義』）では、ストア派やスピノザ派の無神論や運命論を論破するという名目で、名指しではないがヴォルフを攻撃した。つまり、匿名の者（＝ヴォルフ）がスピノザの決定論とライプニッツの予定調和説に与することで宗教を破壊していると主張したのである。続けて、予定調和説に与するヴォルフは兵士の脱走行為を必要に応じて免責しているとランゲが風刺したことで、その内容がフランケからの手紙でフリードリヒ・ヴィルヘルム一世に伝わり、結果的にヴォルフをプロイセンから追放することに成功した。ここから、ヴォルフとランゲ、そしてそれぞれの同盟者のあいだで行われた膨大な量の文章のやりとりが始まる。その中の一つが一七二四年に出版されたランゲの『発見』である。批判の要点に大きな変容は認められないものの、『大義』とは異なって『発見』では直接的に「ヴォルフ」の名を挙げた批判が行われている。これらの著作が記された論争の初期こそ、ランゲ等の敬虔主義神学側は優勢であった。しかしながら、ヴォルフ主義がドイツの学界で瞬く間に台頭し、ヴォルフ自身もヨーロッパの主要人物になっていったことで、ベルリンの宮廷における敬虔主義者の影響力は弱体化していった。一七三六年にはヴォルフの著書の禁止令が解除され、その三年後には神学の指導でヴォルフ哲学が必須となった。一七四四年五月七日、ランゲは失意のうちにこの世を去った。

▼「手引き」の構成

以下では、先述の『発見』の冒頭に付された「手引き」を検討対象として、そこで提示されたランゲのスピノザ主義論を紹介する。

私たちはヴォルフ批判の要点やランゲの思想の要点を『発見』への「手引き」から十分に窺い知ることができる。「手引き」は全二四の原理から構成され、必要に応じて注解〔Erläuterung〕や結論〔Consectarium〕が付されている。内容上の構成は以下のとおりである。全二四の原理は、人間の魂を扱う箇所（第一原理から第四原理）、心身の結合を扱う箇所（第五原理から第七原理）、そしてランゲ-ヴォルフ論争の争点に関わる自由と必然性を扱う箇所（第八原理から第一四原理）、さらに「スピノザ主義」あるいは「無神論」を批判する箇所（第一五原理から第二四原理）の四つに分類することができる。(7)

第二節　スピノザ主義の定式化

▼ランゲにおけるスピノザ論争史の受容と展開

本章の目的はランゲのスピノザ主義論を概観し、その特徴を捉えることにあるから、本節では『発見』の「手引き」におけるスピノザへの言及に着目することから始めたい。

全二四の原理のうちに確認されるスピノザの用例は非常に典型的である。代表的なもののいくつかを紹介しよう。第四原理の注解では、万物に対して絶対的な運命論を主張するような無神論者がスピノザの体系に準じていると述べられており、そこでは無神論者とスピノザの体系が結びつけられる（cf. Lange, *Bescheidene und ausführliche Entdeckung*, S. 47–48）。あるいは第七原理の証明では、異端のデカルト主義者の体系が余りにも多くを神の名のもとに包摂することが無神論を導くこと、その一例として自然を神と混同するような無神論とスピノザ主義の理論を準備すると説明する（cf. ibid. S. 56–57.）。第一四原理の帰結でも、ストア主義的な運命論がスピノザ主義の精神を形成することが確認されている（cf. ibid. S. 71–72）。このように「手引き」の前半部では、無神論や運命論を意味するレッテルとしてのスピノザという典型的な用例しか確認することができず、これらは前章で示したような一八世紀初頭のドイツにおいて既に流布していた用例である。このような同時代的なスピノザ主義解釈を引き受けた上で、ランゲの議論が展開をみせるのは前節の冒頭でも引用した第一五原理においてである。先の引用の後半部に再度注目するならば、「たとえ神を宇宙や世界から区別するとしても、また魂を特別で身体とは異なる実体とみなすとしても」という条件が、汎神論と一元論に対応しているとわかるであろう。それは、前段落で確認した先立つスピノザの用例に照らせば明らかである。つまり、ランゲは第一五原理において、自然を神と同一視する汎神論と魂と物体を区別しない一元論がスピノザ主義を構成する本質的要素ではないという見解を打ち出している。翻って、人格神を認めた上で二元論に与するとしても、自由と自発性を混同する者はスピノザ主義に接近してしまうことを意味する。私たちは、第一五原理においてランゲの批判の焦点がライプニッツやヴォルフ、そして彼らに追随する思想家へと絞られたと評価できる。

▼「完全なスピノザ主義」と「部分的なスピノザ主義」の導入

第一五原理の注解に提示されるスピノザ主義の定式化がヴォルフ批判を目的としたことの成果であることは、その内容から明らかである。

スピノザ主義に関しては、〈完全なスピノザ主義〉（Spinosismum totalis）と〈部分的なスピノザ主義〉（Spinosismum particularis）がある。〈完全なスピノザ主義〉は以下の三つの主要な〈誤謬〉から構成され、他の一切の誤謬はそれらに起因する。（a）世界全体がただ唯一の実体のみであり、そしてたしかに神そのものが自然として世界に属するようにあり、ゆえに身体と魂のあいだにも本質的で実質的な区別がない。（b）世界は永遠であり、ゆえに因果関係には無限背進がある。（c）世界の一切、とりわけすべての人間は、唯一の世界〈実体〉〔Welt „Substanz"〕あるいは世界〈機械〉〔Welt „machine"〕に属するものとして、同一の因果関係にあるとされ、それらは必然的であり、必然的に生ずる。〈部分的なスピノザ主義〉は後者の二点から、特に三点目から構成され、そこから道徳の教説〔＝『エチカ』〕の完全に堕落した原則が流れるように生じる。いまやこの部分的なスピノザ主義がヴォルフ主義の体系にあることを、以降の詳細な議論は証明するであろう（Lange, *Bescheidene und ausführliche Entdeckung*, S. 72–73）。

ランゲは「完全なスピノザ主義」と「部分的なスピノザ主義」を区別し、世界における実体の数あるいは種類の問題と、運命論に関わる世界の因果の問題を切り離した。（a）の論点とは、（a-1）世界全体が唯一実体であること、（a-2）神が自然として世界に属する、つまり内在すること、そして（a-3）身体と魂の区別がないこと、以上の三つに分類することができる。これらはそれぞれ（a-1）唯一実体説（数の実体一元論）、（a-2）汎神論、（a-3）種類の実体一元論を特徴付ける内容であり、先述のとおり当時既にスピノザ主義という用語のもとに議論されていた論点である。これらは「手引き」の前半部で確認された用例に則しており、ランゲに特徴的なものではない。

では、「部分的なスピノザ主義」の構成要素として挙げられた、（b-1）世界の永遠性と（b-2）世界の因果関係における無限背進、そして（c-1）二種類の因果関係の同一視と（c-2）世界の必然性という論点はどのように評価できるであろうか。これらがすべて運命論を帰結しうるという点で、比較的に新しく付け加えられたスピノザ主義の特徴であることは前章に照らして指摘することができる。但し、『発見』におけるスピノザ批判が現実にはヴォルフ批判であるという大前提に立ち返るならば、私たちが注目すべきはランゲ自身も強調する論点（c）であろう。[8]

▼ヴォルフ批判の成果として

ランゲは第一五原理以降で、宇宙を普遍的で必然的な連結のもとにおく体系（cf.Lange, *Bescheidene und ausführliche Entdeckung*. S.73.）や、一切を必然性へと引き込んで人間を自動機械として服従させる体系（cf.ibid. S.75）といった表現でもって、予定調和説を換言している。ここからも明らかなように、論点（c）は自由と自発性の問題に対応しており、自由と自発性を混同することへの批判は具体的には予定調和説を対象とする。第一六原理と第一七原理が実質的に予定調和説への批判であるという原理の配置も、第一五原理の注解で示されたスピノザ主義の定式化がヴォルフ批判を目的に成立したことを間接的に表している。

以上から、「完全なスピノザ主義」と「部分的なスピノザ主義」という分類を導入したランゲによるスピノザ主義の定式化は、ヴォルフ批判がなければ成立しえなかったような、ランゲ‐ヴォルフ論争の成果であるという仮説が導かれよう。あるいは、『発見』におけるスピノザ批判が現実にはヴォルフ批判であるという基本に立ち返るならば、批判の焦点が絞られたことで、汎神論や一元論を包括的に指示する標語となっていた同時代のスピノザ主義が、自由の問題を中心的要素とするものとして定式化されたと評価することもできるのではないだろうか。そこで次節では、自由と自発性をめぐるランゲの議論を辿ることで、論点（c）を詳解する。

第三節　自由の再定義

ランゲにとって、スピノザ主義とはどのような思想だったのか。多くの先行研究が指摘するように、それは人間の自由を脅かすものとして端的に特徴付けることができる。この論点について、まず『発見』の「手引き」より第一五原理を参照したい。

▼人間の自由を脅かすスピノザ主義

人間のような自由な原因〔caussae liberae〕が、物質的な事物からなる自然的で機械的な連結〔nexum rerum materialium naturalem und mechanicum〕の中に引き込まれ、それによって、単なる自然的原因のように、そして自動機械〔automata〕のように、自然と構造という必然性〔necessitate naturae & structurae〕のもとで一切を行うようになる場合、そのような連結は人間に関しては自由と偶然性とを一致させることのできるような合理的なものでなく、たとえ神を宇宙や世界から区別するとしても、また魂を特別で身体とは異なる実体とみなすとしても、これらの連結が世界そして人類において一切を必然的なものにするかぎりで、むしろ必然的なものであり、スピノザ主義の魂と真の形式をもつ（Lange, *Bescheidene und ausführliche Entdeckung*, S.72）。

ここでスピノザ主義とは、一切の出来事が自然に見出されるような、あるいは機械的な構造のうちに見出されるような、必然的な因果の連結のもとで生じると考える立場として捉えられている。つまり、ランゲがスピノザ主義の名のもとで自由と必然性を対置するとき、本来であれば自由な原因であるはずの人間に関わる出来事さえも、あたかも物質的な事物と同じように自然の必然的な法則に則して、あるいはあたかも自動機械であるかのようにその事物がもつ構造に則って必然的に生ずるように、世界における物質の因果の連結に絡め取られる事態が想定されている。

その背景には、ランゲが名声を手にした『精神の医学』で説かれたように、自らが祈りや神学的指導といった実践をなすことで精神が治療されると考える彼の敬虔主義神学上の立場を挙げることができよう。ゆえに、ランゲのスピノザ主義批判の根底にあるのは、自らの学説の有効性を示し、さらに敬虔主義神学の立場を危ぶむような合理主義哲学を駆逐することである。その問題意識に則すならば、ランゲによるスピノザ主義批判の最大の争点は、神学と哲学の領域をめぐる人間の自由の問題であるといって差し支えない。

▼自然科学的な、そして、神学的な自由

では、ランゲが考える自由とは何か。彼は「自由」と「自発性」を明確に区別している。[9] つまり、自由〔libertas〕は自由に作用する原因〔caussarum libere agentium〕のみに与えられ、本来の意味での自発性〔spontaneitas〕は、ただ動物の原因のように、単なる自然的原因や自動機械的原因〔caussis physicis, und automatis〕のみに与えられる（Lange, *Bescheidene und ausführliche Entdeckung*, S.70）。

人間の自由といった場合、それは理性に指示されて意志・行為することである。仮に人間の自発性という表現が認められるとしたら、それは三大欲求に基づくような行為を一例として挙げることができるであろう。但し、実際にランゲが挙げたのは、雨上がりの日に草が自発的に伸びるという例である（cf.ibid. S.71）。自発的な行為とは、自然的・機械的な必然性の一つであるところの自然法則に従うものであり、ゆえに自発性は理性をもたない動物に当てはまると考えられねばならない（cf.ibid. S.71）。理性をもつ人間は全く自発的な行為を説明するには不適切とみなされているのである。ここに、世界における他の動植物たちから人間を明確に区別する、ランゲの人間理解がみてとれると同時に、彼を取り巻く当時の問題意識を透かし見ることができよう。

人間の自由について考える場合、当時の中心的な論点として挙げられるのは神の予知との関係である。[10] それはアウ

グスティヌス以来のあまりに長い伝統をもつ問題であるが、ドイツにおいては宗教改革を先導したルターが自由意志を否定したことで、アクチュアルな問題として同時代の神学者や哲学者に再提示されていた。ランゲが与する敬虔主義神学は、ルター派へのアンチテーゼとして先慮論を展開し、人間の自由意志の擁護と、神の全能との両立可能性を説いた。敬虔主義者は、先慮、つまり神の予知は人間の自由な決定を先見するだけであり、誰が至福に値するかを選ぶことはしないと主張する。[11] というのも、仮に人間の現世での行為が自由に基づかないのであれば、神の救済を説明することが困難になってしまうからである。このような背景のもとで、ランゲは自由と自発性の区別に注力した。ゆえに、私たちはランゲにおける自由の概念が、先に引用した自然法則に即す場合のような必然的な自発性との対立を問題とする自然科学的な文脈だけではなく、神の予知との両立可能性を問う神学的な文脈のうちに位置付けられることに注意せねばならない。

ランゲの自由概念が二つの文脈を有することは、自由と自発性の区別が、偶然性と必然性という一対の概念を媒介として、人間の自由と神の予知の両立可能性を説明することに端を発していることからも明らかである。ランゲは自由と自発性の議論に先立って、神の知性が神の予知によって人間の行為に必然性をもたらさないように、神の意志が神の摂理とその決定によって人間の行為の自由とその偶然性を否定することはない点を強調する（cf. ibid. S. 64-65）。つまり、神の予知は秩序付けることではなく、自由な原因に基づいて生じる事柄を自由で偶然的なものとして知り、自然の必然性に従って行動する存在者によって生じる事柄を必然的なものとして知ることに他ならない（cf. ibid. S. 62）。ゆえに、人間の自由と神の予知の両立可能性の問題は、神の予知が知るだけであり秩序付けないという前提を共有するとき、自由と自発性あるいは偶然性と必然性の問題へと移されることになる。

▼偶然性と必然性

では、自由（そして自発性）は偶然性と必然性のうちにどのように位置付けられるのであろうか。最初に確認しておかねばならないのは、偶然性と必然性という区別は何らかの原因から生ずる事柄に対して用いられる点である。ゆえに、原因に対する結果が偶然的であれ、必然的であれ、両者が神の予知によって先立って知られていることは問題ではない。例えば、現実にはカエサルがルビコン川を渡ったが、カエサルはルビコン川を渡らないこともできたのだから、この出来事は偶然的である。このとき、神は全知全能であるから、神の予知においてはカエサルがルビコン川を渡ることは確実である。しかしながら、それはカエサルの行為を必然的な事柄とするわけではない。つまり、作用という結果と作用の原因を区別することで、作用の結果が確実であったとしても、その原因が偶然的か必然的かは別に問うことができるというのがランゲの立場である。ゆえに、

> 自由に作用する諸原因の自由〔Freiheit der caussarum libere agentium〕とは、必然的な事物とは反対に、偶有性、偶然性、あるいは偶然的な事物の根拠である（Lange, *Bescheidene und ausführliche Entdeckung*, S.60）。

神の予知においては確実であっても、作用という結果の原因は偶然性であるという先の主張を支えるのは、必然性の分類である。ランゲによると、必然性は「絶対的な必然性〔necessitas absoluta〕」と「仮説的な必然性〔necessitas hypothetica〕」に区別される。前者の絶対的な必然性は、神によって変更可能かに応じてさらに二つに区別される。すなわち、（一）神自身によっても否定・変更が不可能な、幾何学的・算術的・形而上学的な必然性と、（二）神によっては変更可能であるものの、それ自体としては絶対的で事柄の性質と構造から規定されているような、自然的・機械的な必然性である（cf.ibid. S.68）。（一）幾何学的・算術的・形而上学的な必然性をもつ命題とは、「2×2＝4」や「三角形の内角和が二直角に等しい」、あるいは「全体はその部分のどれよりも大きい」といったものである（cf.ibid. S.67）。それに対して、（二）自然的・機械的な必然性とは、火が藁に近付けられたときに藁が発火するといったような事例が想定され（cf.ibid. S.68）、「結果の必然性〔necessitas consequentis〕」や「連結の必然性〔necessitas nexus〕」、あるいは「運命的な必然性〔necessitas fatalis〕」ないし「自然的・機械的運命〔fatum physico-mechanicum〕」と呼ばれるものである

(cf. ibid. S.69)。これらに共通するのは、作用という結果に対する原因が一通りしかないという意味での必然性であるという点であろう。それに対して、後者の仮説的な必然性とは、特定の結果は生ずるべくして生ずるという必然性を引き受けた上で問われる、その結果が生じない可能性や別の仕方で生じた可能性といった偶然性である。このとき、その結果は生ずるべくして生ずるという必然性は既に引き受けられており、ここでの偶然性とは原因と結果の連結が一通りではなく、さらにその原因が必然的なものではないことを意味している。ゆえに、仮説的な必然性とは作用という結果の原因とその原因と結果の連結の偶然性である。

▼偶有性と自発性による自由の再定義

以上から、原因と結果における偶然性と必然性の議論を用いて、冒頭で挙げた自由と自発性を再定義することが可能となる。つまり、自由とは仮説的な必然性であり、自発性とは絶対的な必然性のうちの自然的・機械的な必然性に相当する。

必然性の分類を提示した上でそこから自由の議論へと展開するランゲの論述は、人間の自由を制限しうる消極的な立場である印象を抱かせるかもしれない。しかしながら、そこにあるのは神の予知との両立可能性を問う神学的な問題意識に根差した神の全知全能への信頼であり、その上で人間の自由を基礎付けようとする彼の問題意識のあらわれに他ならない。そのような問題意識をもつランゲだからこそ、人間の行為さえも「自然的で機械的な連結」のうちに解釈するような主張の一切が、必然性のうちに偶然性を見出すことを放棄して運命論に甘んじる悪しき立場に思われたのではないだろうか。

ランゲにとって、予定調和説は人間の行動を予定調和という一種の運命的な必然性に従って自発的に生じるものとして説明する教説に思われたであろうし、それは世界やそこに含まれる人間もすべてを自動機械とみなすことと相違なかったのであろう。この点で、ランゲにとってはライプニッツもヴォルフも、そしてスピノザも区別なく、運命論を支持する批判すべき思想家であった。さらに、精神の治療という敬虔主義の神学的教説にとっても人間が自由であることは前提として必須であることから、それを脅かす彼らはみな無神論者に数え入れられねばならなかった。ゆえに、ランゲは彼らを当時の運命論のレッテル、「スピノザ主義」と呼ぶに相応しいと評価したのである。

ここまでの一連の議論のうちには、神学的な問題意識に端を発した自由の問題が、自由と自発性、あるいは世界の因果関係を問う、近代的で自然科学的な問題意識へと連続的に展開していく様子をみることができる。さらに、スピノザ主義という用語の同時代的な用例に鑑みるならば、ランゲの独自性はまさにこの定式化にあり、とりわけ（c-1）二種類の因果関係の同一視と（c-2）世界の必然性を、スピノザ主義を構成する主要な要素とみなした点にあった。私たちはこの点について、予定調和説を世界-機械論とみなすランゲの理解に注目し、それを次節で検討したい。

第四節　世界-機械論としての批判

▼世界-機械論とその批判

世界を機械や時計仕掛けに準える説明がライプニッツやヴォルフに確認されることは広く知られている。同時に、それが魂を精神的自動機械と換言したスピノザとは力点が異なることも[12]、改めて確認するまでもない点であろう。彼らの目的とは、世界における身体を例に挙げ、時計と身体を、「人間の技術によって作られた機械」と「神的な機械」ないし「自然的な自動機械」（ライプニッツ『モナドロジー』§64）、あるいは「人工の道具的物体〔corpus organicus artificialis〕」と「自然の道具的物体〔corpus organicus naturalis〕」（Wolff, *Cosmologia generalis*, §280 not.）とみなすことで、人間のわざと神のわざを対比的に捉えることである。つまり、時計職人と時計の関係と神と世界の関係のあいだに限定的なアナロジーを適用することで、作者が先立って用意した計画のとおりに作品が自動的に動くという事態を、より平易に説明しようと考えたのであろう。このかぎりで、予定調和説とは神という作者が事前に用意した計画に即して世界の構成要素（モナド）が自動的に動く理論であると説明できよう。

しかしながら、ランゲの立場からすれば、それは自発的に動いていることになる。先述のとおり、自発的に動くとは自然的・機械的な必然性に即して作用すること、つまり事物の性質や構造から規定されている仕方で作用することを意味する。神によっては変更可能であったとしても、事物の連結が一通りに計画された世界で生じる出来事は、自発的に生じたとしても、自由に生じたとは言えない。但し、ここで忘れてはならないのは、予定調和説と共に可能世界論を採用することで、異なる仕方で計画された事物の連結から構成される無数の世界の存在から、出来事の偶然性が保証される点である。ランゲはただ一つのこの世界だけを前提として、そのうちに生じる出来事の偶然性は世界内部の連結の可能性にしか見出されないと考えていた。他方で予定調和説の支持者は、神に計画された一通りの連結からなる世界に、世界という単位で無数の可能性を保証することで、偶然性を付与しようとしたのである。ゆえに、両者は同じように世界の偶然性や人間の自由を問うていても、世界という対象を捉える視点が異なっている。

▼ランゲによる批判の二面性

では、ランゲによる予定調和説への批判はクリティカルではないと評価せざるをえないのであろうか。結論を先取りするならば、それは否である。ランゲの予定調和説への批判は、それを世界の必然性への批判の問題としてのみ取り上げるならば見当違いかもしれないが、予定調和説が本来抱えている問題、つまり魂と身体の結合の問題へと立ち返って検討するとき、一定の深刻さを孕むのである。というのも、それはモナド一元論への批判であり、それはその自然本性として世界を自らに表象するモナドから構成された世界であるかぎりで、ランゲのいう自発性の枠組みを掻い潜ることは困難であろうからである。

私たちはランゲが両者の結合をどのように捉えていたのかを確認することから始めねばならない。

人格〔Person〕を構成する物体〔＝身体〕と魂のあいだには、〈形而上学的結合〔unio metaphysica〕〉ではなく、〈自然的結合〔unio physica〕〉、つまり自然で現実的な結合があり、そこから二つの〈実体〉の自然な共同体〔natürliche Gemeinschaft〕が生まれ、そして一方の部分から他方の部分への自然な作用が生ずるのである（Lange, *Bescheidene und ausführliche Entdeckung*, S.8）。

魂と身体という二つの実体のあいだにあるのは、ランゲによれば自然的結合である。つまり、彼は物理影響説を支持していた。二つの実体のあいだに自然的結合があると考えることの正当性は、次の理性による認識から明らかであると彼は主張する。すなわち、理性は感官と共働して、魂と身体が二つの実体であることを認識しながら、それらが一人の人間を構成していることを認識している。さらに、身体が消失しないかぎりは魂がいくら望んでも両者は分離しないという経験によっても魂と身体という二つの実体の自然的結合は証明されていると主張する（cf.ibid. S.49）。ゆえに、自然的結合とは、魂と身体は自然に結合して自然な共同体として存在していることが経験的に明らかである点で、つまり観念的ではなく現実にそうであるという意味で自然的であると言われるのである。

経験によって確かさが十分に証明されているにもかかわらず、魂と身体の自然的結合を批判し、形而上学的結合と予定調和説という仮説を採用する者がいた。それがライプニッツであり、さらにヴォルフであるというのがランゲの理解である。ランゲからすれば、彼らは観念論者に他ならなかった（cf.ibid. S.57）。というのも、予定調和説は形而上学的結合を前提に成り立つものであり、それは魂が身体との共働なしに、さらには世界やその物質的な存在なしに、それらを表象するという空虚なものとして理解されていたからである（cf.ibid. S.56–57）。

▼機械的な構造と世界 ― 機械論の峻別

このような形而上学的結合への批判の背景には、ランゲが考える魂と身体の関係があった。彼は身体や肉体的なものが機械的な構造をもつことを否定しておらず、「身体の機械的構造が許すかぎりで」魂が身体を動かすと考えていたのである（cf. Lange, *Bescheidene und Ausführliche Entdeckung*, S.50）。

人体が機械的な〈構造〉〔mechanische Structur〕をもち、動かされること、魂の〈支配〉に即してその手足が様々な姿勢をとることができることは間違いない。しかしながら、人体は単なる機械でもなければ、単なる〈自動機械〉でもない。というのも、人体の動きはその内的な〈構造〉に由来するのでも、不変の秩序のうちで生ずるのでもなく、魂の〈指示〉〔rogimine〕に依存し、その好みに即して生じたり変更されることが可能であるからである（Lange, *Bescheidene und Ausführliche Entdeckung*, S.54）。

つまり、同一の因果連結への批判は、自然的で機械的な必然性をもつ物体的な事物の因果系列と、仮説的な必然性をもつ精神的な実体、とりわけ人間の魂の因果系列を一本化することへの批判と換言できる。あるいは、形而上学的結合に基づく予定調和説への批判は、因果系列の解釈をめぐる問いであると同時に、それがモナドという世界を表象する力に一元化したことへの批判として機能していると捉えられるのである。

これまでの議論を踏まえるならば、モナドという単一の形而上学的存在者から構成された世界におけるあらゆる出来事は、神によって先立って計画された世界の結合を自らのうちに表象する以上、モナドの自然本性に応じて自発的に生じたと説明されねばならない。人間の魂さえも、表象力をその本性とするモナドである以上、魂が自らの自然本性に即して自発的に活動すると説明されるであろう。しかしながら、人間の魂とは理性と意志というそれ自体として自存する能動的で自由な二つの力から構成された、自由な原因であると考えられている（cf. ibid. S.43-44）。ゆえに、ランゲによる予定調和説への批判、つまり世界－機械論への批判は、表象力を自然本性としてもつモナドへと立ち返ることで、一定の深刻さを伴うものとして評価しうるのである。

▼ランゲによるスピノザ主義者ヴォルフへの批判がもつ功績

ランゲのスピノザ主義批判は、スピノザそのものの学説を詳解したものでもなければ、批判の対象であったライプニッツ主義者としてのヴォルフの学説にクリティカルなものであったのかも検討の余地が残る。[13] 但し、ヴォルフが後に予定調和説と距離をとるようになり、またモナドを力という根拠としては認めながらも、その表象力を斥けたという事実は、ランゲの批判がもつ静かな衝撃を物語っているように考えられる。ヴォルフ主義への影響を除いても、ランゲという論争家が一八世紀前葉のドイツ思想にいくつかの爪痕を残したことは確かである。まず、自由論という同時代的な問題を「スピノザ主義」の名のもとで議論するための土壌を準備したという点での功績は大きい。さらに、スピノザ主義者として知られるラウにおいて確認される世界‐機械という発想についても、彼がその評価をライプニッツ‐ヴォルフ主義の哲学に適用した点は看過してはならない。従来はその哲学的な貢献が十分に検討されなかったランゲに再度光を当てることは、ライプニッツからヴォルフ主義を経てカントへと続く隠された導きの糸をたぐり寄せることになるのではないだろうか。

注

（1）一七三〇年にバウムガルテンがハレ大学に入学して以来、彼はランゲに学ぶ機会を得ており、また当時ハレでは禁止されていたヴォルフ哲学についても、兄ジークムント・ヤーコプやヴォルフ学派の牙城であったイェーナ大学の学生との交流から学んでいた（cf. Gawlick and Kreimendahl 2011: IX-XXX; Fugate and Hymers 2013: 5-11; 井奥 二〇二〇：二二七―二四二）。

（2）Cf. Schwaiger 2011: 79-82; Dyck 2018.

（3）Cf. Dyck 2019: 135-137; Schönfeld 2016: 456-460.

（4）ドイツの最初期のスピノザ主義批判の担い手であったC・トマジウスは、同名の著作を残したチルンハウスに対してその書名を理由にスピノザ主義と断罪するが（cf. Thomasius, *Monats-Gespräche*, S. 424-425）、『精神の医学』というタイトルが当時一般的だったことはランゲが同名著作を残していることからも明らかである。

（5）同書は病気と権威について書かれており、敬虔主義者にとっての「医学」とは、理性を使うことではなく、心を治すために理性を制御することであると主張される。ランゲは、理性が病気であるという前提のもとに、理性が信仰に従う場合にその病が改善すると唱えた。病の治療にとって、哲学は役に立たないどころか、スコラ哲学（ルター派のアリストテレス主義を想定）は病気を悪化させる。理性の治療には、被造物の光つまり理性による自己認識と、神の光という啓示への信仰の二つが必要であり、それは祈りや神学的指導といった実践によって獲得できるという（cf. Schönfeld 2016: 456-460）。

(6) ランゲがハレに勤めるきっかけを与えてくれたC・トマジウスに対しても、匿名の攻撃をしている（『クリスティアン・トマジウス氏に対する良心の必要な諫言』）。ハレの魔女裁判で一時的に相談役を務めていたC・トマジウスは、自身が罪のない人々を殺してしまったことを知ると、一転して異端の非犯罪化を唱えた。それに対して、フランケがC・トマジウスを裏切り者とみなして決別した（一七〇〇）という事情を受けての攻撃であったようである。

(7) 但し、ダイクは、第一原理から第七原理を一つのまとまりとして、魂と、人間と神に関する考察と評価している（cf. Dyck 2019: 136）。

(8) 論点（b）については、『発見』の第一章「ヴォルフ主義の体系における世界に属する永遠性について」というタイトルからもわかるように、ランゲはヴォルフが（b-1）世界の永遠性と（b-2）世界の因果関係における無限背進を主張していると理解していた。ゆえに、論点（b）もヴォルフ批判を念頭においたものである。しかしながら、ヴォルフは明確に無限背進を否定していることから（cf. 山本 二〇〇八：六八）、本書では検討の対象としなかった。

(9) 慣例に倣い「自発性」と訳出しているが、ここでは「自ずとなす」の意であり、そこに行為者の自発的な意志は認められない。

(10) 最も古典的なものの一例として、アウグスティヌスの自由意志論を挙げることができよう。彼は世界における悪の起源を問うという仕方で、人間の自由意志、つまり自由と神の予知の両立可能性を説いた。バウムガルテンを当座の終点とするならば、アウグスティヌスからモリナ、そしてライプニッツという系譜に注目することができよう。この系譜については大西 二〇一四を、モリナとバウムガルテンの関係についてはErtle 2014および津田 二〇一八を参照のこと。

(11) Cf. 山下 二〇一六：八〇―八一、二八六―二九〇：山下 二〇二〇。

(12) 例えば、『知性改善論』第八五節には「魂はある法則に従って働き、いわば精神的自動機械である」という記述を確認することができる。

(13) ヴォルフは無限背進を否定しているし、神の自由な決断を承認している点で、ランゲが挙げるスピノザ主義の要素（a）や（b）には該当しない。しかし、ランゲ自身が強調する要素（c）、つまり世界を一つの機械とみなしていたのは事実である点で、ヴォルフが部分的なスピノザ主義に与することは免れ得ないであろう。両者の自由論の対決について、河村は以下のように述べる。ランゲのヴォルフ批判の論点は、「自然の事象が常にそれに先行する状態のうちに決定根拠をもち、例外なしに自然法則に基づく事象連鎖を形成するように、人間の選択や行為もまた、常に先行する状態のうちに決定根拠をもち、理性が「最も好ましいもの」の表象を示せば、必ずこれに従う」という思考にあった（河村 二〇一四：一一）。その上で、河村はヴォルフにおける自由が「他の動因を排して、理性の提示する動因に従うこと」であり、仮に根拠律に基づく世界という考え方に則るかぎりではスピノザ的な決定論に接近すると結論付けている（河村 二〇一四：二五）。

第三章　ヴォルフのスピノザ論

当時の蔑称でしかなかったスピノザは、シュトッシュやラウといった一部の思想家を除いて、接近すべきものではなく、むしろ忌避されるべきものであった。それにもかかわらず、敢えてスピノザそのものと対峙しようとしたヴォルフの眼目とは何であったのか。本章は、ヴォルフによる一八世紀ドイツにおける最初の「スピノザ論」を検討対象として、ヴォルフがどのようにスピノザを理解し、拡張した「スピノザ主義」というレッテルを定式化しようとしたのかを明らかにする。

第一節　スピノザ主義の再定義

▼ヴォルフのスピノザ論の構成とその特徴

ヴォルフの「スピノザ論」とは、ランゲとの論争の終わりが見え始めた一七三〇年代後半に二巻本で出版された『自然神学〔*Theologia naturalis*〕』の第二部後半、第六七一項から第七一六項を指す[1]。まずヴォルフは、スピノザにおける形而上学の根本概念、つまり神（cf. Wolff, *Theologia naturalis*, Pars 2, §672）、実体（cf. ibid. Pars 2, §§674, 675, 683-684）、属性（cf. ibid. Pars 2, §§673, 679-680）、様態（cf. ibid. Pars 2, §§676, 681-682）、そして有限なもの（cf. ibid. Pars 2, §§677, 685-686）といった概念の定義を自らの存在論との比較によって、そこにある誤りを指摘することから始めた。それらの誤りは、スピノザが「明晰判明に認識されるものは何であれ真である」というデカルトの原理を受け容れたことで先に挙げた定義の証明に関心をもたなかったために、つまり存在論の知識がなかったために生じてしまったとヴォルフは結論する（cf. ibid. Pars 2, §687）。続けてヴォルフは、延長（cf. ibid. Pars 2, §§688-693）や物体（cf. ibid. Pars 2, §§694-696）といった概念の批判へと進み、さらに唯一実体・自存性・無限実体といった特徴をもつスピノザの実体論（cf. ibid. Pars 2, §§697-705）や、無限の思考の様態化としての有限な存在者（cf. ibid. Pars 2, §§706-707）、身体と魂の定義への批判を行った。最後に、ヴォルフ自身がランゲによって批判された際の論点、スピノザ主義の運命論、あるいは無神論という特徴を検討することで自身の「スピノザ論」を終えている（cf. ibid. Pars 2, §§709-716）。

当時、スピノザ主義という表現がどのように使用されていたのかについては第一章で確認したとおりである。無神論を意味する蔑称として、あるいは、汎神論や唯一実体説（数の実体一元論）、そして運命論を主張する立場として、実に多様な用例を確認することができる概念である。しかしながら、それらのうちのいずれもスピノザ自身の記述に即したものではなかった。それは前章のランゲによるスピノザ主義の定式化に顕著であるように、彼らは自らが当事者として与する論争空間を前提として、その対論者を批判するためにスピノザを利用したにすぎないからである。シュトッシュやラウといったスピノザに親和的な思想家でさえ、自説を展開するために利用したという点では、ランゲたちと大きく変わらないであろう。そのような状況にあって、ヴォルフだけはスピノザそのものに即してスピノザ主義を定義しようとした。つまり、

我々の意図がスピノザ主義の打破にあるかぎり、著者の意見に関して、著者自身が明確に伝えた教え以外のものを推論したくはない（Wolff, *Theologia naturalis*, Pars 2, §671 not.）。

というヴォルフの宣言に、彼の「スピノザ論」を同時代のなかでは特異なものとして評価する理由の一切が含まれている。

▼『エチカ』から再構成されたスピノザ

実際にヴォルフによるスピノザ主義の定義を確認することによって、彼がどの程度『エチカ』を読んでいたのかを窺い知ることができる。

〈スピノザ主義〉とは無限の属性をもつ単一の実体（唯一）以外には何も認めない仮説であり、その無限の属性のうちの二つは無限の思惟と延長で、それぞれが永遠の無限の本質を表現する。しかし有限な存在者は、例えば、魂が無限の思惟の変様から、身体が無限の延長の変様から生じるように、この実体の属性の必然的な変様から生じると仮定されている（Wolff, *Theologia naturalis*, Pars 2, §671）。

第一章や第二章で扱ってきた思想家のうちにも、神という単一実体をスピノザ主義の特徴として挙げる者はいたが、彼らはその実体が無限の属性をもつことや、そのうちの二つが思考と延長であることには言及していない。これらは

どれも、ヴォルフが『エチカ』（主に第一部と推察される）の記述を再構成することによって付け加えられた表現である。具体的には、前記引用の第一文は第一部定義六、定理一四の系一・系二（、あるいは第二部定理一「思惟は神の属性である」・定理二「延長は神の属性である」）に対応している。

神とは、絶対に無限な実有、換言すればおのおのが永遠・無限の本質を表現する無限に多くの属性から成っている実体、と解する（Spinoza, *Ethica*, 1Def6〔四二頁〕）。

神のほかにはいかなる実体も存在しえず、また考えられない（ibid. 1P14〔五九頁〕）。

神は唯一であること、言い換えれば（定義六により）自然のうちには一つの実体しかなく、そしてそれは絶対的に無限なものであることになる（ibid. 1P14C1〔六〇頁〕）。

延長した物および思考する物は神の属性であるが、そうでなければ（公理一により）神の属性の変状であるということになる（ibid. 1P14C2〔六〇頁〕）。

また、第二文は第一部定理二五の系を引き受けた記述である。

個物は神の属性の変状、あるいは神の属性を一定の仕方で表現する様態、にほかならない（ibid. 1P25C〔八一頁〕）。

以上から、ヴォルフが『エチカ』のとりわけ第一部に精通していたこと、そして同時代の他の思想家とは異なり、唯一実体説として大胆に特徴付けられていたスピノザ主義を、スピノザそのものに立ち返って再定義したことが確認された。後者の点は、当時のスピノザ主義を構成する諸要素のうちでも、唯一実体説という数の実体一元論がスピノザそのものに帰されると印象付けた点で、ドイツ哲学史上に与えたインパクトは大きい。短期的な視点からは、バウムガルテンのスピノザ解釈を決定的に方向付けた点を挙げることができる。この点については、本書第Ⅱ部で改めて検討するが、バウムガルテンのスピノザ解釈は実体概念を中心としており、そしてその批判も唯一実体説に鋭く向けられている。また中長期的な視点からは、ドイツにおける「一元論」の概念史への影響を挙げることができよう。少なくともヴォルフ自身によって導入されたその用語は、デカルトの実体二元論に対抗する立場の総称であり、例えばライプニッツに代表されるモナド一元論なども含まれるような、いわば一つのラベルでしかなかった。しかしながら、一九世紀以降は哲学史の中心へと躍り出ており、スピノザ思想の中核概念としての位置を獲得している。このように、ヴォルフによるスピノザ主義の再定義の功績は少なくない。

▼唯一実体説、つまり数の実体一元論はスピノザに固有の学説か

とはいえ、前章で扱ったランゲによる批判に鑑みるならば、ヴォルフが実体一元論に注目したのは純粋にスピノザそのものに立ち返ったからなのか、いくらか疑問の余地が残る。というのも、自身に向けられたスピノザ主義者という疑義を晴らすために、神という実体のみを認める立場という端的な定義を提唱した可能性があるからである。

スピノザ主義は一般に、神と自然の混同から、あるいはスコラ哲学者がいうように、神である能産的自然〔natura naturans〕と単に自然と呼ばれる傾向にある所産的自然〔natura naturata〕との混同からなると言われているが、しかし、これは結果的にしかスピノザに帰すことができない（Wolff, *Theologia naturalis*, Pars 2, §671 not.）。

この記述はどのように評価されるべきか。まず、ヴォルフがいかにスピノザ自身に忠実であろうとしたのかが窺い知れる箇所として参照されるであろう。第一章でも確認したように、スピノザ主義を批判する者も、あるいはスピノザに親和的な者も、彼らは神と自然を同一視する立場、いわゆる汎神論に注目し、それがスピノザ主義の中心的な要素であるかのように振る舞った。ヴォルフが指摘するように、たしかにスピノザは『エチカ』において能産的自然と所産的自然を区別している（cf. Spinoza, *Ethica*, 1P29S〔八五―八六頁〕）。しかしながら、汎神論をスピノザ、そして自身が提唱するスピノザ主義から区別するのは、ランゲの批判が不当であることを間接的に明らかにするためであったと考えることもできるのではないだろうか。本書第二章で検討したように、ランゲは全体的スピノザ主義と部分的スピノザ主義という分類のもとで、ライプニッツ‐ヴォルフ哲学を後者に数え入れ、その特徴として世界‐機械論とそこから帰結する運命論を挙げていた。さらに、全体的スピノザ主義の特徴のうちの一つが汎神論であり、ランゲの批判においてライプニッツ‐ヴォルフ哲学の要素とはみなされていない。ゆえに、ヴォルフにとっては部分的スピノザ主義の要素以外によってスピノザ主義を特徴付けることは、自らに向けられたランゲの批判を掻い潜ることに他ならないのである。このかぎりで、ヴォルフによるスピノザそのものへの回帰は戦略的であると言えよう。ヴォルフの「スピノザ論」におけるこの二面性は、スピノザそのものへの回帰という哲学的な動機と、その裏に隠された自己弁護の緊張関係を反映しているのである。

▼スピノザ主義者とは誰か

では、ヴォルフはどのような人に相応しい呼称としてスピノザ主義者を捉えようとしたのであろうか。彼は、

> スピノザ主義を真として受け入れる者、つまり、スピノザの仮説を真とする者をスピノザ主義者と呼ぶ（Wolff, *Theologia naturalis*, Pars 2, §678）。

スピノザの仮説とは先述のスピノザ主義の仮説であり、つまり唯一実体説である。ゆえに、神という唯一の実体のみを認める者が須くスピノザ主義者と呼ばれるに相応しい。このことは、スピノザ主義者の条件が、神という唯一実体説と、そこに含まれた無限の属性に関する主張に賛同するかに集約されたことを意味する。やはり、汎神論や運命論等といったその他の要素はスピノザ主義者の条件から自覚的に引き剝がされている（cf. Wolff, *Theologia naturalis*, Pars 2,

§678 not.)。その理由はまさに先述のとおり、自らに向けられた批判を念頭に置いた自己弁護であろう。一方で、ヴォルフの記述に即すならば、運命論に属する立場はスピノザ主義以外にも確認されるために、それを条件とすることは不適切であるという説明が導かれる（cf.ibid. Pars 2, §678 not.）。

加えて、ヴォルフが採用したスピノザ批判の方法に即すならば、先の仮説を構成するのはスピノザの体系における最も基礎的な原理である必要があった。ヴォルフはスピノザの体系が誤りであることを、次の三点から説明する。第一に無限の実体に関する仮説が証明なしに想定された定義から構成されているという意味で不確かな原理〔principium precarium〕に基づく点、第二に無限な実体の定義において多様なものを同一のものと混同しているという意味で混乱した原理に基づく点、そして第三に有限なものの定義を含む他の一切の定義も曖昧な原理に基づく点である（cf.ibid. Pars 2, §687）。ヴォルフからすれば、スピノザの体系は非常に軟弱な基盤の上に構築されている。というのも、先に指摘したように、スピノザは存在論の知識が不足しており、「明晰判明に認識されるものの一切は真である」というデカルトの原理を採用して、証明を怠ったからである。ゆえに、ヴォルフはスピノザの体系の基礎を成す概念、つまり仮説で用いられた「属性」、「様態」、「実体」、「有限なもの」といった概念の誤りを明らかにすることが最も有効な批判であると考えた（cf.ibid. Pars 2, §687）。だからこそ、ヴォルフが再定義したスピノザ主義は『エチカ』第一部の諸定義から構成されており、帰結的な要素は切り離されたのである。

第二節　運命論としての批判

▼ランゲの批判への応答という課題

私たちはヴォルフがどのようにスピノザ主義を捉えようとしたのか、またその際の動機を明らかにしてきた。本来、次いで取り組むべきであるのは、ヴォルフによる批判の方法に倣った仕方での各概念の検討である。しかしながら、本章の目的はヴォルフによるスピノザそのものへの批判の検証ではない。一八世紀前葉のドイツ思想において、論争に焦点を当てるならば、紛れもなくその中心に位置するスピノザを、ヴォルフがどのように特徴付けたのかを確認することである。さらに、より具体的には、バウムガルテンによるスピノザ批判がどのような背景のもとで成立したのかを知るための、いわば本書第Ⅱ部の前提条件の解明が、第Ⅰ部に属する本章の課題である。したがって、以降の考察対象となるのは、第一に前章で扱ったランゲの批判への応答、つまりヴォルフによるスピノザの運命論への批判である。そして第二に、こちらは第Ⅱ部の議論の先取りとなってしまうが、バウムガルテンのスピノザ批判にとって中心的課題となった実体概念である。以上の二点について、本節と次節でそれぞれ扱おう。

▼運命論者スピノザ

まず、スピノザと運命論の関係についてである。前節でも触れたが、ヴォルフは運命論がスピノザに固有ではないという理由で運命論をスピノザ主義の要素から除外している。しかしながら、それはスピノザが運命論者であることを否定したことにはならず、実際にヴォルフはスピノザの運命論について、以下の記述を残している。

スピノザは〈普遍的な運命論者〔fatalista universalista〕である〉。スピノザによれば、事物の本性は偶然的なものを何一つ与えられておらず、むしろ一切は神の本性の必然性から一定の仕方で存在し作用するように決定され（Spinoza, *Ethica*, 1P29）、そして神の或る必然的な属性から生じるものは何でも必然的に存在し（ibid. 1P12）[2]、意志は自由な原因〔causa libera〕と呼ばれえず、むしろ必然的な原因でしかなく（ibid. 1P32）、したがって、神は自由意志によって〔ex libera voluntate〕作用することはない（ibid. 1P32C1）。つまり、事物は現に産出されているのとは異なったいかなる他の仕方や他の秩序でも、神から産出されることはできなかったであろう（ibid. 1P32）[3]。また、精神〔mens〕に自由意志〔libera voluntas〕はなく、あれやこれやを意志するように原因から決定され、さらにその原因が他の原因によって決定され、そしてそれがまた別の原因によって決定され、このように無限に進むのである（Spinoza, *Ethica*, 2P48）。そして人間は、自分の意志を意識する〔sibi sunt conscii〕かぎりで、自らが自由であると思い込んでいるだけであり、自らがそれによって意志することへと駆り立てられる原因については、夢の中でさえ考えないのである（ibid. 1P36S）。以上から、〈スピノザ〉が世界のうちのあらゆるものの絶対的な必然性を主張し、人間の意志の自由〔libertas voluntatis humanae〕を否定した上で、その必然性を人間の行為〔actiones humanas〕にまで拡張していることは明らかである。普遍的な運命論者とは一切の事物に絶対的な必然性を主張し、それを人間の行為にまで拡張する者であるから（§528）、〈スピノザ〉は運命論者であり、しかも普遍的な種類の運命論者である（Wolff, *Theologia naturalis*, Pars 2, §709）。

スピノザの運命論は、事物の本性に一切の偶然的なものがないという仮説を出発点とする。つまり、ヴォルフが参照したスピノザの記述に即すならば、「自然のうちには一として偶然なものがなく、すべては一定の仕方で存在し・作用するように神の本性の必然性から決定されている」（Spinoza, *Ethica*, 1P29〔八四頁〕）。あるいは、「物は現に産出されているのと異なったいかなる仕方、いかなる他の秩序でも神から産出されることができなかった」（ibid. 1P33〔八九頁〕）。というのも、「神のある属性の絶対的本性から生ずるすべてのものは常にかつ無限に存在しなければならぬ、言い換えればそれはこの属性によって永遠かつ無限である」（ibid. 1P21〔七六頁〕）からである。これらは神という実体しか存在しないという唯一実体説から導出される主張であり、またこれらからは意志が自由な原因ではなく、必然的な原因であることが帰結する。すなわち、「意志は自由な原因とは呼ばれえず、ただ必然的な原因とのみ呼ばれうる」（ibid. 1P32〔八七頁〕）。ゆえに、「神は意志の自由によって作用するものではないということになる」（ibid. 1P32C1〔八八頁〕）。同時に、人間の精神についても次のように述べることができる。「精神の中には絶対的な意志、すなわち自由な意志は存しない。むしろ精神はあれやこれやを意志するように原因によって決定され、さらにこの後者もまた他の原因によって決定され、このようにして無限に進む」(ibid. 2P48〔一八四頁〕)。つまり、人間にも自由な意志はなく、そこには因果の無限な連鎖があるのみである。但し、「人間は自分を自由であると思うということである。実際、彼らは自分の意欲および衝動を意識しているが彼らを衝動ないし意欲に駆り立てる原因は知らないので、それについては夢にも考えないからである」(ibid. 1P36S〔九九頁〕)。いくらか冗長になってしまったが、上記の記述と先の引用を照らし合わせれば、ヴォルフが『エチカ』のいくつかの定義を再構成することでスピノザの運命論を説明しようとしていたことがわかる。むしろ、単なる切り貼りと言ってしまってもいいかもしれない。つまり、ヴォルフはスピノザの記述を引用しているだけで、それをパラフレーズすることも、その論証を試みることもしていない。あくまでもスピノザが運命論に値すると判断するに相応しい要素、例えば人間の自由意志が思い込みであって無限の因果連鎖のうちに位置付けられるといった点を羅列しているにすぎない。ここでのヴォルフの主張は、スピノザもスピノザ主義者も運命論者であることに間違いないものの、運命論とスピノザ主義を同一視すべきではないという点に尽きる (cf. Wolff, *Theologia naturalis*, Pars 2, §709 not.)。

▼スピノザ主義と運命論

なぜこのような記述になっているのかといえば、それは後続の記述から明らかであり、ヴォルフは普遍的な運命論がスピノザによって誤って主張されていると考えていたからである。

スピノザは〈万物の運命的な必然性を証明していないし、証明することもできない〉。〔……〕もしスピノザが無限の思惟 (§707) と延長という想像上の概念を現実のもの〔realem〕として受け入れず (§689)、神の無限の本質を表現する属性として両者を神に帰属させなかったならば (§671)、一切がそこから必然的に導かれると推論することはなかったであろう (Wolff, *Theologia naturalis*, Pars 2, §710)。

ヴォルフは『エチカ』の定理一六と定理一七を参照し、「神の本性の必然性から無限に多くのものが無限に多くの仕方で（言い換えれば無限の知性によって把握されうるべきすべてのものが）必然的に生じなければならない」（Spinoza, *Ethica*, 1P16Dem〔六九頁〕）というスピノザの結論がその前提となっている概念の不備のために誤りであると主張する。つまり、神がもつ無限の属性のうちで、思惟と延長が神の無限の本質を表現とするというスピノザ主義の仮説が誤りである以上、そこから運命的な必然性を推論することは不可能である。ヴォルフはスピノザ主義を定義した後（Wolff, *Theologia naturalis*, Pars 2, §671）、属性（ibid. Pars 2, §§679–680）、様態（ibid. Pars 2, §§681–682）、実体（ibid. Pars 2, §§683–684）、有限なもの（ibid. Pars 2, §§685–686）といった基礎的な概念の誤りを指摘することで、これらの概念を前提とするスピノザ主義の仮説そのものを反駁していた。前記引用に先立つ箇所でも延長概念の検討にかなりの紙幅を割き（cf. ibid. Pars 2, §§688–693）、その誤りを明らかにしている。つまり、同じ方法でスピノザの運命論の反駁を試みているのである。ヴォルフによる批判の妥当性を検討することは意義深いが、その検討は別稿に譲り、以下では運命論ではないヴォルフの立場を端的に示す記述を確認したい。

▼ヴォルフによるランゲへの応答

以下は、前記引用に続く段落の記述であり、そこでは神や世界に関するヴォルフの考えが端的に示されている。

> 〔……〕神は人間の魂〔animas humanans〕（§338）を世界全体とともに自由に創造し（§354）、あらゆる内的な強制からも自由であり（§355）、複数の可能世界からこの世界を選んだかぎりで〔ex pluribus possibilibus hunc eligens〕（§356）、したがって、あらゆる有限な存在者（§330）は、そして魂（§331）も世界も偶然的な存在者であり（§332）、偶然的に存在しないかぎり現実存在せず（§334）、自然の秩序〔naturae ordo〕さえも偶然的なものにすぎず、絶対的な必然性から自由である（§561 *Cosmol*〔= Wolff, *Cosmologia generalis*〕; §761 not. *part. I. Theol. nat.*〔= Wolff, *Theologia naturalis*,

Pars 1]）（Wolff, *Theologia naturalis*, Pars 2, §710）。

先に確認したヴォルフにおけるスピノザとの違いに絞って、その要点のみを挙げていこう。まず、神は世界を自由に創造したという点である。その理由は、神が複数の可能世界からこの世界を選んだからである。さらに、世界が神から必然的に産出されたのではないために、人間の魂も世界も偶然的な存在であるという点である。因果の種類というランゲが提示した争点に対して、ヴォルフが世界の偶然性を複数の可能世界から基礎付けようとしていることは、ランゲ－ヴォルフ論争の終盤に位置する同著作においてさえ、両者の論争が噛み合っていなかったことを示している。同時に、ランゲの批判は少なくともヴォルフにとっては有効とも無効とも判定できないことを意味していると言えよう。あるいは、ヴォルフが運命論の問題を神の全知と人間の自由意志という伝統的な枠組みにあえて引き戻していると解釈することも可能かもしれない。なぜなら、ヴォルフは『エチカ』の定理一六の証明を参照することで、神の知性に把握されうるべき一切が必然的に生じなければならないという主張から運命論が推論されたと整理しているからである。神学的な問題意識と近代的で自然科学的な問題意識が連続的であったランゲの場合とは異なり、ヴォルフにとって運命論は神学上の問題として引き受けられた。

第三節　唯一実体説に対する批判

▼唯一実体説はスピノザによっていかにして証明されねばならなかったのか

私たちは一貫して、ヴォルフによるスピノザ批判が正当なものであるかという内容の評価ではなく、その方法や彼の動機に議論の焦点を絞ってきた。それは、本章があくまでも第Ⅱ部への導入という役割をもつからである。ゆえに、ヴォルフが行った諸概念の考察を個別に検討することはしなかった。しかしながら、バウムガルテンによるスピノザ批判前史という本章の位置付けに鑑みるならば、唯一実体説への批判については整理しておく必要がある。というのも、先に幾度か言及したように、バウムガルテンにおいてスピノザ論争の余波は実体論のうちに結実しており、その出発点は唯一実体説への批判にあるからである。

本章第一節で確認したヴォルフにおけるスピノザ主義の仮説に明らかなように、唯一実体説という特徴はスピノザ主義の礎であると言われる（cf. Wolff, *Theologia naturalis*, Pars 2, §704 not.）。ゆえに、ヴォルフの方法論を採用するかぎりは、唯一実体説が誤りであることが証明されれば、スピノザ主義そのものが崩壊することになる。この点からも、唯一実体説という問題の重大性は十分に明白である。ヴォルフによれば、「スピノザは、神以外にはいかなる実体も与えられず、また考えられないことを、あるいは、唯一の実体のみが与えられ、それが無限であることを証明しなかった」（cf. ibid. Pars 2, §704）。つまり、スピノザは（一）同じ性質の二つの実体が存在することの不可能性や、（二）あらゆる実体の無限性、そして（三）神が無限の属性をもつという仮説のいずれも証明しなかったと、ヴォルフに評価されていたのである。そこでヴォルフは、これらの三点がいずれも誤りであると示すことで、唯一実体説を批判しようと試みた。以下では、順にその内容を確認したい。

▼『エチカ』第一部定理六、つまり同一性質の二実体における存在不可能性への反論

まず、（一）同じ性質の二つの実体が存在することの不可能性についてである（cf. Wolff, *Theologia naturalis*, Pars 2, §§697–698）。「自然のうちには同一本性あるいは同一属性を有する二つあるいは多数の実体は存在しえない」（cf. Spinoza, *Ethica*, 1P5〔四五頁〕）というスピノザの定理を、ヴォルフは「同一の共通する本質をもつ二つの実体は本質によって相互に区別されない」（cf. Wolff, *Theologia naturalis*, Pars 2, §697）と換言する。というのも、ヴォルフが理解したかぎりのスピノザにおいて、「実体の本質、あるいは存在の本質が表現される属性は、〔……〕ある種の普遍的な存在者を表している」と仮定されているからである（cf. ibid. Pars 2, §697）。この誤った仮定は、実体とそれ自体からの存在者の混同に

起因する。ヴォルフによれば、スピノザの実体とは「それ自体のうちに存在すること〔esse in se〕」と「それ自体を通じて把握されること〔concipitur per se〕」の二点から定義されるが、両者は正確には同じではない（ibid. Pars 2, §684）。まず、「それ自体のうちに存在すること」は自らの力〔vis propria〕によって現実存在することであり（ibid. Pars 2, §684）、そしてそのような存在者はその存在者の本質のうちに現実存在の理由をもつかぎりで「それ自体からの存在者〔ens a se〕」である（cf.ibid. Pars 2, §675）。他方で、「それ自体を通じて把握されること」はそのような存在者の認識が他の存在者の認識に依存しないことであり、それはその存在者が他のものに「原因付けられたもの〔causatum〕」であることを意味しない（ibid. Pars 2, §699）。したがって、「それ自体を通じて把握されること」は、必ずしも「それ自体のうちに存在すること」、つまり、そのような存在者が「それ自体からの存在者」であることを帰結しないのである。

そして、このことは「根源的な制限〔limitatio originaria〕」と「可変的な制限〔limitatio mutabilis〕」を区別しなかったことに関係するのである（cf.ibid. Pars 2, §697 not.）。スピノザは有限なものを「同じ本性の他のものによって限定されうるもの」（Spinoza, *Ethica*, 1D2〔四一頁〕）と定義したために、有限なものの本質は別のものの仮定を必要とする可変的な制限をもつことになる。つまり、「有限であるということが実はある本性の存在の部分的否定である」以上（ibid. 1D8C1〔四七頁〕）、有限な実体の本質は他の実体を前提としなければならず、ゆえに有限な実体の本質は関係的に、つまり外的に制限されていることになる。しかしながら、実体とは、その受け容れられた意味において、その本質的なものと属性が同一でありながら、その様態が継続的に変化させられる対象であるから（cf. Wolff, *Theologia naturalis*, Pars 2, §698）、本質的規定とそれ自体として繋がっていて、それ自体で考えられるような内的な制限、いわば根源的な制限をもつものである。したがって、同じ種類（類・種）の実体が複数存在することは明らかである（cf.ibid. Pars 2, §698 not.）。

▼『エチカ』第一部定理六、つまりあらゆる実体の無限性への反論

次いで、（二）あらゆる実体の無限性についてである（cf. Wolff, *Theologia naturalis*, Pars 2, §§ 702-703）。「すべての実体は必然的に無限である」（Spinoza, *Ethica*, 1P8〔四七頁〕）というスピノザの定理は、先に否定された「自然のうちには同一本性あるいは同一属性を有する二つあるいは多数の実体は存在しえない」（ibid. 1P5〔四五頁〕）という定理と、「実体の本性には存在することが属する」（ibid. 1P7〔四六頁〕）というもう一つの定理から導出されたものである。後者の定理について、ヴォルフはそれを実体の自存性〔aseitas〕の問題として扱っている（cf. Wolff, *Theologia naturalis*, Pars 2, §§ 700-701）。スピノザは「実体は他の者から産出されることができない」（Spinoza, *Ethica*, 1P6C〔四六頁〕）ことから、実体が自己原因であり、「その本質は必然的に存在を含む」（cf. ibid. 1P7Dem〔四七頁〕）と帰結するが、そもそも創造の不可能性は証明されていないとヴォルフは主張する。というのも、スピノザは「自然のうちには同一属性を有する二つの実体は存在しえない」（ibid. 1P5〔四五頁〕）という定理を、「相互に共通点を有する二つの実体は存在しえない」（ibid. 1P6Dem〔四六頁〕）と換言することで、実体が他の実体によって産出されることの不可能性を導出しているが、このとき出発点となる定理が証明されていないのである（cf. Wolff, *Theologia naturalis*, Pars 2, § 699）。この定理は先の（一）に対応するためにここから先の議論は省略するが、実体が必然的に存在するわけではないことは明らかであり（cf. ibid. Pars 2, § 701）、つまり、実体の自存性は誤りであり、ゆえにあらゆる実体が必ずしも無限あるいは無制限でないことが示される（cf. ibid. Pars 2, § 703）。

▼『エチカ』第一部定義六、つまり無限の属性をもつ神への反論

最後に、（三）神が無限の属性をもつという仮説に対するヴォルフの批判を確認したい。ヴォルフは、スピノザによる神の定義、すなわち「神とは、絶対に無限なる実有、言い換えればおのおのが永遠・無限の本質を表現する無限に多くの属性から成っている実体、と解する」（Spinoza, *Ethica*, 1D6〔四二頁〕）を挙げ、この定義を構成する「属性」や「無

限の属性」という概念や表現が曖昧であると指摘する（Wolff, *Theologia naturalis*, Pars 2, §672）。ヴォルフによれば、スピノザの属性の定義、すなわち、「知性が実体についてその本質を構成していると知覚するもの」（Spinoza, *Ethica*, 1D4〔四一–四二頁〕）という定義には、次の二つの誤りが潜んでいる。

一点目は（i）属性と本質的な規定の混同である（cf. Wolff, *Theologia naturalis*, Pars 2, §679）。スピノザが「それ自身のうちに在りかつそれ自体によって考えられるもの、すなわちその認識が他の事物の認識を要しないもの」（Spinoza, *Ethica*, 1P8S2〔四八–四九頁〕）と記述しているように、それ自体による認識がその認識の成立に際して他の事物の認識を前提としないことは明らかである。問題であるのは、他のものを前提とせずにそれ自体によって認識されるものは、なぜそこに何かが内在するのかについての本質的な理由を一切与えられていないものであるとヴォルフが考えた点であろう。その理由は次のとおりである。もし特定の性質が或る実体に内在することの本質的な理由を何一つもたないならば、それを通じてなぜその性質がその実体に内在するかを理解することができるようなものは、その実体のうちに見出されえない。つまり、理由がないならば、その理由から帰結するようなもの、つまり他の認識を必要としない。ゆえに、それ自体によって認識するものは、そのものに内在するものの本質的な理由をもたないものと換言された。さらに、それは他の事物の認識を必要としないかぎり、当の事物について認識される最初のものである。このとき、ヴォルフが与する伝統的な存在論において、存在者について認識される最初のものは本質であり、それを構成するものは本質構成要素〔essentialia〕あるいは本質的規定と言われ、かつそれらはなぜ当該の存在者に内在するのかの理由を与えられていない。スピノザの定義に立ち返るならば、属性は実体の本質を構成するとみなされたものであるから、本質構成要素ないし本質的規定が呼称を変えたものと評価できる。

二点目は（ii）実体の概念が属性の概念に誤って入り込んでいる点である（cf. Wolff, *Theologia naturalis*, Pars 2, §680）。一点目で確認したように、スピノザは属性と本質的規定を混同している。その混同のために、属性は実体の本質、いわば存在者の本質を構成するものとなり、その存在者について認識される最初のものであると考えられねばならない。

しかしながら、存在者の概念に関係する事柄は実体の概念なしに理解されるものであり、むしろ実体の概念が存在者の概念を前提とすべきである[4]。それにもかかわらず、スピノザにおいては実体に関わる属性が存在者の概念を構成するという逆の事態が生じている。この意味で、スピノザの属性はそこに実体の概念を入れ込んでいるのである。

▼存在論における基礎概念の曖昧さ

以上のように、ヴォルフは唯一実体説が誤りであることを証明した。先に検討した三つの論点に対応させるならば、（一）制限という概念を用いた無限と有限の区別の誤り、（二）実体に自存性を帰すという誤り、そして（三）（i）本質的規定と混同され、（ii）実体概念が入り込んだ属性概念の曖昧さが、唯一実体説という間違った主張の原因である。補足にはなるが、（三）属性概念の曖昧さについて、スピノザが属性から様態〔modus〕を区別していない点が指摘されていることも挙げておこう。様態は「実体の変状、すなわち他のもののうちに在りかつ他のものによって考えられるもの」（Spinoza, *Ethica*, 1D5〔四二頁〕）とスピノザによって定義されるが、それは他のものの認識を必要とするものであるということである。前記（三－i）で扱ったように、それ自体によって認識するものはその内在の理由が与えられないが、それに対して、他のものによって認識されるものは「なぜそのものに内在するのか、あるいは少なくとも内在しうるのかということの充足的根拠を他のものにおいてもつ」とヴォルフは考えていた（cf. Wolff, *Theologia naturalis*, Pars 2, §681）。存在者に内在するのは、本質構成要素、属性、あるいは様態のいずれかである（cf. Wolff, *Ontologia*, §149）。或る存在者について、そこに属性が内在することの充足的根拠は本質構成要素に見出されるが（cf. ibid. §157）、様態の場合には内在の可能性の充足的根拠が見出されるだけである（cf. ibid. §160）。ゆえに、スピノザの誤りを正し、属性と本質構成要素を区別するならば、属性と様態も区別されねばならない。

▼ヴォルフにおけるスピノザ

本章では、ヴォルフの「スピノザ論」について、そこでの「スピノザ主義」の定義やその批判を検討してきた。その過程で透かしみえたのは、ヴォルフの哲学上の方法論、つまり存在論を基礎としてそこで準備された概念から次の理論を構成するスタイルである。ヴォルフは一貫して、スピノザ主義を特徴付ける概念や仮説が、それを構成する要素、つまりその前提において不備があると指摘することで反駁していた。この点に着目するならば、ヴォルフのスピノザ主義批判の肝要はその礎とされる唯一実体説の批判にこそ見出されねばならない。しかしながら、改めて本章の第三節で扱った論点に目を向けると、すべての批判はヴォルフ自身が採用する伝統的な存在論の概念を踏襲していないこと、そして基礎概念が渾然と混同されているという指摘に留まっている。第一節で確認したように、ヴォルフにとってのスピノザとは、デカルトの原理を採用したがために証明を怠った、取るに足らない思想家であったのかもしれない。「ヴォルフにとってのスピノザ」という課題は残るものの、「ヴォルフにおけるスピノザ」としての論点の整理は十分に果たされたであろうから、第Ｉ部の成果を踏まえて「バウムガルテンにおけるスピノザ」そして「バウムガルテンにとってのスピノザ」の検討へと進もう。

注

（1）ヴォルフはたびたびドイツにおいて初めてスピノザそのものと対峙し、その体系を示した思想家として評価される（Beiser 1987: 48-49; Israel 2001: 551-552; Dyck 2019: 5-8）。

（2）ヴォルフのテクストでは「定理一二」と記載されているが、内容から「定理二一」であると考えられる。

（3）ヴォルフのテクストでは「定理三二」と記載されているが、内容から「定理三三」であると考えられる。

（4）ヴォルフ自身が参照する『存在論』において、実体は「可変的で持続的な基体〔subjectum perdurabile & modificabile〕」と定義されており、そこでは「基体〔subiectum〕」という存在者の概念が前提とされている（cf. Wolff, *Philosophia prima sive Ontolog*, §768）。したがって、実体の概念が存在者の概念を前提とすべきであるというのは、実体論に先立って存在論が必要であることを意味する。

第Ⅱ部　バウムガルテンとスピノザ論争史

アレクサンダー・ゴットリープ・バウムガルテン（一七一四―六二）とイマヌエル・カント（一七二四―一八〇四）の関係は、哲学史上のどの関係よりも深い。その深さにおいては、ソクラテスとプラトン、アリストテレスとアクィナス、ラッセルとウィトゲンシュタインといった、正しく有名な関係に匹敵する。

(Fugate and Hymers, *Baumgarten and Kant on Metaphysics*, p. 1)

前記は、二〇一八年に刊行された論文集『形而上学をめぐるバウムガルテンとカント』の序章の冒頭におかれた一節である。あらゆる哲学史に登場する有名な哲学者たちと同等に並ぶバウムガルテンの名に違和感を抱く者も多いのではないだろうか。他の哲学者たちとは異なり、バウムガルテンを単独で扱う研究は依然として少ないばかりか、バウムガルテンの通俗的な説明、例えば〈美学の創始者〉である、〈ライプニッツ-ヴォルフ学派〉の一人である、そして、〈カントが使用した教科書の著者〉であるといった説明は、バウムガルテンの思想の中身を何ら示すことができていない。そして、より深刻であるのはバウムガルテンに対する哲学史上の評価である。バウムガルテンに言及する哲学史はかなり少数であるものの、他方でその見出しのない美学史を見つけることは、それが概説書であったとしても難しい。これは、学としての美学の提唱が美学史に与えるインパクトの大きさと、それに匹敵するような哲学史上の功績がこれまで指摘されてこなかったことを示している。バウムガルテンに与えられた従来の評価というのは、まさに先述のとおり、ライプニッツ-ヴォルフ学派の一人として、カント以前・以後の「接ぎ木」にすぎない。美学の創設はもちろんのこと、主著『形而上学』の構成やその用語法に鑑みれば、バウムガルテン哲学が彼らなしに成立し得なかったことは明らかであるが、このような従来の位置付けはバウムガルテンそのものを研究する目的を見失わせることにもなった。ライプニッツやヴォルフが後代に与えた影響の一つとして、あるいはカントの批判哲学の形成における一つの触媒として、バウムガルテンはたびたび研究の対象とされてきたのである。それはまるで、バウムガルテンの哲学思想に何の独自性もないかのように。

　実際にバウムガルテンは「接ぎ木」にすぎない哲学者なのだろうか。バウムガルテン哲学そのものは取るに足らないものなのか。私たちはここでカントによる「卓越した分析家バウムガルテン」（カント、『純粋理性批判』、A21n./B35n.）という評価を紹介したい。ほかにも、「形而上学者たちの指揮者〔Coryphaeus〕であるバウムガルテン」という表現を確認することもでき（カント、「形而上学的認識の第一原理」、1: 408〔二一七〕）、これらの記述からはカントがバウムガルテンを当時の形而上学者のなかでも傑出した存在と評価していたことを窺い知ることができる。[1]そして、カントによるこの評価はヘルダー[2]やカッシーラー[3]へと引き継がれた。このような事情は、後世の哲学者の一部がバウムガルテン哲学そのものを肯定的に評価していたことを示すとともに、それ自体を研究対象とすることの意義を示唆するように思われる。そこで第Ⅱ部では、今となっては「群小哲学者」の代表格の一人であるバウムガルテンを、可能なかぎり内在的に、そして、内在的であるために必要なかぎりで文脈主義的に、読解することを試みたい。但し、従来の視点ではバウムガルテン哲学そのものの特徴を見出すことは難しい。そこで、私たちは近年散見される次の視点、すなわち、敬虔主義神学と合理主義哲学の緊張関係のうちにバウムガルテンを位置付けるというアプローチを採用する。敬虔主義神学と合理主義哲学の対立は、第Ⅰ部で扱ったランゲ－ヴォルフ論争に代表的なように、同時代的にはスピノザ論争史の一側面であった。このような事実に鑑みて、スピノザ論争史というより広い視点から、バウムガルテンとスピノザの対峙として『形而上学』を読み直すことが第Ⅱ部全体の課題となる。同時に、第Ⅱ部を通じて、バウムガルテンという思想家をより精確に語るためにはスピノザ論争史のうちに位置付けること、つまり、バウムガルテン研究にとってスピノザという補助線が有効であることを示したい。

　私たちは第Ⅱ部の課題を達成するために、次の三つの段階を辿る必要がある。まずはじめに第四章では、バウムガルテンにおいて、「スピノザ」や「スピノザ主義」がどのように語られてきたのかを確認しなければならない。ランゲやヴォルフのスピノザ理解との影響関係を視野に入れて、スピノザがバウムガルテンに残した哲学的課題は何かを主著『形而上学』から考察する。この作業によって、実体の定義が中心的課題であることが示されるであろう。次いで第五章では、バウムガルテンの実体論を検討する。実体論は、第四章が示すようにスピノザ論争史との関係において重要な論点であるだけでなく、バウムガルテンの形而上学体系全体にとっても重要な役割を担う。第五章で提示する異同に注目した解釈は、実体論の完成にスピノザへの眼差しが不可欠であったことを示すとともに、スピノザ論争史を経て成立した実体論が形而上学全体の基礎付けにも関わるような根本問題であったことを明らかにするであろう。また、バウムガルテンの実体定義が神と被造物に相応しい定義であることを意図したものであることが確認される。そこで、第六章では神と被造物という二つの実体の関係を、世界の創造、維持、そして協働という神の世界に対する三つのはたらきという視点から検討する。それによって、第四章で扱ったバウムガルテンにおける二つのスピノザ主義の問題が、実体論だけでなく形而上学全体のなかでどのように扱われていたのかが再考される。したがって、第五章と第六章は本書が提示するテーゼを支える中心的議論である。以上の本論では、実体論における実体を中心的に扱うものの、実体論には実体ならざるものを指す「実体化された現象」という概念が登場する。補章では、その「実体化された現象」という概念を中心に、実体論を別の角度から読み直すことで、形而上学における役割を検討したい。また、補章は従来の先行研究が扱ってきた主要な研究テーマ、すなわち、ライプニッツ－ヴォルフ哲学との関係のうちで問われてきたモナド論と、カントにおける「現象的実体」への影響関係が注目されてきた「実体化された現象」（物体論）を、バウムガルテン自身の実体論によって再構成するものである。

以上の検討を通じて、〈没時代的思想家であるバウムガルテンにとって『形而上学』を貫く課題とは当時のスピノザ論争への応答である〉という本書のテーゼの妥当性が示されることを期待したい。

注

（1）　カントによるバウムガルテンの評価については、津田 二〇二四を参照。但し、カントによるバウムガルテンの評価が全面的に肯定的ではない点は付記しておく必要があるだろう。カントの批判哲学が先立つライプニッツ－ヴォルフ哲学、そしてバウムガルテンから距離を取ることで構築されたことは周知のとおりであり、一七七〇年代後半と推定されるレフレクシオーンではバウムガルテンに対する厳しい評価を確認することができる（Kant, 18: 81-82, R5081）。

（2）　ヘルダーはバウムガルテンの分析家としての側面を高く評価しつつも、その文章に対しては「粗野な言語〔barbarische Sprache〕」と苦言を呈していた（Gawlick und Kreimendahl 2011: XL-XLI）。

（3）　カッシーラー『啓蒙主義の哲学』でのバウムガルテンに関する記述は、まさにカントによる「卓越した分析家」という呼称から始まる。しかし、カッシーラーは「明確な概念規定と概念分析の手際の最も精妙な程度までの達成」ではなく、むしろ「伝統的なスコラ論理学の内在的な限界」を最も強く意識し、その結果「『理性』と『感覚』の新しい生産的な綜合をなしとげた」点に、バウムガルテンの歴史上重要な業績をみる（カッシーラー 二〇〇三：二二四―二五六）。

第四章　バウムガルテンとスピノザ

〈没時代的思想家であるバウムガルテンにとって『形而上学』を貫く課題とは当時のスピノザ論争への応答である〉という本書全体のテーゼの検証（第五章以降）に先立って、本章では同著の異同や各版に付された序文の検討から、バウムガルテンのスピノザに対する関心の高まりを捉える。

第一節　『形而上学』初版におけるスピノザ

▼『形而上学』という著作

バウムガルテンの主著といえば、多くの人は『美学』を挙げるだろうし、それを否定するつもりは毛頭ない。しかし、バウムガルテンを哲学史のうちに位置付けようとするならば、私たちは『形而上学』もまたもう一つの主著であると主張すべきであろう。実際、バウムガルテン『形而上学』が一七三九年から一七七〇年までの三〇年間のうちに計七度の版を重ねた点に鑑みれば、それは主著と呼ばれるに相応しい。

『形而上学』は、ヴォルフに倣うかたちで、「存在論〔ontologia〕」、「宇宙論〔cosmologia〕」、「心理学〔psychologia〕」、「自然神学〔theologia naturalis〕」の順序で並べられた四つの部門〔pars〕から構成される。では、なぜこの四つでなければならないのか。それは、「《形而上学》とは、人間の認識の第一諸原理に関する学である」（Baumgarten, *Metaphysica*², §1）という命題に始まるように、ある学〔scientia〕が形而上学に含まれるかは、その学が「人間的認識の第一原理〔prima cognitionis humanae principia〕」[1]、つまり、存在者〔ens〕の一般的述語（ibid. §5）を扱うかによって判断されるからである。存在論は存在者の一般的述語に関する学であるために（ibid. §4）、形而上学を構成する部門〔pars〕のうちの一つとみなされる。後続の部門も同様である。すなわち、宇宙論は世界についての一般的述語（ibid. §351）[2]、つまり、「心理学、神学、物理学、目的論、実践哲学」の第一原理を扱うために（ibid. §352）、心理学は魂についての一般的述語（ibid. §501）、つまり、「〔自然神学と啓示神学という〕諸神学、美学、論理学、実践諸学」の第一原理を扱うために（ibid. §502）、そして、自然神学は信仰なしに認識されうるかぎりの神（ibid. §800）、つまり、「実践哲学、目的論、啓示神学」の第一原理を扱うために（ibid. §801）[3]、これらはいずれも形而上学の一部門を成すのである。したがって、『形而上学』では先立つ記述（部門、章、節、項）が後続の記述を基礎づけるという構造になる。[4]この点は次章以降の議論を通じて実際のテクスト読解において確認しよう。

先述したとおり多くの版を重ねた『形而上学』であるが、同書は初版の時点で完成された著作であったわけではない。生前最後に出版される四版（一七五七）までの各版に内容上の変更を確認することができるような、いわば、バウムガルテンの〈思索の軌跡〉である。その軌跡は本章と次章で扱うことになるから、ここではひとまず各版の特徴を概観するに留めたい。初版（一七三九）から第三版（一七五〇）まではそれぞれに序文が付されており、なかでも二版（一七四三）および三版（一七五〇）に関しては内容に踏み込んだ記述が大部分であった。二九二頁という最も少ない分量で出版された初版（一七三九）の序文には、強く影響を受けた思想家として、ライプニッツ－ヴォルフ、ビルフィンガー（Georg Bernhard Bilfinger, 1693-1750）、ロイシュ（Johann Peter Reusch, 1691-1758）の名が挙げられるのみである。それに対して、二版（一七四三）では三三六頁にまで本文が増補され、序文においても当時の書評への応答が展開された。この背景として、一七三六年からビルフィンガーの著作を通じてヴォルフの形而上学を学習したこと、およびバウムガルテン『形而上学』の出版時期が挙げられる。[5] さらに形式的な完成を迎えた三版（一七五〇）の序文では、メンデルスゾーンの引用を通じてライプニッツやヴォルフに対する異論が提出された。生前最後に刊行された四版（一七五七）は、本文の内容に関わる変更も行われず、序文も新たに書き直されてはいないものの、彼自身によってラテン語の術語にドイツ語が充てられた。内容上の大幅な変更がないことは、四版執筆時期にバウムガルテンの形而上学構想が安定していたことを示唆している。

では、スピノザに対するバウムガルテンの見解は初版から一貫していたのであろうか。先述の出版事情に鑑みて、まず私たちは初版から三版にかけての異同や各版の序文に注目するであろう。すると、第二版ではスピノザの実体定義との差異化に「第二序文」の紙幅が割かれ、本文では二つの「スピノザ主義」に関する加筆が行われていることに気づくのである。

▼忍び寄るスピノザの影

ランゲ‐ヴォルフ論争を経てヴォルフによって徹底的に反駁されたスピノザは、ヴォルフ学派にとっては精算済みのはずであった。それにもかかわらず、バウムガルテンは『形而上学』の二版でスピノザに関して加筆せざるを得なかったのである（と、以降の議論を踏まえて表現しておこう）。

ドイツにおけるスピノザ関連著作の出版事情は[6]、ヴォルフによって一度は葬られたはずのスピノザが一七四〇年代の時点で既にドイツ思想界を彷徨っていたことを十分に示唆している。一六七七年に『エチカ』が遺稿集というかたちで出版されて以降、その独訳を待たずして、ドイツでは様々な仕方でスピノザが論じられてきた。その一部を『形而上学』各版の出版時期に照らして振り返ろう。まず、初版本から二版本への書き換えが行われているあいだに、スピノザの流布に大きく寄与したといわれるベール『歴史批評辞典』の独訳がゴットシェート（Johann Christoph Gottsched, 1700-1766）によって発表された。その後、二版刊行の翌一七四四年には、シュミット（Georg Friedrich Schmidt, 1712-1775）によってヴォルフ「スピノザ論」とスピノザ『エチカ』の独訳が出版される。さらに、三版刊行後にはヨーロッパ広範にわたる一大スピノザ論争を巻き起こしたと言われるレーンホフ（Frederik von Leenhof, 1647-1713）の主著『地上の楽園』の独訳が再版され、そして一七五五年にはメンデルスゾーンが『哲学対話』を発表した。その二年後、その短い生涯の終わりを五年後に控えるなかで、バウムガルテンは内容上の最終版と評価される四版を出版した。『形而上学』そのものの出版事情、そして当時のスピノザ関連著作の出版動向は、『形而上学』という著作がバウムガルテンの生涯を伴走するような思索の軌跡そのものであり、そこに潜む彷徨える亡霊との緊張関係を容易に想像させるものである。

▼スピノザ主義の運命

では、バウムガルテンがみたスピノザとはどのような形姿だったのか。バウムガルテンはスピノザのもとでいかなる問題と対峙していたのか。バウムガルテンが「スピノザ」あるいは「スピノザ主義」という用語をどの概念と結びつけて、あるいは、どのような新しい概念を創出して捉えていたのか、この点を初版と二版の違いに注意しつつ明らかにすることから取り掛かろう。

初版から一貫して確認されるのは、運命論として特徴付けられたスピノザである。

> 《運命〔fatum〕》とは世界における出来事の必然性である。世界の絶対的必然性から生じた運命は《スピノザ主義の運命〔fatum spinosisticum〕》であろうが、それは決して存在せず、この世界においてもどの世界においても定立されるべきではない（Baumgarten, *Metaphysica*^{2}, §382）。

第I部の議論を踏まえるならば、スピノザと運命論の結びつきが強調されるようになったのは、ベールのスピノザ解釈がブッデウスによって輸入されて以降、そしてその直後に勃発した先のランゲ－ヴォルフ論争によるところが大きいと推察される。但し、三者がそれぞれに別の仕方でスピノザの運命論を捉えていた点には注意が必要である。

ランゲにとって、スピノザの運命論とは自由と自発性の混同からの帰結である。つまり、「仮説的必然性」、つまり特定の結果は生ずるべくして生ずるという必然性を引き受けた上で問われる、その結果が生じない可能性や別の仕方で生じた可能性を、「自然的・機械的な必然性」と混同したために、スピノザ主義は運命論に陥ったと彼は考えていた（Lange, *Bescheidene und ausführliche Entdeckung*, S.72）。そして、それがまさに「部分的スピノザ主義者」である。他方で、ヴォルフは必然性がどの範囲に主張されるかに応じて「特殊的運命論」と「普遍的運命論」を分類し、物質だけでなく人間の意志の自由にも必然性を主張する後者の立場にスピノザの運命論を数え入れた（Wolff, *Theologia naturalis*, Pars 2, §528）。ランゲに即せば、仮説的必然性を認めない立場を普遍的運命論と名付けたことになろう。ランゲとヴォルフに対して、バウムガルテンは「スピノザ主義の運命」を世界の絶対的必然性から生じた運命という表現で端的に定義付ける。つまり、運命論と自由意志という伝統的な対立の一翼を担っていたはずのスピノザの運命論は、世界の因果関係の問題として再構成されたのである。ランゲからの影響をも思わせるようなバウムガルテンの態度は、二版において前景化する。

第二節　『形而上学』二版におけるバウムガルテンとスピノザの対峙

▼『形而上学』二版におけるスピノザへの接近

初版においてスピノザに関連する記述は先の「スピノザ主義の運命」、ただ一箇所であった。ゆえに、多くの先行研究がバウムガルテンにとってのスピノザを考察することはなかった。あるいは、ランゲ－ヴォルフ論争の争点にかぎってのみ、バウムガルテンはスピノザ論争史の一部として扱われてきたのである。(7) ところが、著作中で具体的な思想家の名を挙げることの多いヴォルフとは異なり、滅多に特定の思想家の名を挙げることをしないはずのバウムガルテンが、二版では「スピノザ主義」に関する記述を本文中に加筆し、「第二序文」のなかで同書の一部がスピノザ批判であることを宣言したのである。

初版が出版された翌年一七四〇年冬にはヴォルフがハレに帰還し、ランゲ－ヴォルフ論争は完全な終焉を迎えた。そしてまさに同じ年に、バウムガルテンはハレを離れ、フランクフルト・アン・デア・オーダー大学で教鞭を執るようになった。ゆえに、二版が刊行された一七四三年と初版の草稿が練られたとされる時期とではバウムガルテンを取り巻く状況、そして彼と当該論争やその現場であったハレ大学との距離が変化していたのであろう。バウムガルテンが「第二序文」でスピノザの名を挙げた批判を展開することができたのも、このような外的な要因が引き金となっていることは疑いえない。論争の渦中であれば、よもや彼自身もスピノザ主義者として非難されてしまっては一大事であるし、そもそもハレを追放されるほどに一時は追い込まれたヴォルフ哲学を全面的に擁護するような記述は避けたいと考えるのが普通ではないだろうか。外的要因の具体的な検討は別の機会に譲り、以下では二版での接近がバウムガルテンの思索にどのような結果をもたらしたのか、この点に焦点を当てて議論を進めたい。

▼形而上学上のスピノザ主義

バウムガルテンは「第二序文」で次のように述べる。

> 第三八九項で私は、すでに世界が無限な実体の外に現実存在せねばならないことがもはや証明されていたから、もしこの世界が実体であるならば〈無限な実体は唯一ではない〉と述べました。〔……〕第三八八項から第三九一項で私は、無限な実体、すなわち神が唯一の実体であると主張する形而上学上のスピノザ主義〔Spinozismus metaphysicus〕を批判しています。私はこの立場に反対して、第三八九項では、〈無限な実体は唯一ではない〉、すなわち、無限な実体は一つの実体である〔……〕と述べます。そして、第三九〇項は非常に明瞭な記述で、つまり、「無限な実体は唯一の実体ではない」で終わります。さらに、第三九一項は次のように始まります。すなわち、「無限の力は唯一の力ではない」（Baumgarten, *Metaphysica*², b2-3〔S. 20-21〕）。

前記引用は、「無限な実体は唯一ではない」とする第三八九項の記述は誤植ではないかという「書評」の指摘（cf. Anon., „Metaphysica per A. G. Baumgarten (1739)." S. 271）に対する応答である。そこではヴォルフと同じく『エチカ』の第一部第三定義の引用とともに、神のみが実体であると主張する立場（いわゆる、唯一実体説）に対して「形而上学上のスピノザ主義」という表現が導入され、[8] また、ランゲによるスピノザ批判への再反論の様相を呈す「世界の否定的概念」（§§ 380-391）と題される節に含まれた第三八八項から第三九一項が言及されるなど、同著作のなかでもランゲ－ヴォルフ論争からの影響強く意識させる箇所である。世界論の第一章第二節に当たる同節が扱う「無限前進」（§§ 380-381）の問題は、ランゲがスピノザ主義の誤謬として挙げたうちの一つであったし（cf. Lange, *Bescheidene und ausführliche Entdeckung*, S. 72-73）、後続箇所で展開される充足的根拠なき世界の不可能への批判（§§ 383-387）は、自由を偶然性と換言するランゲ（cf. ibid. S. 60）を想起させる。第Ⅰ部の議論を思い起こすならば、「形而上学上のスピノザ主義」導入には、ランゲ－ヴォルフ論争を背景として、「スピノザ主義の礎」を含む諸説の批判によってライプニッツ－ヴォルフ学派的な世界論の正当性を証明しようとする、バウムガルテンの意図を汲み取ることができるであろう。この想定は、「形而上学上のスピノザ主義」に対する一連の批判（§§ 388-91）を手引きとして、前記を解釈することでよりいっそうの妥当性をもちうる。

▼形而上学上のスピノザ主義に対する批判

「形而上学上のスピノザ主義」批判の論点は、（一）世界は無限な実体から離れて現実存在する（すなわち、神は世界から離れて現実存在する）のであり、そのとき（二）無限な実体（つまり、神）は唯一の実体ではなく、また（三）唯一の力ではないという三点にまとめることができる。

「有限で現実的なものどもの系列（集合、全体）」（Baumgarten, *Metaphysica*², § 354）という定義を与えられた世界一般は、「有限な存在者であり」（ibid. § 372）、それは「無限な実体でも、無限な実体の内的規定でもなく、それゆえ、無限な実体の本質でも、属性でも、様態でも、変容でもない」（ibid. § 388）。つまり、有限な存在者が無限な実体であることは端的な矛盾であるし、内的規定が存在者の本質あるいは現実存在〔exsistentia〕に帰属する以上、無限な実体の内的規定が有限な存在者であることも矛盾となってしまう。したがって、「あらゆる世界は無限な実体から離れて定立されねばならず、たしかに〔adeoque etian〕この世界は無限の存在者から離れて現実存在している」（ibid. § 388）のである。

ところで、あらゆる存在者は実体か偶有性という選言的述語のいずれかである。(9) そこでバウムガルテンは、世界という存在者についても、それが実体である場合（ibid. § 389）と偶有性である場合（ibid. § 390）にわけて議論を進める。まず、世界が実体であると仮定してみよう。先行の第三八八項が帰結したように、この世界は無限な実体から離れて自存する〔subsistit〕のだから、この世界という実体と無限な実体が現実存在することになり、「無限な実体は唯一の実体ではない」ことになろう（ibid. §389）。では、世界が偶有性であると仮定した場合はどうか。偶有性はそこに内属するところの基体（実体）を必要とするが（ibid. §194）、この世界が無限な実体から離れて自存する以上、「この世界は無限な実体の偶有性ではない」。そうであるならば、この世界という偶有性が内属する、無限の実体とは異なる実体が現実存在することになり、したがって「無限な実体は唯一の実体ではない」のである（cf. ibid. §390）。これらの二つの場合のうちのいずれかは必然的な事柄であるから、翻って、いずれの場合でも帰結する「無限な実体は唯一の実体ではない」という事柄は必然的なのである。以上から、「形而上学上のスピノザ主義」批判の狙いは、もちろん世界を実体あるいは偶有性と同定することではなく、スピノザ批判にあるといって差し支えない。

では、スピノザ批判として「無限な実体は唯一の実体ではない」と主張することに、いかなる意味があるのだろうか。私たちは「形而上学上のスピノザ主義」批判の最終項（§391）、すなわち、「無限な力は唯一の力ではなく、あらゆる世界においてもこの世界においても有限な力がある」（ibid. §391）という一文に重要な手掛かりを見つけることができる。この世界には神という無限な実体のほかに、有限な力をもつようなものがあるということ、これこそが「無限な実体は唯一の実体ではない」という表現でバウムガルテンが言わんとした事柄なのである。この有限な力をもつようなものが実体の名に相応しいのか、あるいは、どのような条件の下で実体であるのかは次章以降で検討することとして、本章では二版で導入されたもう一つの「スピノザ主義」の紹介に進む。

▼神学上のスピノザ主義とその批判

「形而上学上のスピノザ主義」という表現が導入された「第二序文」では、「無限な実体、すなわち神」と換言されるものの、「形而上学上のスピノザ主義」批判そのものでは、それらが「世界論」に属することから、神という表現は用いられていない。バウムガルテンは、『形而上学』第四部「自然神学」で、改めて神と世界の関係として「スピノザ主義」を再定義する。

神は世界から離在する〔extramundanum〕存在者であり、そして世界は神の本質的なものでも本質でも属性でも様態でも変容でも偶有性でもない。神は唯一の実体ではない。《神学上のスピノザ主義〔Spinozismus theologicus〕》は神が世界から離在する存在者であることを棄却する見解であり、それは誤りである（Baumgarten, *Metaphysica*², §855, 傍線部は二版での加筆）。

「形而上学上のスピノザ主義」と同様、引用したパラグラフの最終文は二版で挿入された。前記の第八五五項は、先述の「形而上学上のスピノザ主義」を前提として、そこでの無限な実体が神であることを明示した項であり、これらの二つのスピノザ主義を導出する二箇所の記述は、議論の順序に関しても完全に対応している。「形而上学上のスピノザ主義」批判を構成する論点（一）世界は無限な実体から離れて現実存在する、を神の視点から換言したものが「神学上のスピノザ主義」なのである。

では、なぜバウムガルテンはそれらをスピノザ主義の要素として併記しなかったのであろうか。あるいは、それぞれを区別する必要はあったのだろうか。まず、ヴォルフが唯一実体論をスピノザ主義の礎としたように、バウムガルテンもスピノザの実体に関する記述から一切が演繹されると評価していたという事情がある（ibid. a7〔S.13-14〕）。ゆえに、スピノザにおける第一原理であるという意味で唯一実体論を「形而上学上のスピノザ主義」と名付けている。また、神を世界から離在する存在者とすることは、キリスト教の伝統的な創造論である無からの創造説を成立させるために不可欠の要素であって、「神学上のスピノザ主義」はまさに神学の問題に直結している（この問題は本書の第六章で扱う）。したがって、二つのスピノザ主義の分類には確かな意味がある。

▼スピノザが突きつけた課題

スピノザはバウムガルテンによって、運命論、「形而上学上のスピノザ主義」（唯一実体論）、そして「神学上のスピノザ主義」（世界から離在する神の否定）という三点から特徴付けられた。そして、それぞれの内容とその背景から、バウムガルテンのスピノザ論にランゲ－ヴォルフ論争が与えた影響の大きさも部分的ではあるが示すことができたであろう。しかしながら、以上の議論はスピノザに対する関心の高まりを指摘するに留まっており、スピノザがバウムガルテンの思想形成にどれほど寄与したのか（あるいは、しなかったのか）を検討するには至っていない。とはいえ、バウムガルテンにとってのスピノザを考えるための準備は十分に整った。私たちは次章から、〈没時代的思想家であるバウムガルテンにとって『形而上学』を貫く課題とは当時のスピノザ論争への応答である〉という本書全体のテーゼの検証に取り掛かろう。

そこで、議論の焦点を定めておく必要がある。スピノザが突きつけた課題とは何であったのか。「形而上学上のスピノザ主義」批判の検討のなかで触れたように、バウムガルテンにとっては次のことが重要であった。すなわち、無限な実体のほかに実体があること、無限な力のほかに有限な力があること、換言すれば、無限な力をもつ無限な実体（神）のほかに有限な力をもつものがこの世界にあること、である。そして、この有限な力をもつものが実体の名に相応しいのか、あるいは、どのような条件の下で実体であるのかということが次の問題となる。スピノザ批判を宣言した「第二序文」で、バウムガルテンは自身の実体定義の詳解にかなりの紙幅を割き、「形而上学上のスピノザ主義」との差異を強調した。それに呼応するように、実体論には多くの修正が施されている。実体とは何か――実体定義をめぐる問題こそ、スピノザがバウムガルテンに突きつけた最大の課題であったのではないだろうか。[10]

注

（1）「人間的認識の原理」を形而上学とみなすデカルトの立場が意識されている（デカルト『哲学原理』第一部）。

（2）宇宙論は「世界の（一）概念、（二）諸部分、（三）完全性」について論じる（Baumgarten, *Metaphysica*^{2}, §353）。

（3）「自然神学は（一）神の概念と（二）神のはたらきを考察する」（Baumgarten, *Metaphysica*^{2}, §802）。

（4）カントはこの構造を、「先々に登場すべき事柄を説明のためにと引いてくる」といういわば「自分の先回り」であると批判する

(Kant, 2: 309 [219-220])。

（5） Cf. Gawlick und Kreimendahl 2011: 7.

（6） ドイツにおけるスピノザ関連著作の出版事情については、「近代ドイツにおけるスピノザ関連年表（一六七〇―一八三二）」（加藤 二〇二二：五―一六）を参照のこと。

（7） あるいは、一七二七年からヴォルフ哲学に禁令が出されていたために、「スピノザ反駁」を含むヴォルフ『自然神学』をバウムガルテンがどの時期に入手したのかが依然として定かになっていないという事情も、バウムガルテンによるスピノザへの言及が注目されてこなかった理由の一つであろう。バウムガルテンが『自然神学』第二部を読むことができたのかについては、周辺の事情や主要な解釈について佐藤 二〇一五：九五―一〇九で詳細に扱われている。私たちは本書を通じて、初版刊行以後、二版までのあいだに彼が『自然神学』と対峙する機会を得ていたという解釈を提供できよう。

（8） 両者はともに『エチカ』の第一部第三定義を引用している（cf. Wolff, *Theologia naturalis*, Pars 2, §674; Baumgarten, *Metaphysica*^{2}, a7 [S.14]）。

（9） 実体と偶有性は存在者の内的選言的述語〔praedicata interna disiunctiva〕の一つとして先立つ「存在論」で検討されている（cf. Baumgarten, *Metaphysica*^{2}, §§6, 101-264）。内的選言的述語とは、例えば「単純」と「複合」のような、両者が同時に成立することで矛盾が生じてしまう対の述語であり、かつ、あらゆる存在者に妥当する述語である。

（10） バウムガルテンは『哲学的倫理学』のなかで当時の無神論を列挙するのだが、そこでは世界から離在する神を認めない点でスピノザ主義が誤りであると述べられる（cf. Baumgarten, *Ethica Philosophica*, §38）。つまり、文脈が限定されているために不要と考えたのか、そこでは「神学上のスピノザ主義」に対応する内容だけが扱われたのである。

第五章　実　体

本章の課題とは、（一）バウムガルテンが実体をどのように定義したのか、（二）実体の定義や実体論に独自性があるか、それはどのような内容か、（三）スピノザはバウムガルテンの実体論にどのような影響を与えたか（あるいは、与えなかったのか）、これらの問いに答えるべく、『形而上学』で展開された実体論そのものを初版と二版の異同に注目して読解することである。それによって、スピノザが突きつけた課題にバウムガルテンがどのように応答したのかが明らかにされる。したがって、これは、ライプニッツやヴォルフという初期近代とカント哲学のあいだの「接ぎ木」として近代哲学史のなかに位置付けられてきたバウムガルテンを、初期近代ドイツ哲学におけるスピノザとの対決の歴史のうちに再布置する試みである。

第一節　実体論の成立史

▼実体論の構成

実体論に相応する「実体と偶有性」節（§§191–204）は次のような構成をとる[1]。

実体と偶有性の定義（§§191–192）　―　述語化された実体と個体（§200）　―　実体に関する補足（§202）

実体化された現象の定義（§193）　―　実体化された現象についての補足（§201）

実体的なものの導出（§§194–196）

力の定義（§197）　―　力に関する補足（§§203–204）

実体・実体的なもの・力の関係（§§198–199）

一部の加筆はあるものの、初版と二版のあいだで構成が大きく変わることはない。また、以下で扱うテクストを確認すれば明らかであるが、実体論の要となる概念（実体や実体的なもの、力）の定義もまた、表現の修正に留まるのみで、バウムガルテンの方針は一貫している。しかしながら、それらの表現の修正を注意深く検討することでしか、私たちはその一貫した方針を捉えることはできず、そのときに初めて実体論全体が二版において洗練したと気づくことができるのである。

▼「書評」と「第二序文」

『形而上学』二版がバウムガルテンの思想形成にとって一つのターニングポイントであったとするならば、その書き換えを促した要因とは何であったのか。それは、当時の著名な学術誌であった『ライプツィヒ学報』補巻[2]に掲載された、一七三九年刊行の『形而上学』初版に対する一つの書評（以下、「書評」）である。匿名で寄稿された「書評」は『形而上学』全体を概観する構成となっており、全体としては肯定的に評価されているものの、いくつかの論点については批判が加えられた[3]。バウムガルテンにとって深刻であったのは、実体定義についての重大な誤読に基づく批判があったことである。そこで「第二序文」は、初版での誤植に対する弁明や初版が公刊されたときの自身の陰鬱な気持ちの吐露を除いて、その紙幅のほとんどを「書評」に対する応答に費やすことになった[4]。

「第二序文」が問題としたのは、「書評」がバウムガルテンの実体定義を誤って紹介した次の文章である。

有名な著者〔＝バウムガルテン〕によると、他のものの規定として現実存在する存在者が〈偶有性〉と呼ばれる。ゆえに、他のものの規定として現実存在しえない存在者が〈実体〉であろう（Anon., „Metaphysica per A. G. Baumgarten (1739)," S. 269–270、傍線引用者）。

これに対して、「第二序文」は次のように応答した。

これら〔つまり、「書評」における実体と偶有性の定義〕は自著の第一九一項とは明らかに矛盾する。私にとって実体とは、それが他のものの規定〔determinatio〕（徴標〔nota〕、特徴〔character〕、述語〔praedicatum〕）でなくとも、現実存在しうるものである。他方で、他のものの規定（徴標、特徴、述語）としてでなければ、現実存在しえないものを、私は偶有性と呼ぶ（Baumgarten, *Metaphysica*², a6〔S. 10〕、傍線引用者）。

傍線部に注目してほしい。「書評」とバウムガルテンでは、第一に動詞の相が異なり（「現実存在する〔exsistit〕」と「現実存在しえる〔potest exsistere〕」）、第二に実体と偶有性を区別する基準も異なっている。二点目に関して、バウムガルテンは、他のものの規定として現実存在する場合に限定して現実存在しうるものを偶有性、そのような場合でなくとも現実存在しうるものを実体と、それぞれを定義している。他方で「書評」は、否定的に実体を定義したバウムガルテンの記述を簡略化して、他のものの規定として現実存在する偶有性と他のものの規定として現実存在しえない実体というかたちで、バウムガルテンによる実体定義を換言している。これら二点の違いは一見すると些末な問題に思えるであろうし、わざわざ「第二序文」全体の三分の一を超える分量でもって応答するほどの重大な問題であるとは即座にはわからない。前記引用に続く「第二序文」の応答は、バウムガルテンにとってなぜ「書評」の誤読が深刻であったのかの丁寧な説明にほかならなかった。

▼実体定義の背景——アエピヌスからの着想

「第二序文」の応答のなかで最初に紹介されるのは、アリストテレスに連なる当時のアリストテレス主義者たちの実体に関する言説である。「何らかの基体について語られるのでもなく、何らかの基体のうちに内在するのでもないもの[5]」というアリストテレスの実体定義に続けて、一七世紀のアリストテレス研究者ソネルス（Ernestus Sonerus, 1572/1573-1612）[6]の言葉、すなわち、「実体とはあらゆる述語の究極的な主語である」や「実体が他のものによって語られるのではなく、むしろその他のものが実体そのものによって語られる」を引いたバウムガルテンは（cf. Baumgarten, *Metaphysica*^{2}, a6〔S.10〕）、両者と対比するようにアエピヌス（Franz Albert Aepinus, 1673-1750）[7]の名を挙げて、次のように述べる。

> 父や祖父から引き継いだ哲学に感嘆している近年の学者のうちでも——私は何も言わずに他の者たちを素通りしているが——聡明なアエピヌスは次のように考えていた。基体に内在するように他のものに内在する、或る実体については正当に否定されえない。それゆえ、アエピヌスは〈実体はそれ自体によって現実存在する存在者、すなわち、他のもののうちに全く存在しないか、あるいは、他のもののうちにたしかに存在するかのいずれかであ

り、しかし〔後者の場合には〕それは他のものの部分または共存部分〔compars〕であるような仕方で、そして他ものから分割されても、他のものなしに離れて現実存在しうるような仕方である〉と述べる（Baumgarten, *Metaphysica*², a6〔S.10〕）。

実体がそれ自体によって現実存在するとしても、他のもののうちに存在しない場合と他のもののうちに存在する場合があると主張したアエピヌスの言葉は、バウムガルテンにとって重大な気付きとなったようである。アエピヌスの解釈をそのまま採用したいとは思わないが、しかし、それを考慮するならば、「書評」のように「実体を他のものの規定ないし述語として現実存在しえないものと考えることはできなかった」と、バウムガルテンは言葉を続けている（cf. ibid. a6〔S.10〕）。

或るもの〔aliquid〕が他のもののうちで他のものの規定ないし述語として現実存在するか、あるいは、他のもののうちで他のものの述語として現実存在しえないかではなく、むしろ、いかなるものの規定すなわち述語ではないとしても他のもののうちで〔或るものが〕現実存在しうるかが、私は〔実体という〕概念の関わる重要な点であると考える（Baumgarten, *Metaphysica*², a6〔S.10〕）。

ここでもバウムガルテンは、他のものの規定として現実存在するかしないかではなく、そのような仕方でなかったとしても現実存在するかということが実体の概念にとっては重要であることを再度強調するが、依然として問題の核心がわからない。

▼実体定義の背景――「規定」と「規定されたもの」

伝統的な定義とアエピヌス、さらにバウムガルテンの実体定義の違いはどこにあるのか。「第二序文」で語られる実体定義の成立背景の最終部分で、バウムガルテンは次のように述べている。

> しかしながら、基体〔subiectum〕という語が妨害を引きおこさないように、その語を避けて、その事柄〔、すなわち実体〕を、他のものの規定でなくとも現実存在しうる存在者と私は表現した。それゆえ、他のものに規定ないし帰結されないかぎり、いかなる創造された実体も現実存在しえないことを私は認める。しかしながら、規定されたもの〔determinatum〕は、規定〔determinatio〕ないし述語〔praedicatum〕という概念からは十分に異なっており、それは哲学者がいくつかの音節や長母音の一致を気にかけないほどである。あらゆる創造された実体は、他のものの規定ないし述語でないとしても、それどころか神自身の規定ないし述語でないとしても、現実存在しうる。いかなるものの述語でないとしても、神は現実存在している。それゆえ、神はそのように現実存在しうる。〔この本の読者である〕あなたは、デカルト主義者のようにただ神のみに相応しい定義でも、実体を持続的で可変的な存在者とみなすような、ただ創造された実体のみに相応しい定義でもない、〔実体の〕定義をもつ（Baumgarten, *Metaphysica*², a7〔S.12〕）。

新たな実体定義を提唱するためにバウムガルテンが注目したのが、他のものの規定や述語であることと、他のものに規定されることとの違いである。そもそもバウムガルテンの存在論には、矛盾律（ibid. §7）、排中律（ibid. §10）、同一律（ibid. §11）といった「可能なもの〔possibile〕」にも関わる諸原理と、根拠律（「何ものも根拠なしにあるのではない」、ibid. §20）や充足根拠律〔principium rationis sufficientis〕（「何ものも充足的根拠なしにあるのではない」、ibid. §22）といった或るものにのみ関わる諸原理がある。[8] そして次節での検討が示すように、実体論は論理学的な原理に支配された「可能なもの」の視点からなる位相と認識論上の原理のもとで規定された「或るもの」の視点からなる位相から構成されている（以下では、これを「存在の位相」と呼ぶ）。ここで問題となっている「規定されたもの」と「規定」や「述語」という概念の相違は、まさにこの存在の位相と関わっている。

さて、或るものの位相では、「根拠〔ratio〕」つまり「なぜ或るものがあるのかが、そこから認識されうるもの」と、「帰結〔rationatum〕」つまり「根拠をもつもの」とが「連結〔nexus〕」を成しており（ibid. §14）、「規定される〔determinatur〕」ことに関しても、「規定するもの〔determinans〕」と「規定されたもの」のうちには、一方が定立／廃棄されると他方が定立／廃棄されるという、根拠と帰結の関係が成立する（ibid. §35）。したがって、「他のものに規定ないし帰結されないかぎり、いかなる創造された実体も現実存在しえない」とは、あらゆる被造実体は神という根拠によって帰結されたものであり、両者には根拠と帰結の連結があることを意味する。神という根拠が廃棄されてしまったら、その帰結である被造実体もたちまち廃棄されてしまい、現実存在することができなくなってしまうだろう。このような被造実体は究極的には「基体」と呼ぶに相応しくない。なぜなら、究極的な基体としての神を必要とするからである。だからこそ、バウムガルテンは実体の定義において「基体」という語を避ける必要があった。

他方で、「規定」とは「規定されることによって或るものに定立されるもの」であって、それは徴標〔nota〕や述語とも呼ばれるものである（cf. ibid. §36）。それゆえ、規定とそれが定立された或るもののあいだには、規定が廃棄されると、或るものが廃棄されるような根拠と帰結の関係はない。それは、規定が或るものの位相に限定されず、可能なものの位相においても議論されることの理由になっている（cf. ibid. §37）。規定に関して問題となるのは、それが或るものにおいて根拠と帰結の連結として観察されていなくても、可能なものにおいて表象されうるような「絶対的規定」と、或るものにおいて観察されて初めて表象されうるような「相対的規定」の区別、さらに可能なものそれ自体のうちに考察される「内的規定」と、自らの外に定立されるものとの連結において考察される「外的規定」（つまり、「関係〔relatio〕」）の区別である（cf. ibid. §37）。あらゆる創造された実体と神が他のものの規定でなくても現実存在できるとは、それらが外的規定をもつかは不問としても、少なくとも内的規定（「本質〔essentia〕」、ibid. §40）をもつことが明らかであることを意味しているのである。この点については、次節で再度触れることにしたい。

そして、前記引用で最も重要であるのは、バウムガルテンの実体定義の眼目が神と被造物の両者に適した定義の提唱にあったと宣言されたことであろう。先述のソネルスのように「あらゆる述語の究極的な主語」という定義を与えたり、「それ自体によって自存する〔per se subsistere〕」という使い古された表現を用いたりすることは、デカルトやスピノザがそうであったように、実体という概念をたちまち神の専有物にしてしまう（cf. ibid. a6–a7〔S.10, 12〕）。まさにこのことをバウムガルテンは忌避していた。「書評」のように他のものの規定として現実存在するかしないかの二分法にしてしまったら、それは内在と自存という仕方で偶有性と実体を捉えることに結びつく。それゆえ、「書評」の誤読はバウムガルテンにとって明らかな誤りだったのである。[9]

以上、私たちは「第二序文」を手引きとして、バウムガルテンが神と被造物の両者に適した実体定義を提唱するために、「それ自体によって自存する」という伝統的な定義を彷彿とさせるような「基体」という語を用いることなく、実体を定義したことを確認してきた。それは、自存というキーワードで実体を捉える伝統的な哲学者たち、そしてそこに連なるデカルトやスピノザとは異なる道を進もうとするバウムガルテンの挑戦である。もし「書評」の解釈を受け容れてしまったら、それは自らがアリストテレス主義者やデカルト主義者、それればかりかスピノザ主義者とみなされる危険性を引き受けることになる。前章までの議論を踏まえるならば、そのような事態はバウムガルテンが最も避けたかったことであろう。[10]このように「書評」の誤読によって促された「第二序文」は、バウムガルテンを取り巻く思想状況を想起させ、バウムガルテンの実体定義の狙いを明らかにしてくれた。本節の議論を踏まえて、次節では実体論のテクストをその異同に注意して検討する。

第二節　実体論

▼実　体

それでは、実体の定義項から確認していこう。既に定義そのものについては前節で十分に検討したことから、ここでは初版と二版の異同に注目する。

初版

存在者とは、他のものの規定としてでなければ現実存在しえないか、あるいは（他のものの規定としてでなくとも）現実存在しうるかのいずれかである（§10）。前者が《偶有性》であり、後者が《実体》すなわち《自体的に自存する存在者》である（Baumgarten, *Metaphysica*^{1}, §191）。

第二版

存在者とは、他のものの（他のもののうちで）規定としてでなければ現実存在しえないか、あるいは（他のものの規定としてでなくとも）現実存在しうるかのいずれかである（§10）。前者が《偶有性》であり（述語的なもの、すなわち物質的なもの、§50参照、その存在するものは内在する、付帯性）、後者が《実体》（自体的に自存する存在者、形相、完成態、有性、基体、現実態）である。実体は、たとえ他のもののうちになくとも、他のものの規定でなくとも、現実存在しうる（Baumgarten, *Metaphysica*^{2}, §191、傍線引用者）。

「書評」で誤読されたことを受けて、バウムガルテンは実体の定義項（§191）を書き換える必要に迫られた。まず注目すべきは、初版では実体とともにスモール・キャピタルで表記されていた「自存する存在者」という概念が、他の伝統的な概念と丸括弧のなかで併記されることによって、実体すなわち自存という相即関係を想起させないように工夫された点である。[11] さらに、「書評」に看過された否定的表現については、「たとえ他のもののうちになくとも、他のものの規定でなくとも、現実存在しうる」という加筆を施すことで、その正しい解釈が促された。「書評」を契機とするこれらの書き換えは、誤読の防止を目的としたものであると評価できる。そしてこの誤読の防止によって、一見すると表現の問題であるかのように思われるバウムガルテンの実体定義が、伝統的な実体論からの差異化という意識のもとに提唱されていることがいっそう強調されたのである。バウムガルテンの実体定義は初版から一貫しており、そこでは自存と内属という対立のうちに実体と偶有性を定義するような伝統的な実体定義からの差異化が目指されていたことは実体の定義項における異同からも明らかである。

▼実体的なもの

実体の定義項（§191）では伝統的な区分を採用しなかったものの、バウムガルテンは後続の項で実体と偶有性に自存と内属という伝統的な述語を結びつける。すなわち、「偶有性の現実存在はそのようなものであるかぎり《内属するもの〔inhaerentia〕》であり、実体の現実存在はそのようなものであるかぎり《自存するもの〔subsistentia〕》である」（Baumgarten, *Metaphysica*², §192）[12]。このことは、前節が示した伝統的な実体定義からの差異化という問題意識が『形而上学』全体に徹底されていないことを意味するのだろうか。その是非は、「実体的なもの」という概念とともに問われねばならない。

「偶有性の現実存在は〔……〕《内属するもの》」（ibid. §192）である以上、「偶有性はそのものの実体から離れて現実存在しえない」（ibid. §194）、つまり、偶有性の現実存在には内属の基体としての実体が必要であるとして、バウムガルテンはその実体を「実体的なもの」と名付けた。

初版

実体のうちにあって偶有性が内属しうるものは《実体的なもの》と呼ばれ、それは偶有性の基体であり、偶有性は実体的なもののそとでは現実存在しない（§194）

第二版

実体のうちにあって偶有性が内属しうるもの、すなわち、偶有性が内属しうるところの基体（§344参照）であるかぎりの実体は、《実体的なもの》と呼ばれ、偶有

（Baumgarten, *Metaphysica*¹, §196、傍線引用者）。

性は実体的なもののそとでは現実存在しない（§194）
（Baumgarten, *Metaphysica*², §196、傍線引用者）。

実体的なものとは、端的にいえば実体のうちにある偶有性の内属先である。初版では「偶有性の基体」と説明されているものの、二版ではその表現が削除され、代わりに「偶有性が内属しうるところの基体であるかぎりの実体」と換言されている。このように実体そのものとは区別して実体的なものを定義するという態度は、自存するものという伝統的な枠組みとは別の仕方で実体を特徴付けようとするバウムガルテンの意図を表わすものである。さらに、実体的なものの定義項（§196）の異同も、実体を「基体」という言葉で端的に定義するような伝統的な立場から一線を画したいという、バウムガルテンの姿勢を反映したものであろう。このような実体という概念を分析しようとするバウムガルテンの試みは、第一九七項で「基体」に関して参照指示された第三四四項を踏まえると、より明瞭になる。

▼起点の質料と内在の質料

第三四四項では、「質料〔materia〕」の三区分が提示される。

存在者が可規定的なものとして捉えられるならば《起点の質料》と呼ばれる（§295, 296参照）。規定の活動そのもののうちに捉えられるならば《周囲の質料》（対象、subiectum occupationis）と呼ばれる。規定によって成された質料と捉えられるならば《内在の質料》と呼ばれる。内在の質料は起点の質料とともに《基体》と呼ばれる（Baumgarten, *Metaphysica*², §344、傍線引用者）。[13]

バウムガルテンは、質料を「起点の質料〔materia ex qua〕」・「周囲の質料〔materia circa quam〕」・「内在の質料〔materia in qua〕」に分類すると、「基体」とはそれが可規定的なものとして捉えられる場合である「起点の質料」と、規定によって成された質料として捉えられる場合である「内在の質料」を意味すると述べる。したがって、実体的なものが「偶有性が内属しうるところの基体であるかぎりの実体」といわれるとき（ibid. §196）、その「基体」とは両者あるいはいずれかを意味するはずである。

可規定的であるとは「それがAであるか、あるいは、それがnon-Aであるかが定立されうるもの」のことであるから（ibid. §34）、「起点の質料」とは実体に何らかの偶有性が内属しうる状態である。他方で、内在の質料については、「規定によって成された質料」といわれるように、実体に「Aである」あるいは「non-Aである」という偶有性が内属する状態である。これらを踏まえると、「偶有性が内属しうるところの基体であるかぎりの実体」と定義された実体的なものは、「起点の質料」に対応すると判断できよう。実体的なものの定義項（§196）における異同は、「偶有性が内属しうるところの基体」を強調し、新たに参照指示した第三四四項の「起点の質料」であることを明らかにすることで、自身の姿勢を示していたのではないだろうか。

実体的なものが「起点の質料」であるならば、「内在の質料」に対応するのはどのような実体であろうか。「規定によって完成された質料」と説明されることから、そこでは実体に内属しうる一切の偶有性が実際に内属する状態にあるような或るものと考えられる。「現実存在〔existentia〕」が現実態〔actus〕や現実性〔actualitas〕とも換言されるような、或るものにおける規定の総体であって（cf.ibid. §55）[14]、そのような現実存在に関して可規定的な可能なものが「存在者〔ens〕」（cf.ibid. §61）といわれる点に鑑みれば、「内在の質料」に対応するのは、現実存在の位相における実体であろう。このように整理すると、「起点の質料」と「内在の質料」のあいだには、可能態（可規定的なもの）から現実態（規定された或るもの）への移行が正当に想定される。

以上から、バウムガルテンが徹底して伝統的な実体定義を避け、実体的なものの導入によって新しい実体論の枠組みを提示しようとしていたことが明らかになった。「基体」という語の分析（三種の質料の分類）に依拠して、実体を可能態と現実態とに区別したことで、前者に対応する実体的なものという概念が導入されたのである。実体的なものは、現実存在としての実体とは異なる位相に位置する概念である。

▼力

実体と実体的なものを区別することは、いかなる意味をもつのだろうか。あるいは、実体や偶有性（§191）と実体や偶有性の現実存在（§192）にはどのような関係があるのか。これらの問いを検討するためには、続いて定義される「力」という概念を知る必要がある。

初版

偶有性が実体に内属するならば、或るものは内属の充足的根拠である（§22）。これが《力》である。したがって、力とは偶有性が実体に内属することの充足的根拠である（Baumgarten, *Metaphysica*[2], §197、傍線引用者）。

第二版

偶有性が実体に内属するならば、或るものは内属の根拠（§20）すなわち《広義の力》（効力〔efficacia〕、エネルギー〔energia〕、活動性〔activitas〕、第二一六項参照）であり、そして充足的根拠である（§22）。これが《力》（《狭義の力》、また簡略化のために時として端的に力）である（Baumgarten, *Metaphysica*[2], §197、傍線引用者）。

力とは偶有性の内属の根拠であり、それは「偶有性が実体に内属する」ことが帰結した内在の質料、つまり、実体と偶有性の現実存在に関わるものである。より厳密にいうならば、偶有性の内属の可能性が現実性に移行する際の根拠となるものである。そして、バウムガルテンは内属の根拠である広義の力とその充足的根拠である狭義の力（初版までは端的に「力」と呼ばれていたもの）を二版において区別した。広義の力は或るものという帰結の部分的な根拠にすぎないが、充足的根拠は或るものの全体的な根拠である（cf. Baumgarten, *Metaphysica*[2], §21）。

力の区分は、前節で触れた規定の問題でもある。第一九六項が参照した第三四四項が示すように、バウムガルテンは偶有性が実体に内属するという事柄を、主語に述語が定立する、あるいは、可能なものに規定が定立する（或るものに規定が定立する）というモデルによって、基礎づけている。それゆえ、私たちは論理学的な原理に支配された可能なものの議論にまで目を向けて、力の区分が導入された背景を検討せねばならない。

可能なものの内的規定には、そのものに属する他の内的規定の根拠であるような「本質的なもの〔essentiale〕（cf. ibid. §39）と、本質的なものの総体の帰結である「変状〔affectio〕」（cf. ibid. §41）がある。ここで、本質的なものの総体、あるいは、そのそれ自体としての可能性が「本質〔essentia〕」と呼ばれる（cf. ibid. §40）。そして変状は、それが充足的な根拠をもつか、不充足的な根拠をもつにすぎないかで、「属性〔attributum〕」と「様態〔modus〕」に区別される（cf. ibid. §50）。したがって、充足的根拠と根拠の区別は、可能なものの規定の種類に関わることがわかるだろう。しかしながら、そもそも根拠が問題となるのは或るものの位相であって、可能なものの内的規定がそのまま関係するわけではない。可能なものの位相で準備された前記の諸概念は、存在者を可能なもの一般として扱うのではなく、現実存在に関して可規定的な可能なものとして再定義することで（cf. ibid. §61）現実存在を問題とする或るものの位相に持ち込まれる。それによって、可能なものの規定の種類は或るものの可能性としての規定の種類に置き換わり、それゆえ、充足的根拠と根拠の区別は直接的には或るものの規定の種類に関わることになるのである。

議論を実体論における力の区分の問題に戻したい。可能なもの／或るものの規定の種類を踏まえて、バウムガルテンは「あらゆる実体は、絶対的に必然的に、本質的なものと属性をもつ」ことを確認すると、そのような実体は様態をもつか否かで、偶然的な実体と必然的な実体に分けられると主張する（cf. ibid. §202）。すなわち、偶有性の内属の根拠を区別することは、偶有性が実体に内属することがその実体の本質に充足的根拠をもつのか、それとも本質に充足的根拠をもたないのかを区別することにほかならない。前者の場合に、偶有性は実体における属性であり、後者の場合、偶有性は実体における様態である。それゆえ、広義の力は「効力、エネルギー、活動性」と換言され、参照指示された第二一六項では「能力〔facultas〕」や「活動的な潜在力〔potentia activae〕」と呼ばれる（cf. ibid. §216）[15]。

▼個　体

実体論の前半では、存在者としての実体や、実体の現実存在に対する可能性としての実体的なもの、さらに現実存在としての実体に偶有性が内属することの根拠である力といった実体論の主要概念が順に定義されてきた。そのいずれもが、バウムガルテンの初版から一貫する主張に支えられながらも、記述の曖昧さから誤読される可能性がある場合に加筆・修正を施されることで、「たとえ他のもののうちになくとも、他のものの規定でなくとも、現実存在しうる」という実体定義に即して洗練されたものであった。それだけでなく、実体の定義（§191）から、実体的なもの（§196）へ、そして力（§197）へと議論が進む過程で、バウムガルテンが語る実体の位相も存在者から現実存在へ、可能なものから或るものへと、その個別実在性を増してきたと評価することができるであろう。[16]

二版において洗練したバウムガルテンの実体論の成果を象徴するのは、最も明白な異同があった第二〇〇項ではないだろうか。

初版	第二版
力を与えられたあらゆるものは実体的なものをもつのであり（§198）、それゆえ実体である（§196）。したがって、実体は力を与えられた存在者と定義されうる（§199）（Baumgarten, *Metaphysica*[1], §200）。	実体が偶有性にみえるならば《述語化された実体〔substantia praedicata〕》であろうし、個別の実体は《個体〔supposita〕》である（Baumgarten, *Metaphysica*[2], §200）。

初版の第二〇〇項に対応する記述は二版には確認できず、第二〇〇項は全く新たに書き換えられた。注目したいのは「個体」という概念の導入である。[17] この概念は本文中でも定義項を除いて二度しか登場しない。それはいずれも「実体と偶有性」節に続く「状態」節（§§205–223）の項である。但し、「状態」節が節として独立したのは第三版からであって、第二版までは「実体と偶有性」節のなかに組み込まれていた点には注意が必要である。ここでは個体の用例のう

ちの一方を引用する。

> 偶然的な個体は、様態と関係の点で規定されたものである（§148, 200）。それゆえ、偶然的な個体のうちには、不動なもの、つまり、内的に不変的なものが（§107, 132）、可変的なものと（§133）共現存する。このような共現存は《状態〔status〕》である。したがって、偶然的な個体は状態をもつ（Baumgarten, *Metaphysica*², §205、傍線引用者）。

あらゆる実体は絶対的かつ必然的に何らかの本質と属性をもつので、実体は本質と属性のほかに様態をもつか否かで、偶然的な存在者か必然的な存在者かを分けることができる（cf. Baumgarten, *Metaphysica*², §202）。すなわち、実体に内属する偶有性の内属の根拠である力の区別に即して、その実体が属性と様態の片方をもつのか、両者をもつのかを見極め、実体を分類するということである。そのように分類された実体が、本質と属性のほかに様態と関係をもつならば、それが偶然的な個体と呼ばれる。それゆえ、偶然的な個体のうちでは、内的に不変的なもの（本質と属性）と可変的なもの（様態と関係）が共現存するのである。

たしかに個体概念そのものの用例は少ないが、先に引用した第二〇五項が示すように、また、同項が属する「状態」節では実体論を下敷きにして状態をもつ実体相互の作用関係が語られることからも、個体はまさに現実の作用を説明するために切り出された現実の個々の実体を指示する概念であるといえよう。というのも、次章で詳解するように、作用が実体における偶有性の現実化である以上（cf. ibid. §210）、作用関係を問題とする実体が可能的なものに留まることはないからである。また、第二〇〇項を除く全用例で「偶然的な個体」といわれることから、必然的な個体は想定されていないと考えるのがよいであろう。したがって、本節がみてきた実体論とは、「起点の質料」である実体的なものが「内在の質料」である個体に至るための一連の議論であったといえるのではないだろうか。そして、個体が登場する第二〇〇項以降がそれ以前の議論に対する補足である点に鑑みるならば、個体は実体論における演繹の終着点であって、「何ものも帰結なしにあるのではない」という帰結の原理に則るならば、それは実体論における推論の出発点ということもできるのではないだろうか。

第三節　スピノザ論争史における読み直し

▼小　括

冒頭で設定した本章の課題をここで振り返っておきたい。（一）バウムガルテンは実体をどのように定義したのか——自存やそれを導く基体といった概念によって実体を定義する伝統的な立場を避けて、他のものの規定としてでなくとも現実存在しうるものとして実体を定義した。あらゆる偶有性は他のものに内属するという仕方で、いわば関係的な規定としてしか現実存在しえないが、実体は内的規定としての本質をもつ以上、関係的な規定がなくても現実存在しうるのである。ここから、実体の現実存在は自存するものであることが帰結する。では、（二）実体の定義や実体論に独自性はあるか、それはどのような内容か——最大の独自性は実体的なものという概念によって、存在と現実存在の位相を下敷きとした、実体の階層構造を構想した点にあると考える。そのことは結果的に、神と被造物の両者に相応しい実体的の提唱を可能にした。

本節では、（三）スピノザはバウムガルテンの実体論にどのような影響を与えたか（あるいは、与えなかったのか）という視点から、ここまでの議論を再考する。

▼ライプニッツではなく、スピノザ

従来であれば、個体に収斂するこのようなバウムガルテンの実体論はライプニッツからの影響と評価される[18]。しかしながら、「他のものの規定」つまり他のものの述語でなくても現実存在しうるという彼の実体定義は、同時代の論争状況を踏まえるならば、被造物を神の述語と捉えるスピノザ哲学への応答とも解釈しうるのではないだろうか。第

一節でも触れたように、バウムガルテンは「第二序文」のなかで伝統的な実体論の極致としてスピノザを想定していた。また前章で扱ったように、ヴォルフとランゲによる論争がバウムガルテンに与えた影響に鑑みるならば、バウムガルテンの実体定義の成立背景にスピノザ哲学からの差異化という問題意識を指摘することは十分に可能である。そして、基体の分析に依拠する実体の階層構造とそれに伴う実体的なものの提唱によって、自存は実体そのものではなく実体の現実存在にのみ結びつき、被造物はたしかに実体となった。つまり、バウムガルテンの実体論、さらに形而上学の体系全体において、神という「無限な実体は唯一の実体ではない」(Baumgarten, *Metaphysica*^{2}, §389)。この態度は、神のみを実体とするスピノザ哲学からの決定的な差異化である。「第二序文」のなかで本文の一部が形而上学上のスピノザ主義に対する批判であると宣言されたことは (cf.ibid. b2 (S.18))、バウムガルテンの仮想敵がスピノザであったことの一つの証左にほかならない[19]。あるいは、前章によって明らかにされたように、二版においてスピノザへの言及が増加した点も重要である。本章で扱った二版の異同はいずれも、自らの実体定義と「形而上学上のスピノザ主義」との差異化に貢献している。

▼ヴォルフのスピノザ批判を媒介としたスピノザからの差異化

しかしながら、以上の議論はバウムガルテンにとってのスピノザがバウムガルテンの実体論に対して課題を突きつけたのではないかという仮説の傍証の一つでしかない。そこで、私たちはバウムガルテンの実体定義の異同とスピノザとのあいだの直接的かつ本質的な繋がりを示す必要がある。そこで、神と被造物の両者に相応しい実体定義が可能な理由として挙げられる「規定」と「規定されたもの」という先述の論点が、ヴォルフの「スピノザ論」の問題意識を引き継いでいるという可能性に注目してみたい。

バウムガルテンは「第二序文」で、他のものの規定であることは他のものから帰結したことを意味する他のものに規定されたものとは異なると主張している。ゆえに、被造物という神に創造された実体は、神に規定されたものではあるが、神を含む他のものの規定でなくとも現実存在することができる。「第二序文」を参照するかぎりでは「規定」と「規定されたもの」の混同を問題視するバウムガルテンの姿勢は、その混同のために神のみに相応しい概念となっていた伝統的な実体定義を乗り越えるという目的を反映したものであると捉えられる。ここで第三章の議論を思い起こすならば、ヴォルフがスピノザの実体定義の誤りを正すために同様の区別の必要性を主張していたことに気付くことができるだろう。ヴォルフが実体のうちで区別した「それ自体のうちに存在すること」と「それ自体を通じて把握されること」は、前者が現実存在することに関わるのに対して、後者は存在者の規定の問題に留まる。このようなヴォルフによるスピノザの実体定義への批判に鑑みると、「規定」と「規定されたもの」の混同に対するバウムガルテンの批判が「それ自体を通じて把握されること」と「それ自体のうちに存在すること」の混同の再定式化であるという可能性はかなり高いであろう。これらの論点は、神と被造物に相応しい定義の提唱というバウムガルテンの狙いの背景に、ヴォルフによるスピノザ批判を映し出すのである。

▼ヴォルフの実体定義からの差異化

但し、バウムガルテンがヴォルフによるスピノザ批判の論点を引き継いでいるからといって、両者の実体概念が同一であるとはかぎらないという点には注意が必要である。ヴォルフは実体を「持続的で可変的な主語〔subiectum perdurabile et modificabile〕」(Wolff, *Ontologia*, §768) と定義付けており、「スピノザ論」での記述に即すならば、本質的なものと属性に関して持続的でありながら、様態の点で可変的であるような基体として実体を理解していた (cf. Wolff, *Theologia naturalis*, Pars 2, §698)。さらに、ヴォルフは実体と「それ自体からの存在者」を峻別し、「必然的な現実存在〔nacessaria existentia〕」と「本質を通じた現実存在〔existentia per essentia〕」は「それ自体からの存在者」の特権であると述べている (ibid. §684)。つまり、実体と「それ自体からの存在者」という概念でもって被造物と神を区別するのである。むしろ、このようなヴォルフの実体定義は、バウムガルテンによって実体の階層構造のもとに再構成されたと考えるべきであろう。バウムガルテンにとって、神に実体の名を与えないことは許容されなかったのである。

▼スピノザ論争史に焦点を当てる方法によって明かされた三重の差異化

バウムガルテンにとってのスピノザは、ヴォルフの「スピノザ論」に鑑みた場合に、スピノザの実体定義からの差異化、さらにはヴォルフの実体定義からの差異化という二つの契機を与え、バウムガルテン独自の実体論の成立に寄与したと結論できよう。バウムガルテンは神と被造物を、唯一の実体とその属性とするのでも、「それ自体からの存在者」と実体とするのでもなく、実体という概念のもとで一括りに捉えようとしたのである。このとき、実体とは他のものの規定としてでなくとも（場合によっては他のものの規定としても）現実存在しうる存在者である。このような定義が成立した背後には、偶有性の基体の分析に基づいた、現実存在としての実体と存在者としての実体の峻別があり、後者に対応する概念として「実体的なもの」が用いられたという事情がある。以上の議論は、バウムガルテンの実体論が、伝統的な実体定義からの、そしてスピノザの実体定義からの、さらにヴォルフの実体定義からの、三重の差異化のうちに成立したことを示している。従来は、バウムガルテン自身の記述に即して、第一と第三の差異化ばかりが注目されてきた。本章で明らかにした第二の差異化、つまりスピノザなくしてバウムガルテンの実体論は完成しなかったという事実は、翻って冒頭の仮説〈実体の問題こそスピノザがバウムガルテンに突きつけた最大の課題である〉の妥当性を示すだろう。

注

（1）　ここで記載する項数は四版に即したものである。

（2）　『ライプツィヒ学報』は、一六八二年にオットー・メンケ（Otto Mencke, 1644-1707）が創刊した学術誌である。その中心的寄稿者には、ライプニッツや、スピノザとも親交のあったチルンハウス、そして『哲学事典』の著者として知られるヴァルヒ等が含まれていた。この学術誌は当時ヨーロッパで広く知られており、とりわけドイツ初期啓蒙の最盛期においては情報媒体としての非常に大きな意義をもっていたといわれる（Gawlick und Kreimendahl 2011: S. LXXIV）。『ライプツィヒ学報』に関する詳細は吉田耕太郎 二〇〇二を参照のこと。

（3） 例えば実体定義の紹介箇所である「書評」からの引用に目を向けると、偶有性についての第一文では現在形「呼ばれる〔vocatur〕」、実体についての第二文では推量の意で未来形「であろう〔erit〕」が使われ、これらの文は接続詞「したがって〔ergo〕」で結ばれている。この点に鑑みると、バウムガルテンの実体定義を偶有性の定義から導出されたものとみなし、それが自身の知る実体定義とは異なるために受け入れることができなかった、とする「書評」の立場を推察することができる。

（4） 『書評』と『形而上学』の関係については、Gawlick und Kreimendahl 2011: S. LXXIV、および Fugate and Hymers 2013: 53 も参照のこと。

（5） アリストテレス『形而上学』1028b36 に該当すると言われる（Gawlick und Kreimendahl 2011: 551）。訳語については出隆訳『形而上学』（『アリストテレス全集12』所収、岩波書店、一九六八年）を参考にした。

（6） アルトドルフ（現アルトドルフ・バイ・ニュルンベルク）で活動したアリストテレス主義の哲学者で医学者。アリストテレス主義と当時のソッツィーニ主義を統合しようとしたが、当時の神学者たちから批判され、誤った形而上学の一例とみなされるようになった（cf. Gawlick und Kreimendahl 2011: 552）。

（7） ロストックとイェーナで活動した神学者であり、哲学者。正統ルター派の立場から、伝統的な思想と対立する神秘主義や敬虔主義、そして合理主義の批判を行った（Albrecht 2016: 11）。バウムガルテンによるアエピヌスからの引用に実際の文章と若干の相違点があることは、既に指摘されている（Fugate and Hymers 2013: 84; Gawlick und Kreimendahl 2011: 553）。

（8） この分類は、ライプニッツにおける二つの真理とそれぞれの推論原理、つまり、永遠の真理ないし必然的真理（矛盾律）と事実の真理ないし偶然的真理（充足根拠律）を背景とするものである。但し、それぞれの原理の対象となる可能なものと或るものについては、最良の読者であったバウムガルテンの弟子マイアー（Georg Friedrich Meier, 1718-1777）をはじめとして積極的に両者を区別する者は多くない。しかし、可能なものは矛盾律のもとで否定的無と対置され、或るものは根拠律のもとで無と対置されるという立場から（cf. Baumgarten, *Metaphysica*[2], §8）、バウムガルテンが両者を明確に区別していたと解釈すべきであるという立場に本書は与する。また、ヴォルフにおける真理の二区分、「名目的定義」と「実在的定義」の関係をおおよそ踏襲しているといえよう。すなわち、「名目的定義によって定義された真理がいかに可能であるかが実在的定義によって説明される。この実在的定義の内容をもっと立ち入って説明すれば、主語のうちなる根拠ないしは論拠によって、述語が決定（規定）されることを意味する」（山本 二〇〇八：一六）。

（9）　デカルトの『省察』「第四答弁」や『哲学原理』第一部一五章が想定されている（cf. Niggli 1999: 98; Gawlick und Kreimendahl 2011: 553; Fugate and Hymers 2013: 85）。

（10）　バウムガルテンをスピノザ論争史に位置付けるとしても、今もなおその著者は特定されていない匿名の「書評」が実はスピノザを批判する敬虔主義神学者によって書かれたものであって、先の誤読にバウムガルテンをスピノザと結びつける意図を読み込むというのは些か早計であるように思われる。例えばU・ニグリは、兄ジークムント・ヤーコプが執筆者ではないかという仮説を提示しているが（Niggli 1999: LV）、ドイツ語訳に付された解説論文はその仮説はあくまでも推測にすぎないとしている（Gawlick and Kreimendahl 2011: LXXV-LXXVI）。

（11）　B・ルックはこの定義に、アリストテレス主義とプラトン主義を折衷したライプニッツとの親近性を指摘する（cf. Look 2013: 205）。

（12）　同項は初版から一切の異同が確認されない。そのことは、後述するバウムガルテンの立場、つまり、自存と内属は実体と偶有性の現実存在に対する述語であるという主張が一貫していることの表れである。

（13）　二版での異同が確認される箇所に傍線を付した。但し、ここでは参照指示の目的を確認することが狙いであるから、その検討は省略して初版を引用するにとどめる。「存在者が可規定的なものとして捉えられるならば《起点の質料》と呼ばれる。規定の活動そのもののうちに捉えられるならば《周囲の質料》（対象、subiectum occupationis）と呼ばれる。規定によってつくられたと捉えられるならば《内在の質料》と呼ばれる。しかしながら、本質的なものの諸規定は《形相》である」（Baumgarten, *Metaphysica*^{1}, §344）。

（14）　現実存在とは、「或るものにおいて共可能な変状の総体であり、すなわち、本質が規定の総体として観察されるかぎりにおいてのみ、本質あるいは内的可能性の補完である」と言われる（Baumgarten, *Metaphysica*^{2}, §55）。

（15）　[illegible]加えて、規定の種類に応じて、どの原理の下にあるかが異なることも確認しておきたい。例えば、あらゆる規定を支配する「何[illegible]のも帰結なしにあるのではない」という帰結の原理に加えて（cf. Baumgarten, *Metaphysica*^{2}, §§90; 23）、属性は矛盾律・根拠律[illegible]充足根拠律に、様態は矛盾律・根拠律に支配される（cf. Baumgarten, *Metaphysica*^{2}, §90）。

（16）　実体と偶有性（§191）を実体と偶有性の現実存在（§192）から分けて記述することも本書が提示する解を支持する一つの傍証な[illegible]

（17）　この加筆は、従来、実体とは力を与えられた存在者であるというヴォルフ的な見解から、実体は力（充足的根拠）であるというライプニッツ的な見解への揺り戻しであると解釈されてきた（Casula 1979: 564-565、彼は第二〇〇項の書き換えが三版にあったと記述しているが、正しくは二版であることをここに指摘しておく）。しかしながら、私たちは従来の解釈を次のように修正したい。すなわち、実体とは力を与えられた存在者であるというヴォルフ的な見解から、実体（実体的なもの・個物）は力（充足的根拠・単なる根拠）であるというより分析されたライプニッツ的な見解への転向である。それは決して単純な揺り戻しではなく、そこにはいわば存在の位相の区別、バウムガルテンの表現を用いるならば、それは可規定的と規定の区分が導入されている。この点については、津田 二〇二四も参照のこと。

(18)　この点については補章を参照。

(19)　前章で引用した際にはふれなかったが、このような宣言の背景には「書評」が第三八九項に誤植を指摘したという事情がある（cf. Anon., „Metaphysica per A. G. Baumgarten（1739）" 1742: S. 271）。

第六章　神と被造物

本章の課題とは、神と被造物という二つの実体の関係を解明することである。そのために、神がどのように被造物に対してはたらきかけるのか、すなわち、(一) 神はどのように世界を創造したのか、(二) 神は創造以後の世界にどのようにはたらきかけるのか、(三) スピノザはバウムガルテンの創造と維持という神のはたらきの議論にどのような影響を与えたか(あるいは、与えなかったのか)について、『形而上学』のうちで「神のはたらき」と名付けられた自然神学の一つの章を中心に読解する。それによって、神と被造物の両者に相応しい実体定義を創出することの意味が形而上学体系全体への影響という視点からいっそう明らかになる。さらに、「形而上学上のスピノザ主義」と「神学上のスピノザ主義」の批判についても、より奥行きをもって再構成されるだろう。

第一節　神のはたらき

▼神のはたらきに関する議論の構成

「神のはたらき〔operationes dei〕」章（§§926–1000）は次の五つの節から構成されており、それらは順に「世界の創造〔creatio mundi〕」節（§§926–941）、「創造の目的〔finis creationis〕」節（§§942–949）、「摂理〔providentia〕」節（§§950–975）、「神義〔decreta divina〕」節（§§976–981）、そして「啓示〔revelatio〕」節（§§982–1000）である。私たちがここで問題とする創造と維持は「世界の創造」節と「摂理」節でそれぞれ扱われるのだが、バウムガルテンが『形而上学』冒頭に付した梗概〔synopsis〕をもとに、それぞれの節の内部構造を以下に整理しておく。

創造について（「世界の創造」節・「創造の目的」節）
　— 対象〔obiectum〕（§§926–941）　— 目的（「創造の目的」節）
摂理について（「摂理」節・「神義」節・「啓示」節）
　— 維持〔conservatio〕（§§950–953）
　— 協働〔concurr〕（§§954–962）
　— 統治〔gubernatio〕（§963）
　— 悪〔malum〕（§§964–970）
　— 法〔ius〕（§§971–975）
　— 神義（「神義」節）
　— 啓示（「啓示」節）

この構造が示すように、バウムガルテンは同章を創造と摂理、つまり、世界の創始とその後にわけて記述する。維持というのは、後者のうちの一つのはたらきである。

▼能動作用

個別のはたらきの検討に先立って、はたらき〔operatio〕の定義とその構造を確認しなければならない。しかしながら、その概念が『形而上学』の先立つ箇所で定義されることはなく、ただ「能動作用〔actio〕」の定義項（§210）に登場するのみである。該当項は次のとおりである。

状態の変化は偶有性であり（§191）、それゆえ、実体のうちに（§194）、そして少なくとも力が、さらに狭義の力が定立されなければ（§§197, 22）、現実存在しえない。状態の変化の力、つまり、内属する偶有性の水準における充足的根拠は（§197）、変えられるものである実体的なもの、つまり、〔内属する偶有性の〕水準において偶有性がそこに内属するところの実体的なものであるか、あるいは、実体的なものから区別された力であるかのいずれかである（§§10, 38）。もし前者であれば、その状態が変えられるところの実体、つまり、〔内属する偶有性の〕水準において偶有性がそこに内属するところの実体は、《能動する》。もし後者であれば、その状態が変えられるところの実体、つまり、〔内属する偶有性の〕水準において偶有性がそこに内属するところの実体は、《受動する》。それゆえ、《能動作用〔actio〕》〔活動〔actus〕、はたらき〔operatio〕〕は状態の変化であり、そして、〔内属する偶有性の〕水準における実体のうちの偶有性の、実体それ自体の力による現実化である。他方で、《受動作用〔passio〕》は状態の変化であり、そして、〔内属する偶有性の〕水準における実体のうちの偶有性の、離在した力による現実化である（Baumgarten, *Metaphysica*[2], §210, 傍線引用者）。

「能動作用」という概念は、本書の第五章（主に第二節）で検討した「実体と偶有性」節に続く、「状態〔status〕」節

(§§205–223) のなかで定義される。前記の引用の至るところで、状態の変化の説明に「実体と偶有性」節の表現が引かれていることから、偶有性が実体に内属するという事柄についての一連の説明は状態の変化のために用意されていると考えるのが適切であろう[1]。

前章第二節で触れたように、本質や属性といった不変的なものと様態や関係といった可変的なものが偶然的な個体の内部において共現存することが「状態」である (cf. Baumgarten, *Metaphysica*², §205)。それゆえ、状態の変化とは、個体の内部で様態や関係が変えられることで、その状態が変えられることであると考えればよい (cf. ibid. §208)。このことを、「状態」節に先立つ「実体と偶有性」節の議論に即して説明したのが、第二一〇項である。状態の変化は、個体の内部で偶然的に生じるという点で偶有性にほかならず、それゆえ、何らかの根拠をもって実体に内属しなければ、現実存在しえない。このとき、そのような偶有性の内属の根拠は、実体的なものであるか、あるいは、それ以外の力であるか、すなわち、個体それ自体のうちに根拠をもつか、あるいは、そうではないかのいずれかである。前者の場合は、そのような状態の変化にある個体は能動し、後者であれば、その個体は受動する。したがって、「能動作用」とは、実体それ自体の力である実体的なものによってそこに内属する偶有性が現実化すること、つまり、個体の本質や属性によって、その個体の様態や関係が変えられることである。

以上の能動作用に関する説明は、その定義項 (§210) で併記されたはたらきという概念を大枠としては捉えているだろう。但し、状態をもつことが許されているのは、その定義上、様態と関係の点で規定された個体という偶然的な実体に限定されている点に注意せねばならない (cf. ibid. §205)。本章が扱うはたらきとは、神のはたらきである。「最も完全な存在者」(ibid. §811) と定義される神は、その現実存在が神自身の本質によって充足的に規定されているような必然的な存在者であって (cf. ibid. §823)、内的に不可変的である (cf. ibid. §825)。つまり、神は状態をもちえない[2]。したがって、個体の能動作用と神のはたらきは厳密には同一ではなく、両者のあいだには私たち人間が偶然的な存在者と神のうちに見出した類似性であると言わねばならない (cf. ibid. §826)。それゆえ、私たちは神のはたらきと個体の能動作用の違いについて、次に検討する。

▼反作用を伴わない能動作用

神のはたらきと個体の能動作用の相違点を考えるうえで重要なのは、神の不可受動性〔impassibilitas〕について記述された第八五一項である。

神は、必然的で（§§823, 824）無限な（§843）存在者である。それゆえ、神はそれ自体からの存在者〔ens a se〕であり、依存しないもの〔independens〕である（§310）。神は、神自身の外に定立された他のものによって原因付けられたものではないように現実存在し（§849）、神自らによる作用の端的な原因である（§318）。神のあらゆる完全性は無限な存在者であり（§844）、それゆえ、神のいかなる完全性も、神の外に定立されたものによって原因付けられたものであるのではなく、〔そのように〕ありうるのでもない（§§381, 248, 310）。それにもかかわらず、受動作用が神の述語であったとしたら、神は神の外に定立された或るものによって原因付けられたものとなってしまうだろう（§210）。したがって、神は全く不可受動的である（Baumgarten, *Metaphysica*², §851）。

神の不可受動性に対比されるのは、個体の可受動性、つまり、個体の受動作用と反作用である。受動作用とは、個体の状態の変化がその実体の外にある他の力に根拠をもつ場合のことであった。神の現実存在が神自身の本質によって充足的に規定されることは（cf.ibid. §823）、神が狭義の力をもつ実体であること（cf.ibid. §825）、そればかりか、最多最大の偶有性を現実化する充足的な力をもつ実体であることを導くから（cf.ibid. §835）、それゆえ神が受動することは決してない。このことは、「原因〔causa〕」という現実存在における他のものの根拠を含むものと、その帰結である「原因付けられたもの〔causatum〕」という対の述語を用いて（cf.ibid. §307）、神が他のものの原因されたものではなく、むしろ神の作用（例えば、本章が扱う神の創造や世界の維持）の原因であると第八五一項で説明されている。そして、ほかでもなく神は端的な〔simpliciter talis〕、つまり、より上位の根拠をもたない究極の原因である（cf.ibid. §28）。したがって、神が他のものに能動するとき、それがまた神に能動することで、神が受動するということはありえない。

　他方で、個体には現実化の根拠を当の実体の外にもつ様態や関係という可変的なものが含まれるのであって、あらゆる個体は決して神のような依存しないものではありえない。個体は「他のものからの存在者〔ens ab alio〕」、つまり依存するもの〔dependens〕であって、それ自体の外に定立された他のものによって原因されたものとしてでなければ現実存在しえないのである（cf.Baumgarten, *Metaphysica*², §307）。これは、あらゆる個体が他のものから受動することなしに、能動作用することはないことを意味する。バウムガルテンは能動作用と受動作用を導入した後に、次のように述べる。

　能動者への受動者の能動作用は《反作用〔reactio〕》であり、そして二つの実体〔つまり、能動する実体と受動する実体〕の相互の能動作用と反作用は《衝突〔conflictus〕》である（Baumgarten, *Metaphysica*², §213）。

原因されたものである個体は常に受動者でありながら、能動作用する。つまり、反作用としての能動者であるのに対して、究極の原因である以上、決して受動者にはなりえない神に反作用という能動の仕方は成立しない。ここに神のはたらきと個体の能動作用の相違を指摘できる。神のはたらきとは、反作用を伴わない能動作用である。この点を強調するかのように、バウムガルテンは第三版で第八五一項の最終文に次のような加筆をしている。すなわち、「したがって、神は全く不可受動的であって、観念的にも、実在的にも、みずからの外に定立されたいかなる事物〔res〕によっても受動せず（§212）、神の外に定立されたいかなるものも神に能動作用することはない（§210）、したがって、反作用することはない（§213）。神による宇宙へのあらゆる能動作用は、観念的な反作用も実在的な反作用も伴わない（§212）」（cf.Baumgarten, *Metaphysica*³, §851）。

第二節　創　造

神のはたらきの定義を確認したところで、ここからは創造、そして維持と協働という個別の神のはたらきについて検討する。バウムガルテンは、世界の創始の場面における神のはたらきについて、次のように述べる。

▼無からの創造

作用因は能動作用を現実化する（§§319, 210）。神はこの宇宙の作用因である（§854）。したがって、神はこの宇宙を永遠から、つまりこの世界が始まりをもたないように現実化したか、あるいは、時間のうちで、つまり永遠からではなくこの世界を現実化したかのいずれかであるが（§10）、いずれの場合であっても世界の部分は世界に先在しない〔pareexsistere〕（§§371, 394）。したがって、いずれの場合でも世界は無から現実化されたのであり（§228）、そして無から世界を現実化する者は神にほかならない（§854）。無から何かを現実化することは《創造する》ことである。したがって、神はこの宇宙の創造者である（Baumgarten, *Metaphysica*², §926）。

前節で扱った第八五一項では、「神は〔……〕神自らによる作用の端的な原因である」という表現でもって、神のはたらきは反作用を伴わない能動作用であることが確認されていた。換言すれば、「原因」と「原因付けられたもの」という対の述語のもとで、あらゆる能動作用の第一原因であるという神のはたらきの不可受動性が説明されたのである。一方で、前記の第九二六項では、そのような神のはたらきの一つである創造が、「作用因〔causa efficiens〕」と「作用〔effectus〕」という枠組みを用いて記述される。作用因とは能動作用による実在性[3]の原因であり、[4]そのような作用因によって原因付けられたものが作用であるといわれるように（cf. ibid. 319）、〈作用因―作用〉とは能動作用における〈原因―原因付けられたもの〉に与えられた名前であるといって差し支えない。そこでは、現実存在に関わる或るものの位相において、さらに作用の現実化という事柄が問題にされるのである。

▼創造の対象

では、創造の対象である「世界〔mundus〕」つまり「宇宙〔universus〕」とは何か。バウムガルテンは、世界が「他の系列の部分ではない現実的で有限なものの系列」(Baumgarten, *Metaphysica*², §354）であって、「あらゆる世界の個々の部分は偶然的な存在者である」(ibid. §361）から、ゆえに「あらゆる世界は絶対的に内的に可変的である」(ibid. §365）と述べる。世界の内的可変性については、個体という偶然的な存在者の一事例を思い起こせば十分である。すなわち、内的に不変的な本質と属性だけでなく、内的に可変的な様態と関係をもつ実体は偶然的な存在者であって（本書第五章第二節）、個体という名を与えられたその偶然的な存在者には不変的なものと可変的なものが共現存する以上、後者の状態が能動作用・受動作用・反作用によって変化することは、他のものによらずとも個体それ自体においてそうである（本書第六章第一節）。

そして世界の内的可変性の保証は、世界の作用因と世界の生成についての議論を必要とする。前者に関しては、個体と同様に、世界もまた他のものからの存在者でなければならない点が重要である。内的可変性をもつ偶然的な存在者であるということは、それ自体の外に原因をもつということであって、つまり、「この世界はそれ自体の外に定立された作用因をもつ」はずである（cf. ibid. §375）。それゆえ、世界が「世界から離在する存在者〔ens extramundanum〕」(ibid. §388）であるような必然的な実体、つまり神を、世界の作用因として要請することが導かれねばならない（cf. ibid. §854）。これが世界における作用因の性質である。他方で、世界の生成については、「世界の部分は世界に先在しないこと、つまり、「無からの創造〔creatio ex nihilo〕」である点が重要となる。もし仮に世界の部分が世界全体に先在することを認めるならば、そのような部分が世界全体の発生の時点で既に現実存在という点で規定されたものであることになろうが、それは世界という系列の部分に必然的なものが含まれることになってしまうであろう。つまり、先述の世界の定義に抵触してしまう（cf. ibid. §354）。それゆえ、内的可変性を有する世界は、無からでなければ生じえないのである（cf. ibid. §371）。以上のように、世界の内的可変性からは、世界の作用因が世界から離在する存在者であり、世界の生成が無からの生成であることが導かれる。さらにそこから、世界の創造者が必然的な実体、つまり神であることが結論されるのである。

▼「神学上のスピノザ主義」に対する批判

バウムガルテンの創造論は、無からの創造〔creatio ex nihilo〕と創造者である神の超越として、いわばキリスト教の伝統的な世界創造論の系譜に連なるものである。但し、神の超越、バウムガルテンの表現では、世界に外在的であるという事柄は、世界の内的可変性のために要請される。したがって、バウムガルテンの創造説は、世界論に基礎づけられるとともに、両者は強く共鳴する。そして、神と被造物という両者を指す実体概念と同様の問題背景を、つまり、スピノザ論争史への応答を、私たちは「世界の創造」節にも見出すことができるのであって、それがバウムガルテンによる「流出による創造〔creatio per emanationem〕」への批判である。

バウムガルテンは、「流出による創造」について、仮にそのように世界が創造されたとするならば、生じてしまったであろう三つの矛盾を挙げることで、それを棄却する。

《流出による創造》は、次の仕方で神の本質からの宇宙の現実化であったはずである〔が、実際にはそうではない〕。一）世界は無から現実化されなかった（§926）。というのも、神の本質は必然的な存在だからである（§§109, 816）。これは第九二六項に反する。二）神の本質の全体あるいはその部分がこの宇宙へと変わりうるはずであった〔が、実際にはそうではない〕（§370）が、これは第八三九項に反する。三）神の部分が神の外に置かれ（§388）、さらに神は複合されたものであろうが（§225）、これは第八三八項に反する。流出による創造が不可能であろうことは、さらに多くの仕方で明白である（§7）（Baumgarten, *Metaphysica*[2], §927、傍線引用者）。

バウムガルテンが想定する流出説とは、神の本質から宇宙が現実化するという立場であるが、それは先行する神の定義を前提とした場合に、次のような矛盾を生じさせてしまうものである。すなわち、（一）神の本質が不可変的で必然的な（cf.ibid. §816）、それゆえ生成消滅しないものである以上（cf.ibid. §§227, 228）、そこから現実化した世界の部分ないし全体は先在していたことになる。これは先述の第九二六項の記述と矛盾する。同様に、（二）神の本質が世界へと変わるということは神の本質が可変的であることでもあるが、神がそうであるように、神の本質も絶対的に内的に不可変的である。それゆえ、これは神と神の本質の不可変性を主張する第八三九項と明らかに矛盾する。さらに、（三）世界の作用因が世界から離れている以上（cf.ibid. §§375, 388）、仮に神の本質から世界が現実化したならば、それは神そのものから離れていなければならない。それは神が自身から離れた部分をもつことであり、神が複合的な存在者であることを帰結する。これは、神の最高の単純性を述べた第八三八項と矛盾する。

以上のように、流出説が神の定義と矛盾することから論点（一）は展開されている。他方で、論点（二）と（三）は、世界の可変性と神の不可変性の衝突、および、それを基礎づける世界の作用因が「世界から離在する存在者」であることとの矛盾が問題とされている。つまり、流出説批判は、創造説と流出説という伝統的な対立として一般的な議論とみなすことはできる一方で、神は世界から離在するか否かが主要な論点となっているのである。バウムガルテンは、「神が世界から離在する存在者であることを棄却する見解」を「神学上のスピノザ主義」と名付けていた（cf.ibid. §855）。したがって、流出説の批判は同時に「神学上のスピノザ主義」に対する批判の様相をもつものである。(5)

第三節　維持と協働

さて、バウムガルテンが主張するところの神のはたらきに議論を戻そう。神によって創造された世界は、その創造以後も神による別のはたらきを受ける。それが、「維持〔conservatio〕」である。

▼維　持

この世界は持続するが（§299）、しかし、いかなる瞬間も独立に持続することはない（§930）。したがって、この世界はそれ自体の外に定立された原因付けられたものとしてでなければ、一瞬さえも持続することができない（§307）。したがって、世界から離在する力は持続のいかなる瞬間もこの世界の持続にはたらきかける（§210）。これが神である（§§855, 839）。したがって、神は持続のいかなる瞬間も宇宙の持続にはたらきかける。持続の現実化は《維持〔conservatio〕》である。したがって、神はこの宇宙の維持者である（Baumgarten, *Metaphysica*[2], §950）。

この世界が神による創造によって現実化して以降、この世界が持続することは経験が示すとおりである。但し、この世界は、自らの外に定立された作用因によって創造されて現実化した世界である以上、そのような作用因なくして、創造という作用の現実存在を連続させることはできない（cf. ibid. §930）。というのも、作用因という根拠が廃棄されたら、その帰結であった作用もまた廃棄されるからである（cf. ibid. §31）。翻って、この世界の持続は、創造と同様、世界から離在する力である神のはたらきを必要とする。[6] つまり、維持とは、この世界が持続する瞬間はいつでもその持続のために能動作用し続けるという、創造とは別の神の一つのはたらきなのである。

維持の定義項に続く箇所で、維持は「神の連続的な影響〔influxus dei continuus〕」と言い換えられる。すなわち、維持は神の連続的影響であり（§§950, 895）、それは実在的である（§212）。というのも、いかなる有限なものも、そのものの現実存在には影響しえないからである（§308）。創造も同様〔に実在的〕である（§926）。ゆえに、維持は連続的創造といわれても不適切ではない（Baumgarten, *Metaphysica*², §951）。

「影響〔influxus〕」とは、「自らの外にある実体への、実体の能動作用」のことであり、そのとき実体は自らの外にある実体に、いわば力を及ぼすように能動作用する。もしそうでなければ、実体の能動作用は影響せず、それは内に留まる〔immanens〕のである。したがって、維持とは自らの外にある世界の実体へと連続的に能動作用するような神のはたらきであると説明できよう。(7) そして私たちが注目しなければならないのは、神のはたらきはいずれも「実在的である」という点である。

▼実在的影響と観念的影響

バウムガルテンは次のように述べる。

もし別の実体がそれに影響するような実体の受動作用が、同時に受動者自身の能動作用であるならば、受動作用と影響は《観念的な受動作用〔passio ideales〕》と《観念的な影響〔influxus ideales〕》といわれる。もし反対に受動作用が受動者の能動作用でないならば、《実在的な受動作用〔passio reales〕》と《実在的な影響〔influxus reales〕》といわれる（Baumgarten, *Metaphysica*², §212）。

実体Aのそとにある実体Bが実体Aに能動作用する（影響する）場合、実体Aは実体Bの能動作用（影響）に対する受動者である。例えば、神のはたらきというのは、世界から離在する存在者である神という実体Bが世界における実体Aに能動作用する（影響する）ものであるが、それは前節で確認したように、受動者である実体Aが実体Bに反作用することのないような能動作用（影響）であった。バウムガルテンは、個物の能動作用（影響）とは異なる神のはたらきに特徴的な事柄、すなわち、反作用を伴わない能動作用（影響）を、「実在的」とみなすのである。他方で、受動者である実体Aが同時に実体Bに対して能動作用する（反作用する：影響する）のは、実体Aと実体Bがともに個物の場合である（繰り返しになるが、神は受動しない）。このような個物の作用関係に特徴的な事柄、すなわち、反作用を伴う能動作用（影響）は、「観念的」である。(8)

したがって、神のはたらきは神による世界への能動作用が決して反作用を伴わない、つまり、神という能動する実体と世界における受動する実体の関係が反転しないことに対して、神の世界への影響が「実在的である」と述べているのである。このことは同時に、神の影響は被造実体にとって「実在的な受動作用」であることを意味する。それは、創造においても、維持においても、神のはたらきがなければこの世界の現実存在は無に帰してしまうという依存性に鑑みれば、明らかでる。その関係については創造も同じであるという。ここに、創造と維持という二つの神のはたらきの共通性が見出される。すなわち、両者はともに世界および被造物に対する実在的な影響であり、神のはたらきのもとでは、能動者である神と受動者である世界における被造実体という関係は決して反転しない。

▼維持の対象

では、維持というはたらきの対象は何であるのか。それは神の被造物である。

創造によってでなければ現実存在しえないものは何であれ、維持によってでなければ、持続しえない（§§950, 926）。さて、この世界のあらゆるモナドと、この世界にある実体的なものは何でも、神の被造物である。したがって、世界のあらゆるモナドと、この世界にある実体的なものは何でも、それらの持続のいかなる瞬間も、神によって維持される（§928）（Baumgarten, *Metaphysica*², §953）。

神による維持の対象が、この世界の「モナド」と「実体的なもの」の一切であると説明されている。両者はともに実体と換言されることからも（cf. ibid. §§ 230, 196）、神による維持は、世界内部の実体へのはたらきであると言い換えることができるであろう。ここでの「実体」が先述の実体の位相のどこと対応するのかについては次の「協働」に関する議論のときに再度取り上げることとしよう。

前章までで確認してきたように、バウムガルテンの実体論において、神と被造物の両者に適した定義を実体概念に与えることが一つの課題であった。しかしながら、本章の議論が示すように神と被造物には実在的な影響関係がある。というのも、被造物は神のはたらきなくして、現実存在することも、持続することもできないからである。実体論がいわば神と被造実体を同一の枠組みで捉えるための議論であったとするならば、自然神学における「神のはたらき」章は、両者の相違性を作用論の視点から明らかにするという重要な役割を担っていると言えるかもしれない。しかし、やはり実体論の課題は引き継がれているのであって、それは協働という神のはたらきの議論において明らかとなる。

▼協働

私たちは、続く神の協働〔concursus〕の議論と、その二版での書き換えに注目したい。

初版	第二版
この世界のモナドが能動作用するまさにその瞬間に、神は自身の力を維持によって現実化する（§ 953）。したがって、〔神は〕この世界のあらゆる実体のあらゆる能動作用に協働する（§ 314）。そして、神の能動作用なしには最も近接の充足的根拠さえ現実存在しないような	神を除く作用因、つまり、この世界のあらゆる実体は（§§ 319, 846）神に従属するので（§ 928）、神は端的に第一の作用因であり、残りの一切は第二の作用因である（§§ 315, 28）。さて、有限な実体のあらゆる能動作用は、同時に他の限定された実体からの、その有限な実体へ

原因として、神は直接的に協働するので（§27）、神はこの世界のあらゆる実体のあらゆる能動作用に直接的に協働する（Baumgarten, *Metaphysica*[1], §954）。

と影響する受動作用である（§451）。したがって、神は作用因として、有限な実体のあらゆる能動作用に間接的に協働する（§§314, 320）。たしかに有限な実体における他の限定された実体からのあらゆる受動作用は同時にそれ自体の能動作用でもあるから（§463）、それらの作用が最も優れて能動すると理解されるときだけでなく、むしろ受動すると識別されるときであっても、この世界のあらゆる実体が変えられるまさにそのとき、神はこの変化の充足的根拠それ自体、つまりその変化の力を維持することで現実化するので（§953）、有限な実体のあらゆる能動作用に作用因として直接的に協働する（§320）。すなわち、神の能動作用は有限な実体の現在の現実存在に及ぶ〔pertinere〕（§§210, 55）（Baumgarten, *Metaphysica*[2], §954）。

異同については後述することにして、まずは議論の流れを簡単に確認しておきたい。同項は三段階で構成される。（一）有限な実体（つまり、この世界のあらゆる実体）という「第二作用因」が神という「第一作用因」に従属する以上、有限な実体は神という原因によって必ず原因付けられるのでなければならない。この前提のもとで、バウムガルテンは有限な実体の作用の区別に応じて、議論を進める。（二）有限な実体の作用が能動作用である場合、有限な実体間では能動作用は受動作用でもあるから、有限な実体は任意の他の実体と神という少なくとも二つの原因をもつことになる。

つまり、神は当の有限な実体における「共原因〔concausa〕」の一つである（cf. Baumgarten, *Metaphysica*², §314）[9]。しかしまた、その任意の他の実体（その受動作用の作用因）もまた神に原因付けられたものであるから、神はその実体を媒介として自らの作用〔effectus〕を現実化するといえるのである（cf. ibid. §320）。つまり、神は間接的に協働する。ところで、（三）有限な実体の作用が受動作用である場合も、それは同時に能動作用でもあるから、それゆえ、作用の区別にかかわらず、有限な実体が変化するときはその変化の充足的根拠である力が神によって維持されるのでなければ、その変化という作用は現実化しない。したがって、神は「有限な実体のあらゆる能動作用に作用因として直接的に協働する」。但し、神の直接的な協働は、有限な実体の存在ではなく、有限な実体における作用の現実化に関わる現在の現実存在にはたらく。換言すれば、世界における実体間での能動作用－反作用の関係を念頭に置いたうえで（cf. ibid. §213）、作用が生じる実体の現実存在に神の協働という能動作用が必要であると主張するのである[10]。

▼協働論における異同

第九五四項は二版において項全体が書き換えられているが、この異同が実体論の異同に呼応することは重要な点である。私たちが第九五四項の異同で注目すべきは、（一）初版で使用されていた「モナド」という表現に代わって、「実体」や「有限な実体」、「限定された実体」という表現が使われたこと、（二）受動作用の場合の記述が足されたことで、神の協働に間接的－直接的という区別が導入されたこと、そして（三）神の協働というはたらきが「有限な実体の現在の現実存在に及ぶ」と説明し直されていること、以上の三点であろう。

異同（二）については、力の区分によって充足的根拠と根拠の場合分けが徹底したことで、間接的なはたらきについて加筆が生じたと考えられる。この書き換えによって、同項の主旨が大きく変更されたとは言えず、むしろ一貫した主旨のもとでより網羅的な記述になったと捉えるのが穏当な解釈であろう。つまり、力の区分は有限な実体の作用が能動作用であるか、受動作用であるかを判断する基準でもあるから（cf. Baumgarten, *Metaphysica*², §210）、有限な実体が作用する場面で神がどのように協働するかを語るためには、力の区分に対応する作用の場合分けが必要となったのである。

さらに異同（三）について、初版では「神はこの世界のあらゆる実体のあらゆる能動作用に直接的に協働する」とだけ説明されていたが、二版では神の協働は「有限な実体の現在の現実存在に及ぶ」という説明が加えられる。先述したように、神の協働は有限な実体の存在ではなく、有限な実体における作用の現実化に関わる現在の現実存在に及ぶのであり、つまり、神が協働するのは可規定的な実体的なものとしての実体ではなく、規定された個体としての実体にほかならない。規定された個体としての実体とは、現実存在の位相における実体であり、そこに偶有性が内属している、過去でも未来でもなく現在の実体である。それゆえ、ここでは「有限な実体の現在の現実存在に及ぶ」と付言されたのである。

異同（三）を踏まえると、異同（一）にも一貫した立場から説明を与えることができる。すなわち、初版のように「この世界のモナド」を「この世界のあらゆる実体」に換言すると、実体の位相の違いが曖昧になってしまう。というのも、モナドは第一義的には実体的なものに対応するからである。そこで、二版では「モナド」という表現を使わず、代わりに「有限な実体」や「限定された実体」という表現に置き換えることで、それが規定された実体、つまり、現実存在の位相における「個体」としての実体であることを明示したのである。

▼「形而上学上のスピノザ主義」に対する批判

協働は先述の創造や維持とその対象を共有するものの、しかしながら、その対象の位相はほかの二つのはたらきとは異なって明確に限定されている。その限定の意図は維持と協働の対比において、明確になるであろう。維持の対象は「モナド」や「実体的なもの」といった存在者の位相における実体であって、偶有性がそこに内属することを可能にするところの根拠である。それに対して、協働の対象は「個体」のような現実存在の位相における実体であって、そこに偶有性が内属することが帰結している状態の実体における現実化の根拠である。両者の対比を踏まえることで、「モナド」や「実体的なもの」は、世界の持続に関わる神の維持というはたらきを通して、「物体」や「個体」が成立するための持続性を付与されると解釈することができよう。したがって、「モナド」と「実体的なもの」はただ持続する空虚な基体にすぎないのである。

このように神のはたらきの対象の相違に注目することで、私たちは協働の議論におけるスピノザ論争史への応答としての側面にも気付くことができる。創造や維持において、神のはたらきの対象はただ「世界」や「モナド」、「実体的なもの」と呼ばれるのみであった。たしかに、一切の被造実体は神による創造なしには現実存在しないであろうし、また神による維持がなければ持続することはできない。つまり、創造と維持という二つの神のはたらきのうちで、神と被造物のあいだには実在的な従属関係がある。しかしながら、協働の場面では、神という「第一作用因」に対して、世界における有限な実体には「第二作用因」という名称が用いられるなど、世界における実体が他のものの原因や根拠でありえることが示唆されている。協働とは、神という世界に外在する無限な実体と世界における有限な実体の協働であり、それはまさに「神が唯一の実体である」と主張する「形而上学上のスピノザ主義」(Baumgarten, *Metaphysica*^{2}. b2〔S.18〕) への批判的姿勢を示すものである。バウムガルテンにとって「無限な実体は唯一の実体ではない」し (ibid. §389)、実体という概念は神と被造実体の両者に相応しい定義をもたねばならないのである (cf. ibid. a7〔S.12〕)[11]。

注

(1) 「状態」節は第二版まで「実体と偶有性」節のなかに組み込まれており、節として独立したのは第三版からである。この点に鑑みれば、第二一〇項での執拗なまでの参照が示す密接さにも納得できる。

(2) バウムガルテンにおける神の概念については、対応する『形而上学』の箇所について、既に翻訳が公開されているので、ぜひそちらを参照されたい（檜垣・石田 二〇一七：石田・檜垣 二〇一七）。

(3) ここでの「実在性〔realitas〕」とは、「積極的で肯定的な規定」であって、否定的な規定であるところの「否定性〔negatio〕」と対をなすものである（Baumgarten, *Metaphysica*^{2}, §36）。それゆえ、否定性が定立されると、実在性が廃棄されるのであって（cf. Baumgarten, *Metaphysica*^{2}, §135）、否定性を備える存在者はいかなる積極的で肯定的な規定をもたないことになるから、それは非存在者である。翻って、あらゆる存在者は実在性を備えた実在的な存在者である（cf. Baumgarten, *Metaphysica*^{2}, §136）。このような実在性は、存在者に関わる可能なものの位相での、第一義的な実在性と呼べるものである。檜垣二〇一五も参照のこと。

（4）第三一九項では、「能動作用による否定性の原因」である「欠如的作用因〔causa deficiens〕」が定義される。

（5）思想的影響関係にあったライプニッツが創造に対して流出という語を用いる点も興味深い。例えば、『モナドロジー』第四七節における「神性の絶え間ない閃光放射によって刻々に産みだされてくる」という表現に流出的な創造観を読み込むことは可能であるし、『形而上学叙説』第一四節および第三二節にも「流出」という表現を確認することができる。ライプニッツの「流出」についての羅的な研究としてはMercer 2001を、本書と同様にライプニッツの世界創造論を創造と維持さらに協働という観点から整理した研究としてはMcDonough 2007を参照。

（6）世界の創造以後も神のはたらきを必要とするというバウムガルテンの立場は、「維持を連続的創造〔creatio continuata〕ということは間違いではない」（Baumgarten, *Metaphysica*^{2}, §951）という表現が示すように、デカルトそしてライプニッツによる連続創造説の流れに連なるものである。

（7）バウムガルテン自身が第九五一項で「連続的創造」という表現を用いるように、デカルト以来一八世紀においても主要な論題であった連続創造説の流れのうちに、バウムガルテンの世界の維持に関する理論を検討することも可能である。「バウムガルテンの「協働〔concursus〕」の概念――連続創造説の受容と変容という観点から」（第四三回日本カント協会、二〇一八）の一部をここに記す。

「連続的創造〔créaion continuelle, continueé〕」とは、一般に被造物を維持する〔conservare〕という神のはたらきを、連続的に創造する〔creare〕こととして捉える立場である。例えばデカルトは、神および神の存在を主題とする第三省察において連続創造説を展開した。デカルトは、連続創造説を採用する根拠として時間の非連続性を挙げると、私が持続的に存在するためには「何らかの原因が私をいわば再度この瞬間に創造する、言いかえるならば私を維持する」ことが必要であり、そして、「どのような事物であろうとも、それが持続するところの一つ一つの瞬間において維持されるためには、このものがまだ存在してはいないとした場合に、これを新たに創造するのに必要なのと全く同じ力と活動が必要である」として、連続創造説を支持する（cf. デカルト『省察』、六七頁）。デカルトの連続創造説は、その後ライプニッツよっても言及された。ライプニッツは連続創造説を、「被造物が連続的に神の働きに依存しているということ、そして被造物はその存在の開始以後においても開始のときと同じく神に依存しているということ」、つまり「被造物は神が作用し続けないならば存在し続けることはなくなってしまう」と述べる（ライプニッツ『弁神論』第三八五節）。一見すると似ている両者に、先行研究に倣って「保存説」と「協働説」そして「機会原因説」という三分類を導入することで（cf.田子山 二〇一三：根無 二〇一七）、被造実体に力が内在するか否かで分かたれる両者の違いに見通しがたつ。これら三つの立場はいずれも神が被造物の存在の保存（端的に「ある」ということ）に関わる点では違いがない。それらを分かつのは、被造物のはたらき（作用や状態の変化一般）に対して神がどのように関わるかへの理解である。「保存説」では被造物のはたらきが被造物の自律性に任せられるのに対して、「協働説」では被造物の自律性のみならず神の直接的なはたらきが必要とされ、さらに「機会原因説」では神による直接的なはたらきかけこそが被造物のはたらきを現実化すると考えられる（cf.田子山 二〇一三：七六）。保存説と協働説という区分を導入することは、保存説に与するようでありながらも（予定調和のもとに一切のモナドは自律的である）、やはり機会原因説的傾向（被造的の各瞬間の状態の産出は神の協働をよらねばならない）を兼ね備えた協働説に与するという折衷的なライプニッツの立場に見通しを与えるであろう（cf.田子山 二〇一三：八一）。

　では、バウムガルテンは三説のあいだにどのようなバランスをとったのか。この問いに対する本書の見解については、補章を参照。

（8）「いわれる〔dicitur〕」という表現からも示唆されるように、「実在的」と「観念的」という発想はヴォルフに由来するものである。「実在的な作用関係に見える事態も形而上学的レベルから照射すれば実は観念的な作用でしかないのである（ヴォルフ『世界論』第四一、四二節）」（山本 二〇〇八：一三四）。バウムガルテンはヴォルフの枠組みを引き受けつつも、徹底的に「形而上学的レベルから照射」する視点で、自身の形而上学体系を展開する。

（9）「第一のもの」と「第二のもの」について、バウムガルテンは次のように説明する。すなわち、或る一つの原因付けられたもの〔causatum〕がいくつかの原因〔causa〕をもつとき、そのような原因は「共原因〔concausa〕」である（cf. Baumgarten, *Metaphysica*^{2}, §314）。この場合、その一つの原因付けられたものは複数の共原因をもつが、複数の共原因についても、相互に他のものの原因である場合とそうでない場合で区別することが可能である。もしそれらの内の一つが他の共原因の原因である場合、その一つに原因付けられた共原因は（その一つの共原因に）「従属した共原因〔concausa subordinata〕」であり、さらにその一つの共原因が他の一切の共原因を従属させるならば、前者は「第一原因〔causa prima〕」、後者は「第二原因〔causa secunda〕」である（Baumgarten, *Metaphysica*^{2}, §315）。

（10）本章では神の被造物への協働を主題的に扱ったが、協働という表現そのものは有限な実体の相互作用にも用いられる（cf. Baumgarten, *Metaphysica*^{2}, §314）。

(11)　バウムガルテンにおける維持と協働での位相の区別は、先述の「連続的創造」が機会原因説の傾向を兼ね備えた協働説に与することを示すだろう。

補　章　実体化された現象

本章の課題とは、これまでの実体論に関する議論の補完を目的として、（一）バウムガルテンが実体ならざるものである「実体化された現象」をどのように定義したのか、（二）当概念は他の箇所（モナド論や物体論）ではどのように記述され、何を説明するための概念であるのか、そして、（三）実体論とモナド論、あるいは、実体とモナドはどのような関係にあるのか、これらの問いに答えることである。それによって、実体論とモナド論の異なる役割が解明されるとともに、両者のあいだには存在の位相と現実存在の位相という枠組みにおいて類似的な構造を指摘することができるであろう。

第一節　実体化された現象

▼実体論における実体化された現象

第五章の冒頭で提示した実体論の構成に再度目を向けると、まだ扱われていない一つの概念があることに気付くのではないだろうか。それが、実体論における実体ならざるもの、つまり、「実体化された現象〔phaenomena substantiata〕」である。[1] バウムガルテンは、実体と偶有性の定義に続けて、当概念を次のように定義する。

偶有性が自存するものにみえるならば、それらは《実体化された現象》である（Baumgarten, *Metaphysica*², §193）。

第五章で確認したように、偶有性とは「他のものの（他のもののうちで）規定としてでなければ現実存在しえない」存在者であって（ibid. §191）、偶有性は実体に内属するという仕方で現実存在するのであった（ibid. §192）。そこで、バウムガルテンは本来であれば自存することのない偶有性が、あたかも実体が現実存在するときのように自存するものにみえる場合を、「実体化された現象」と名付ける。注意しておかねばならないのは、この議論が存在者の位相ではなく、現実存在の位相で展開される点である。さらに、実体と実体化された現象のあいだには、「存在する〔esse〕」ことと「みえる〔videntur〕」こと、つまり、真なるものと仮象的なものという対比がある（cf.ibid. §12）。ゆえに実体化された現象は、現実存在の位相で生じた仮象の実体であると説明することができるであろう。あるいは、「現象〔phaenomena〕」の定義から実体化された現象へとアプローチする場合には、知性的認識（存在論・論理学）と感性的認識（認識論）の対比として捉えることもできよう。というのも、現象とは「感官を通じて認識することが可能であるもの」であり（ibid. §425）、実体化された現象は「存在論」のうちで定義されながらも、経験的認識をモデルとした認識論的視点から構成されていると解釈できるからである。[2]

では、「偶有性が自存するようにみえる」とは、どのような事態を示しているのだろうか。実体化された現象に関する補足を確認しよう。

初版

実体化された現象には力が帰され（§§199, 193）、力が帰された偶有性は実体化された現象である（Baumgarten, *Metaphysica*[1], §201）。

第二版

実体化された現象には力が帰され（§§199, 193）、そして、実体化された現象は広義の力をもつか、あるいは広義の力を与えられる（§§197, 23）。もし偶有性に狭義の力が帰されるならば、たしかに偶有性は実体化された現象である（§§198, 193）（Baumgarten, *Metaphysica*[2], §201、傍線引用者）。

偶有性の内属の充足根拠である狭義の力と、偶有性の内属の根拠である広義の力という区別が二版で導入されたことによって、第二〇一項には修正が施されているものの、論旨に大きな変更はない。ここでは、力、つまり、他の任意の偶有性がそこに内属する根拠を、実体化された現象がもつと述べられている。但し、そもそも実体化された現象とは、偶有性の現実存在について与えられた名称であるから、自存するように見える偶有性も実際には任意の実体に内属するという仕方で現実存在しているはずである。この点を踏まえるならば、実体化された現象とは、自存するように見える偶有性が実際には内属しているところの実体が見えにくく、代わりにその偶有性に他の偶有性が内属するように見えるという事態であると、説明することができるであろう。換言すれば、実体化された現象は真の実体とは異なり、偶有性が内属する根拠を、当の実体化された現象を構成する偶有性が内属する任意の実体にもつのである。

▼実体化された現象と実体的なもの

第二〇一項の冒頭で、第一九九項が引用されることに注目したい。

初版	第二版
あらゆる実体は実体的なものをもつのであり（§196）、それゆえ力が与えられる（§198）(Baumgarten, *Metaphysia*[1], §199)。	あらゆる実体は実体的なものをもつのであり（§§191, 196）、それゆえ力が与えられる（§198）。あらゆる実体は実体的なものであり（§§196, 191）、それゆえ狭義の力であるのと同様に広義の力でもある（§§198, 197）(Baumgarten, *Metaphysia*[2], §199)。

実体化された現象に力が帰されるという記述に対して参照されるのが、第一九九項である。初版から一貫して参照されることから、第一九九項のなかでも「あらゆる実体は実体的なものをもつのであり、それゆえ力が与えられる」という箇所が参照されていると考えて差し支えない。そのように考える場合、実体化された現象に力が帰されることは、あらゆる実体に力が与えられることに基礎づけられ、そしてそれは同時に実体的なものをもつことでもあると解釈できるであろう。ここから導かれるのは、実体化された現象が実体のうちに数え入れられるということ、そして、それは実体化された現象が実体的なものや力をもつという理由によるからであること、以上の二点である。そのかぎりでは、実体化された現象は現実存在の位相における、あるいは、認識論上の実体にほかならない(3)。

私たちは「実体的なもの」が導入された意義をここにも見出すことができるだろう。偶有性がそこに内属するように見える実体化された現象は、現実存在の位相においては実体のように見えているのであって、この事態は既に帰結している。それゆえ、この帰結に対してはその根拠が必要となるから、実体化された現象には偶有性がそこに内属することの根拠、それも広義の力と狭義の力が帰されなければならない。というのも、根拠なくして何ものも帰結せず（cf. Baumgarten, *Metaphysica*², §§ 20, 22）、また帰結からは根拠が認識されねばならないからである（cf. ibid. § 29）。しかしながら、実体化された現象はあくまでも現実存在の位相において実体のように見えるだけであって、それは存在者の位相における実体の定義をみたすわけではなく、むしろ偶有性にすぎないのである。このような実体化された現象の特徴を、実体という概念を毀損することなしに捉えるために、実体的なものという概念は非常に有用であろう。実体化された現象は、そのように帰結するための根拠として、真の実体と同様、偶有性がそこに内属しうる基体を意味する実体的なものをもつのである。[4]

▼モナド論における複合実体

実体論において導入された実体化された現象という概念は、その後モナド論（「モナド」節、[5] §§ 230-245）と物体論に登場し、実体論での議論が別の視点から反復されることになる。これらの議論を順に検討することで、同概念が何を説明するための概念なのか、その輪郭を洗練したい。

実体は「モナド」と呼ばれる単一実体であるか、あるいは、実体を構成する部分が互いの外にあるような「複合的な存在者」（cf. Baumgarten, *Metaphysica*², § 224）、つまり、複合実体であるかのいずれかであるが（cf. ibid. § 230）、実体化された現象は後者の複合実体に相当する。

複合実体は、互いの外に定立され、特定の仕方で複合された（§ 226）他の実体の総体としてでなければ現実存在しえない（§§ 232, 155）。したがって、他のものの規定としてでなければ現実存在しえない複合実体は偶有性であり（§ 191）、それ自体として自存するようにみえるならば、そしてそのものに力が帰されるならば、実体化された現象である（§§ 193, 201）（Baumgarten, *Metaphysica*², § 233）。

先述のとおり、実体化された現象は偶有性であって、自存するように見えるとしても、それは任意の偶有性に内属することで現実存在する。それは、「互いの外に定立され、特定の仕方で複合された、他の実体の総体として」現実存在するということである。つまり、複合実体である実体化された現象にとって、それを構成する偶有性の基体である実体的なものは、実体化された現象から離れて定立される（cf. ibid. §231）。そして、「〔複合実体〕そのものに力が帰されるならば、実体化された現象である」という表現が示すように、複合実体はいわば存在者の位相であって、偶有性は内属の可能性をもつに留まると考えなければならない。そこに力が帰されることで、すなわち、複合実体から離れて定立された実体的なものと一緒に取り上げられることで（つまり、「互いの外に定立され、特定の仕方で複合された」場合に）、偶有性からなる複合実体と任意の実体的なものの総体として、実体化された現象が現実存在の位相に生じるのである[6]。したがって、実体化された現象とは、複合実体という存在者の現実存在であり、偶有性とそれ自体から離れた実体的なものの総体であると説明することができよう。このとき、実体化された現象があくまでも偶有性であり、そして実体的なものをそのもののうちにもたないという点で真の実体とは区別される[7]。

▼物体論における物体

では、実体化された現象は何を説明するための概念であるのか。この点については、物体論（正確には、空間や物体の基礎づけを行う「同時的なもの〔simultanea〕」節、§§ 280-296）を参照することで回答したい。実体化された現象が言及されるのは、次の二つの項である。

初版	第二版
延長体はそこに慣性力が帰されるならば、《質料》であり、実体化された現象である（§§ 234, 201）（Baumgarten,	延長体はそこに慣性力が帰されるならば、《質料》であり（cf. § 344）、実体化された現象である（§§ 234, 201）。

Metaphysica[1], §295)。

質料はそれに運動力〔vis motrix〕が帰されるならば、物理的《物体》〔corpus physicum〕であり、そして実体化された現象である（§§295, 201）(Baumgarten, *Metaphysica*[1], §296)。

質料はそこにこの力のみが帰されるならば、《第一質料》（単に受動的な質料）である（cf.§423）(Baumgarten, *Metaphysica*[2], §295)。

質料はそれに運動力〔vis motrix〕が帰されるならば、物理的《物体》〔corpus physicum〕であり（cf.§289, 第二質料、cf.§295）、そして実体化された現象である（§§295, 201）(Baumgarten, *Metaphysica*[2], §296)。

延長体とは空間や場所を満たすものであるが、狭義の複合的な存在者の一切は延長体であり、実体化された現象はまさに狭義の複合的な存在者である（cf.Baumgarten, *Metaphysica*[2], §241）。それゆえ、前記二箇所の引用の最終文で質料と物体が実体化された現象と換言される理由は、それらが延長体であるからにほかならない。したがって、実体化された現象は延長体を内包する概念であり、具体的に想定されるのは質料（延長体に慣性力のみが帰される場合）と物体（慣性力と運動力が帰される場合）なのであるから、実体化された現象とは物質一般の基礎づけ概念であると評価することができる。(8)

第二節　実体論とモナド論

▼モナド論における実体化された現象

実体化された現象とは、存在者の位相における複合実体が現実存在するものであって、それは実体的なものと個体の関係と類比的である。いずれの場合も存在者から現実存在への移行には、偶有性がそこに内属することの根拠（力）が必要になる。このように整理する場合、重要な問題として残るのが複合実体を扱うモナド論と実体論の関係、あるいは、実体とモナドの関係である。本節では、次の問いを検討してみたい。すなわち、実体はモナドなのか。[9]

問いの検討に先立って、モナド論の構成を確認しておく。モナド論は内容の面で次の三つに区分することができる。すなわち、単純と複合という内的選言的述語を用いたモナドの定義（§§230–235）、モナドの生成消滅（§§236–237）、そして前節でも登場した「延長体［extensum］」に関する記述（§§238–245）である。このような構成が示唆するように、モナドは延長体、つまり、質料や物体といった物質一般を基礎付けるための理論であると評価できるのではないだろうか。

そして、モナド論が物質一般のための理論であるという仮説を前提にするならば、前節が検討してきた実体化された現象がモナド概念を用いて記述される、次の二つの項にも目を向けておくのがよい。

あらゆる実体はモナドであり（§§233, 230）、狭義の複合的な存在者はモナドではない（§225）。したがって、狭義の複合的な存在者は、実体化された現象である（§§193, 201）（Baumgarten, *Metaphysica*^{2}, §234）。

狭義の複合体はモナドから構成される（§§225, 234）（Baumgarten, *Metaphysica*^{2}, §235）。

実体化された現象とは、実体論の枠組みを用いて説明するならば、偶有性とそれ自体から離れた実体的なものの総体であって、偶有性がそこに内属するように見えるという現実存在であった。それに対して、一切の部分をもたない実体として定義されたモナド概念（cf. ibid. §§230, 224）で説明したのが、前記の二項である。すなわち、実体化された現象とは、モナドではなく、モナドから構成されたものである。なるほど、バウムガルテンはここで実体化された現象が総体であるということを、少なくとも実体的なものを外にもつかぎりで複合的なものであることを、「モナドから構成される」と表現しているのである。以上のような実体化された現象に対する言説は、それを説明する複合実体と対をなす単純実体（つまり、モナド）が、実体的なものをそれ自体の内にもち、それゆえに部分をもたず、そしてそれ自体として現実存在しうることを示す。このかぎりで、単純実体と複合実体の関係は、実体と偶有性の関係に重なる。すなわち、

▼実体とモナド

本題に入ろう。実体はモナドなのか。先に引用した第二三四項の冒頭、そしてそこで参照されるモナドの定義、すなわち、

実体は、単一実体であるか複合実体であるかのいずれかである（§224）。前者は《モナド》（原子、完全な一者）といわれる（Baumgarten, *Metaphysica*[2], §230）。

に鑑みれば、実体はモナドである、と回答できるであろう。[10] しかし、私たちは既にバウムガルテンにおける実体論が複層的な構造をもつことを知っている。したがって、第二三〇項の記述だけを論拠として、先の問いの回答とすることはできない。むしろ、前節で述べたように、存在者の位相における複合実体と現実存在の位相における実体化された現象の関係に注意すべきではないだろうか。そうであるならば、実体論とモナド論の役割は、重なりつつも一致はしないであろう。この両者の関係を解明することが、まさに本節の課題となる。

実体論というより一般的な理論に対して、第一に物質一般の説明のための理論としてモナド論が構想されたならば、モナドの特徴が両者の相違を示してくれるのではないだろうか。モナドの特徴とは、（一）単純性（cf.ibid. §230）、（二）それ自体のうちに実体的なものをもつ（cf.ibid. §231）、（三）自存性（cf.ibid. §§231, 232）、（四）無からの発生（cf.ibid. §236）、（五）量的な大きさをもたない（cf.ibid. §243）、（六）不可分性（cf.ibid. §244）である。このとき、実体論に直接的に基礎づけられた（一）から（四）の特徴とは異なり、[11]（五）と（六）はモナドに独自の論点である。以上から、モナド概念

の特徴からも、同概念が量的な大きさをもつ延長体、つまり物質一般を記述するために持ち込まれたことを示すことができる。

私たちはさらに、実体論が存在者の位相から現実存在への位相へと議論を進めていたのに対して、モナド論は現実存在の位相を中心に展開されることを指摘したい。このことはモナド論の対象である実体化された現象が現実存在の位相の概念であるという点で、先立つ議論が既に示したことでもある。モナド論が現実存在の位相で展開されることは、特にモナドの無からの発生に関する議論によく表れている。

> モナドは無からでなければ生じえない。というのも、モナドという部分は実体的なものと〔実体的なもの〕それ自体に内属する偶有性であるからである（§196）。実体的なものは実体に先在しない。というのも、モナドが現実存在するときに力が現実存在し、ゆえに実体が現実存在するからである（§198）。偶有性のうちの一切は自らの実体に先行して現実存在しない（§194）。したがって、いかなる部分も生じるべきモナドに先行して現実存在せず、ゆえにモナドは無からでなければ生じえない（§228）（Baumgarten, *Metaphysica*^{2}, §236）。

「実体的なものは実体に先在しない」というとき、それは可規定的なものである空虚な基体（根拠）は規定されたものである個体（帰結）なくして、現実存在することはないことを意味すると解釈できるであろう。なぜなら、後続の文で述べられるように、モナドから力という充足的根拠が導出されるならば、モナドには偶有性の内属が帰結していると考えられるからである。参照された第一九八項を引用する。

初版	**第二版**
力は、実体であるかあるいは偶有性であるかのいずれかである（§191）。さて、力は偶有性ではない。という	狭義の力は、実体であるかあるいは偶有性であるかのいずれかである（§191）。さて、狭義の力は偶有性では

のも、力はあらゆる偶有性の充足的根拠であるからである（§187）。したがって、力は実体であり、偶有性が主語に内属するように力そのものに内属しうるかぎりで、力は実体的なものである（§196）（Baumgarten, *Metaphysica*[1], §198）。

ない。というのも、狭義の力はあらゆる偶有性の充足的根拠であるからである（§197）。したがって、狭義の力は実体であり、偶有性が主語に内属するように狭義の力そのものに内属しうるかぎりで、狭義の力は実体的なものである（§196）（Baumgarten, *Metaphysica*[2], §198、傍線引用者）。

二版での異同がよく示すように、同項では偶有性が内属する実体（現実存在の位相）とその可能態としての実体的なもの（存在者の位相）が対比される。前者に関して、狭義の力、つまり、偶有性が任意の実体に内属することの充足的根拠があるならば、その実体が規定されたものとして現実存在するという帰結は生じ、ゆえに狭義の力は実体であるという等号関係を現実存在の位相において結ぶことができる。そして、この帰結からは根拠として、実体的なものが導出されねばならないから、狭義の力は実体的なものでもあるのである。したがって、第二三六項における「実体的なものは実体に先在しない。というのも、モナドが現実存在するときに力が現実存在し、ゆえに実体が現実存在するからである」という記述は、現実存在の位相で帰結したモナドから根拠である実体的なものへの推論であると解釈することができる。

▼世界の説明概念としてのモナド

モナド論が実体論における実体化された現象を扱う理論であるという仮説の妥当性は、第二部「世界論」を参照することでよりいっそう明らかとなる。バウムガルテンは、あらゆる世界がモナドから構成されることを確認したあとで（cf. Baumgarten, *Metaphysica*[2], §394）、世界を構成するモナドは単一のものとしては形をもたないが、「モナドからなる全体〔totum monadum〕」がかたちをもつように世界を構成するモナドは形をもつと述べる（cf. ibid. §396）。これは単純実体であるモナドは延長もせず、空間を占めることもないが、モナドからなる全体は空間や場所を占める延長体であるというモナド論の記述を援用したものである（cf. ibid. §242）。モナドからなる全体は、実体論における「実体化された現象」に相当し、両者は複数のものが一つに見えるという現実存在の位相での現象にほかならない。その点で、世界を実体化された現象、つまり、実体論を用いて記述することもできたはずである。しかしながら、バウムガルテンはその方法をとらず、モナド論によって世界を記述する。その背景には、存在者の位相における実体の定義に照らせば、実体的なものをそれ自体から離れてもつような物質一般は実体に相応しくないという事情があろう。なぜなら、実体化された現象は他のものの規定としてでなければ現実存在しえないからである。他方で、実体化された現象は真の実体とは異なる仕方で実体的なものをもつ、自存しえない実体である。自存しないが実体的なものをもつ物質一般を、バウムガルテン自身の実体定義を毀損しないかたちで記述するために、モナド論は物質性と非物質性をもつ世界の説明概念として要請されるのである。

私たちは複数のアプローチから、モナド論が物質一般を意味する実体化された現象やモナドからなる全体という帰結を説明するための理論であり、モナド概念が世界のための説明概念であることを検討してきた。「存在論」におけるモナド論の検討では、モナドの特徴と実体の特徴を比較することで、前者に独自の視点が量的な大きさと不可分性であること、つまり延長体を説明するための視点であることが指摘された。また、実体論とモナド論の比較によって、後者が主として現実存在の位相を問題とすること、誤解を恐れずにいうならば現象を扱うことを確認した。モナド論はたしかに実体論に基礎付けられるものの、実体概念のうちでも実体的なものに注目することで、実体論においては周辺的であった実体化された現象を再構成することに成功した。世界を記述するための概念装置という役割が、モナド論には与えられたのである。

第三節　スピノザ論争史への応答としての再考

▼モナド一元論に対するランゲの批判

モナド論が目指したのは世界をモナド一元論的に解釈することであり、モナドとモナドからなる全体によって、非物質的なものと物質的なものを説明することである。両者には、部分と全体という関係があり、そこには連続性がある。他方で、実体と実体化された現象の場合は、実体と偶有性という質的差異によって、両者を連続的に語ることはできない。このことが重要な意味をもつのは、心身二元論といわれるような精神と物体という質的に異なる実体の作用関係の説明においてであろう。つまり、モナド一元論的な世界論は、質的差異を量的差異に転換することで、両者の作用関係を説明可能にする。

しかしながら、私たちはまさにこの点がランゲによって批判されていたことを忘れてはならない。第二章で指摘したように、ランゲによる予定調和説への批判、つまり世界‐機械論への批判は、世界の構成要素すべてをモナドに還元した点に帰着する。したがって、バウムガルテンが実体定義の場合と同様に、当時のスピノザ論争を念頭においていたならば、モナド一元論的な世界論を提示することは避けたはずである。それにもかかわらず、なぜバウムガルテンはモナド一元論的な世界論を提示し、予定調和説を採用したのか。ランゲによる予定調和説批判はバウムガルテンに届かなかったのか。

▼表象するモナド

ランゲによる批判の問題を検証するためには、前節までは問題とならなかったもう一つのモナドの性質、つまり表象性に注目して、モナド概念を再検討する必要がある。[12]「モナド論」ではモナドの表象性は言及されず、表象性が注目されるのは「世界論」においてである。

複合体のすべてのモナド、ひいてはこの世界のすべてのモナドは、普遍的な連結の中にある（§357）。したがって、一つひとつのモナドは、他のすべての単一モナドの根拠か帰結か、あるいはその両方である（§§14, 48）。根拠は帰結から認識することができる（§29）。したがって、あらゆる複合的な世界の、したがってこの複合的な世界の、任意の与えられたモナドから、このモナドが属する世界の部分を認識することができる（§14）、すなわち、あらゆる複合的な世界のあらゆる〈モナド〉、ひいてはこの複合〈世界〉のあらゆるモナドを認識することができ、それは〈自らの宇宙〉を表象するための力（§199）であり、つまり、自らの宇宙の〈能動的な鏡であり（§210）、不可分であり（§244）、小宇宙であり、省略された世界であり、自らの世界の濃縮物であり〉、あるいは、力をもち、自らの宇宙を表象する力を授かっている（Baumgarten, *Metaphysica*[2], §400）。

モナドによって構成された世界において（cf. ibid. §394）、個々の部分をなすモナドは全体としての世界と連結し、つまり、個々の部分はすべての部分と連結するのであり、それをバウムガルテンは普遍的な調和〔harmonia universalis〕と呼ぶ（cf. ibid. §357）。第五章第一節で述べたように、「連結」とは根拠と帰結の連結であるから、世界を構成する各部分であるモナドは他のモナドの根拠、つまり、「なぜ或るものがあるのかが、そこから認識されうるもの」であるか、帰結、つまり、「根拠をもつもの、あるいは、或るものがそれの根拠であるもの」であるか、その両者であることになる（cf. ibid. §14）。したがって、相互に連結した普遍的な調和のもとでは、任意のモナドが帰結するとき、帰結から根拠への推論によって、その部分から他の一切の部分を認識することができるのである（cf. ibid. §29）[13]。このようなモナドの認識可能性を、バウムガルテンは「宇宙を表象する力」と言い換える。

ところで、宇宙を表象する力はあらゆるモナドに一律に備わるわけではない。世界のモナドは、「この世界を渾然としか表象していないか、少なくとも部分的に明瞭に表象しているかのいずれかである」（cf. ibid. §401）。このようなモナドの量的差異によって、認識における明瞭性の程度を説明することが可能になるのであって、それは世界における悪を欠如として説明すること（cf. ibid. §405）、さらに神の認識と類比的に人間の認識を説明することを可能にする。[14] モナド間における根拠と帰結の連結は、実体とそこに内属する偶有性の説明にも適用されるものであり、その点では実体概念によって世界を記述することも不可能ではなかったかもしれない。しかしながら、偶有性の基体である実体的なものに、量的差異を認めることはできず、それゆえ表象性が語られることはないのである。[15]

▼二つの王国の予定調和説

モナドの普遍的な調和からなる世界を提示したバウムガルテンは、世界におけるあらゆる実体の観念的で相互的な影響を説明する体系、つまり「普遍的な予定調和説」を採用する（cf. Baumgarten, *Metaphysica*², §448）。それは、まさにランゲが批判したところの学説である。ランゲは、予定調和説が（一）魂と身体のあいだに形而上学上の結合しか認めず（ランゲにとって両者の結合は自然的結合である）、それゆえ（二）世界に物質的なものを認めない観念論であり、そして（三）物質的なものの因果系列と精神的な実体の因果系列を一元化する（ランゲにとっては表象力という同質的なモナドが世界を構成することは受け入れられなかった）という理由から、それを運命論として断じていた。[16] バウムガルテンはこれらの批判にどこまで応答したのだろうか。

バウムガルテンは「世界におけるあらゆる実体の観念的で相互的な影響」を普遍的な予定調和と呼ぶ（cf. ibid. §448、強調筆者）。つまり、予定調和が問題とするのは、世界における有限な実体のあいだの影響であって、それは世界から離在する無限な実体と世界における有限な実体のあいだの影響を含まない。ここで「観念的」であるというのは、ランゲにおいて自然的と対比された「形而上学的」とは意味が異なり、その能動作用に受動作用が伴うという意味でしかない。[17] それは決して、影響そのものの非実在性を含意しないのである。この態度は、普遍的な予定調和説が世界の実体の相互的な影響を擁護する、つまり、精神が肉体に能動作用し、肉体が精神に能動作用するだけでなく、この世界において物体と精神が相互に影響しうると述べられることからも明らかである（cf.ibid. §449）。したがって、バウムガルテンはランゲによる批判（一）と批判（二）をかわしている。

しかしながら、批判（三）については十分な応答が準備されたとは言い難い。そもそもバウムガルテンが予定調和説を採用する一つの理由とは、精神と物体がある一つの世界における、物体相互の連結、精神相互の連結、そして物体と精神の相互的な連結を説明するためである（cf.ibid. §434）。それは、世界における物体の、機械的な連結（自然の王国：運動法則）と、世界における精神の、精神精気的な連結（恩寵の王国）の調和と呼ばれ、その両者の調和が予定調和である（cf.ibid. §464）。一連のバウムガルテンの主張を好意的に解釈するならば、バウムガルテンは予定調和説を採用しつつも、それぞれの種類の連結からなる少なくとも二つの王国を想定していたことになる[18]。したがって、予定調和説の採用はランゲによる批判（三）を結論しないと考えていたのではないだろうか。そして、世界に二つの王国を想定するバウムガルテンは自らの予定調和説と物理影響説の距離をかなり近く見積もっているように思われる。物理影響説を「世界の部分である実体の世界における他の部分への実在的な影響」と定義すると、予定調和説とは異なって実在的な影響のみを認める学説として普遍的な物理影響説を設定する（cf.ibid. §450）。それゆえ、世界における実体の相互的な影響や普遍的な調和、さらに無限な実体からの実在的な影響を認める点で両者は似ており、この世界の実体の受動作用に関して、物理影響説が世界における有限な実体の受動作用に能動作用を認めない（反作用を認めない）点でのみ両者は異なるのである（cf.ibid. §454）。

以上の議論が示唆するのは、バウムガルテンにとっては連結を支えるモナド概念が同質的でありながらも量的差異をもつことで生じる連結の種類が、世界を説明するために必要であったということではないだろうか。モナド論の役割とは、一つには実体論における実体化された現象に焦点を当てて物質一般を記述することであり、もう一つには世界という連結を、より精確には世界を連結として記述することであると評価することができる。特に後者はバウムガルテンの心身問題への応答にほかならず、より包括的な分析が待たれる[19]。他方で、モナド論と対比した場合の実体論の役割とは、世界における作用や変化を記述することで、存在者の位相と現実存在の位相への移行、あるいは、存在と現象の対比を提供することであると私たちは結論づける。

注

（1）実体化された現象を扱う場合、忘れてはならないのはカント研究史における「現象的実体」に関する議論である。カントが『純粋理性批判』で用いる「現象的実体」、つまり、「事物の恒常不変」であり（Kant, *Kritik der reinen Vernunft*, A146/B186）、「諸関係の総体」（Kant, *Kritik der reinen Vernunft*, A265/B321）であり、「物質」（Kant, *Kritik der reinen Vernunft*, A277/B333）であるような当概念は、カント哲学の形成史を研究する者にとっては一つの重要なトピックである。研究者たちのあいだではしばしば、カントが前批判期で主に用いるところの「現象的実体」と批判期における「現象的実体」は連続的であるか、両者の影響関係が問われてきた。N・ケンプ・スミスは、「現象的実体」を「ライプニッツの言い廻しの採用」と評価し、批判期における「カントの現象主義的教説における経験的対象と等価ではない」と断じて、そもそも前批判期と批判期での当概念の転回を強調する（cf. Kemp Smith 1923: 215〔629〕）。それに対して、R・ラントンやE・ワトキンスのように、当概念をカントの批判哲学のうちに整合的に解釈するよう試みる論者も近年では増えている（cf. Langton 1998: 53-67; Watkins 2005: 349-354）。クヌッツェンを師とするカントが、初期から物理影響説に与していたことは広く知られているが、E・ワトキンスよって批判期に至るまでカントにとって物理影響説が中心的課題であったという解釈が提示された。つまり、カントは因果関係についての包括的な説明を提示することに全生涯を通じて関心をもっていたのであり、それは時間論や自由と決定論の問題だけでなく、科学哲学等の他のテーマにも関わる点でカントの思想全般の中心的要素であるという（cf. Watkins 2005: 423）。前批判期と批判期では、第一に物自体の認識不可能性の導入、第二に時間性における因果関係と実体間の相互作用の統合という二点に関して、カントは異なる見解をもつ。それにもかかわらず、因果関係のモデルに関わるかぎりでの実体の特徴は維持されていた（cf. Watkins 2005: 424-425）。そして、それは「現象的実体〔substantia phaenomenon〕」という概念の所在をめぐる問題として検討され、その過程でバウムガルテンにおいて「実体化された現象〔phaenomenon substantiatum〕」という類似の概念が先立って登場していることが同時に注目されたのである。その後も議論の蓄積が進むにつれて、バウムガルテンの「実体化された現象」とカントが用いる「現象的実体」のあいだの影響関係が正面から問われるようになる。C・ダイクはカントがすべての現象的実体を実体の複合体とは考えていない点で異なると注意を促しつつも、一つの実体とみなされた一連の偶有性にのみ適用される点で（少なくとも前批判期）カントとバウムガルテンの連続性を指摘する（cf. Dyck 2014: 94-95）。国内では、嶋崎がカントにおける現象的実体への転換に自然科学論の正当化と物質量保存を現象の内で成立させる実体概念の確立を読み取る立場から、バウムガルテンの実体化された現象は「見かけ」である一方、カントの現象的実体は実体とみなされた現象ではなく、現象とみなされた実体であることを強調して、両者の明確な断絶を示す（嶋崎 二〇一四：一六四―一六五）。また増山は、バウムガルテンがライプニッツ的な実体と現象の二分法を前提するという立場から（cf.増山 二〇一五：一八二）、バウムガルテンの体系において峻別された「現象＝物体と実体＝モナド」が根拠とその帰結の関係であることを理由に、実体化された現象と現象的実体の相違を指摘している（cf.増山 二〇一五：一七二―一七三）。以上のカント研究史への回答は別の機会に委ねざるをえないが、本書は実体化された現象をバウムガルテンの実体論のうちに精確に位置付けることで、議論の方向性を提示することはできるであろう。

（2）Cf.津田 二〇一九：二三二―二三五。

（3）本書は、実体化された現象が現実存在の位相におけるものであり、真なるものと仮象のものの対比を存在と現実存在、あるいは、知性的認識（存在論・論理学）と感性的認識（認識論）の対比として捉えることで、実体化された現象の仮象性を過度に強調しないという解釈の立場に与する。しかしながら、従来の多くの研究はむしろその仮象性を強調してきた。例えば、嶋崎や増山は実体とモナドが互換可能な概念であるという立場から、実体化された現象の仮象性を強調する。嶋崎は、マイアーを挙げて実体化された現象が仮象実体であると指摘し、「あらゆる実体はモナドである」というバウムガルテンの記述（Baumgarten, *Metaphysica*^{4}, §234）を論拠として、単純実体であるモナドのみが真の実体であるという解釈を提示する。嶋崎は次節で触れる第二三四項を論拠としてバウムガルテンにおける実体を単純実体としてのモナドと同定するが、嶋崎自身が後続箇所で言及するようにそのような解釈はカントの「ムロンゴヴィウス形而上学講義」から借用したものである（cf.嶋崎 二〇一四：一六三―一六四）。また増山も同箇所を論拠として、複合実体は真の実体（＝単純実体＝モナド）ではないと結論付ける（cf.増山 二〇一五：三七―三九）。増山は実体と偶有性をそれぞれの現実存在の形式、つまり自存と内属によって特徴付けるが、バウムガルテンが自存する存在者として実体を定義することを避けていたことは前章で確認したとおりであるし、むしろ実体が他のものの規定や述語として現実存在しうることを認めている（cf. Baumgarten, *Metaphysica*^{2}, a7〔S.14〕）。本章の第三節で改めて言及するが、ここで前提とされる実体とモナドが互換可能な概念であるという解釈を本書は支持しない。むしろ、本書はR・ラントンに代表されるような、相対的な実体として同概念を解釈する立場に近い。R・ラントンはカントから再構成するかたちで、究極的な主語であるような純粋な実体と明確に区別された、偶有性が論理的に主語になるような相対的な実体として実体化された現象を説明し、それがあくまでも現象の領域にあることを強調する（cf. Langton 1998: 53-54）。R・ラントンの見解については、続く注（4）も参照のこと。

（4）実体化された現象の実体性に注目する態度は、先で言及したR・ラントンを始め、E・ワトキンスやC・ダイク等にも確認できるものである。例えばR・ラントンは、バウムガルテン『形而上学』第一九三項、つまり「実体化された現象」の定義項を引用し、それに「現象的実体一般」という名称を与え、カントが『純粋理性批判』の「第一類推論」で扱った「現象的実体」をそのうちの一種とみなすという解釈を提示する（cf. Langton 1998: 53）。「現象的実体一般」とは、他の現象の基体となる現象である点で相対的な実体でしかなく、主語としてみられる偶有性であるが、主語としてのみ考えられて他のものの述語としては決して考えられないもの（つまり、究極の主語）ではないようなものである（cf. Langton 1998: 56）。E・ワトキンスの解釈もここに連なるものである。また、C・ダイクは第一九三項と第二〇一項を参照し、実体化された現象を「一つの実体とみなされた一連の偶有性」と説明する。但し、実体化された現象にはカントにおける物自体と現象のような形而上学上の区別はないというのがC・ダイクの主張である。というのも、少なくとも前批判期のカントにおいては、実体の種類の区別ではなく、むしろそれを実体と認識する二つの根拠、換言すれば上位認識能力のはたらきへの注意を描くことが、実体化された現象あるいは現象的実体によって意図されるからである（cf. Dyck 2014: 94-95）。このような一連の議論のなかで、C・ダイクが前批判期のカントがバウムガルテンに倣って定義したところの実体、つまり主語という概念や実体的なものによって捉えられた実体を議論の前提に据えたことは（cf. Dyck 2014: 91）、バウムガルテンのテクスト内部で実体化された現象を実体的なものによって再構成する本章に示唆的な役割を果たした。

（5）但し、「モナド」節が節として独立したのは三版においてであり、二版までは「単純なものと複合的なもの」節に含まれていた。

（6）第二三三項における「互いの外に定立された他の実体」は、第二三一項における「複合実体の実体的なものはそれ自体から離れて定立される」の換言であると解釈し、実体を実体的なものと読み替えた。

（7）複合実体は総体として実体的なものと一緒に取り上げられなければならない。ゆえに、その本質は複合の仕方にあると考えなければならない（cf. Baumgarten, *Metaphysica*[2], §226）。

（8）運動力と慣性力は、運動と休止（運動の妨げ）の根拠であり（cf. Baumgarten, *Metaphysica*[2], §294）、運動や休止は実体における状態の変化、つまり実体において偶有性が現実化することである（cf. Baumgarten, *Metaphysica*[2], §210）。

（9）先述のように、従来の研究の多くは実体とモナドの相違を看過してきたように思う。その背景には、バウムガルテンのモナド論に関して、ライプニッツとヴォルフのあいだに位置付けるという方法論が採用されてきた点を指摘することができるであろう。序章で述べたように、ライプニッツ哲学をヴォルフの手法によって体系化した思想家というバウムガルテン像は、バウムガルテン研究の最初期を牽引してきたM・カスラによる提唱以降、今日まで受け継がれている。この点については、注（12）・（15）を参照のこと。

（10）例えば増山は、複合実体という表現の自己矛盾性を挙げると、バウムガルテンがモナド論の議論（§§ 231-233）を経て「あらゆる実体はモナドである」という見解に達したという理解に基づいて（cf. 増山 二〇一五：三八）、「現象＝物体と実体＝モナド」という図式を提示する（cf. 増山 二〇一五：一七二―一七三）。

（11）本文中で引用しているいくつかの項が示すように、実体論の参照指示が散見されるばかりか、表現の上でも酷似する箇所が多い。

（12）M・カスラはライプニッツとヴォルフ、そしてバウムガルテンのモナド論と予定調和説を比較することで、バウムガルテンがアリストテレス主義的なヴォルフの実体定義への傾倒からライプニッツ主義的な実体定義へと立場をかえた点、さらにこのことが物理影響説でも機会原因説でもなく予定調和説を採用する際の論証に活用されることを示したことで知られている（cf. Casula 1979: 564-565）。近年でもM・カスラが用いた方法・見解は優勢であり、例えばB・ルックは実体の単純性に関する三者の立場の相違を次のように説明する。すなわち、ライプニッツにおけるモナドは、世界における動的な概念を可能とする力の中心であるとともに、世界における観念論的な概念を可能とする表象の中心である。他方でヴォルフは後者の性質を認めず、前者の性質を強調することによって、予定調和説を仮説として退けた。その後に登場するバウムガルテンは、モナドに両者の性質を認めるとともに、予定調和説を採用するという点で、ライプニッツにオリジナルのモナド概念に近く、モナドロジー的な形而上学を再構築している（cf. Look 2013: 191）。B・ルックがバウムガルテンのうちにモナドロジー的な形而上学の再構築を指摘する理由の一つとして挙げられるのは、デ・ボス宛書簡に確認される「よく基礎付けられた現象〔phaenomena bene fundata〕」やクーチュラによって出版された最初のテクストと、バウムガルテンにおける「実体化された現象」という概念の親和性が非常に高いからである（cf. Look 2013: 206）。このようにライプニッツとヴォルフを参照軸としてバウムガルテンを再構成するかぎり、本書が提示する実体論の位相（これは形而上学体系全体を支配するものである）や各概念とそれが属する各論の役割を容易に看過してしまうのである。

（13）推論することと認識することの互換性という隠された前提があることは、指摘するまでもない。両者の互換性は「根拠〔ratio〕」の定義、つまり「なぜ或るものがあるのかが、そこから認識されうるもの」（cf. Baumgarten, *Metaphysica*², §14）、さらに「可能なもの〔possibile〕」の定義、つまり「表象されうるもの、矛盾を含まないあらゆるもの、Aである、かつ、non-Aであるのではないあらゆるもの」（cf. Baumgarten, *Metaphysica*², §7）で前提されており、その点で形而上学に先立つ大前提である。

（14）認識能力論との関係については、津田 二〇二一bを参照。

（15）M・カスラはライプニッツ、ヴォルフ、そしてバウムガルテンでは異なるモナド解釈が展開されていた点を指摘する。すなわち、モナド論に対する異なる立場が、三者の異なる予定調和説の段階を成立させたというのである。M・カスラによれば、ライプニッツにおけるモナドは、同質的かつ量的に段階的に異なるものである（cf. Casula 1975: 400）。つまり、あらゆるモナドは単純実体であり、かつ、同一の世界を表象する点で同質でありながら、表象力の判明性の度合いと表象における多様な位相において量的に異なる。それに対して、ヴォルフはモナド間の同質性、つまり表象力を認めなかった（cf. Casula 1975: 401）。代わりにヴォルフは魂に固有の「知覚力［vis perceptiva］」と、物体に固有の「運動力［vis motrix］」を区別し、さらにライプニッツにおいては自発的に表象するモナドも、ヴォルフにおいては世界との接触によって生じた感覚を通じて魂が表象するという構造になった（cf. Casula 1975: 406–409）。ヴォルフがモナドの同質性を廃棄したことで、予定調和説は変化を余儀なくしたと言われているが、ヴォルフに対してモナド論の復興を図ったのがバウムガルテンである。バウムガルテンは再びモナドの同質的かつ量的に段階的に異なるという性質を受容し、さらにモナドの同質性を「汎通的規定の原理［das Prinzip der Omnimoda determinatio］」と根拠と帰結の「両方向から連結されたものの原理［principium utrimque connexorum］」によって証明しようと試みた。M・カスラは徹底して、ライプニッツとヴォルフのあいだにバウムガルテンを位置付けることで、今なお影響力のある一つの輪郭をバウムガルテンに与えてきたのである。

（16）本書の第二章を参照。

（17）実在的影響については、本書の第六章第二節を参照。

（18）バウムガルテンは、世界における他の種類の連結と、その連結からなる王国を想定している（cf. Baumgarten, *Metaphysica*[2], § 358）。

（19）バウムガルテン以前の心身問題の帰趨と、バウムガルテンの予定調和説に対する従来の研究を一瞥しておく。

予定調和説とは、物体（身体）と精神という二つの実体のあいだの関係を説明するために提唱された代表的な学説のうちの一つである。デカルト（René Descartes, 1596–1650）が物体と精神は相互に独立な実体であると主張したことで、実在的に区別された二つの実体がどのように関係するのかを問う心身問題が提起された。その問題を解決すべく提唱された代表的な学説は次の三つである。一つ目がスピノザの並行説であり、それは物体と精神を神という唯一の実体における二つの属性とみなすことで、両者のあいだに相互作用を認めず、ただ並行関係のみを主張する立場である。二つ目がマルブランシュ（Nicolas de Malebranche, 1638–1715）に代表される機会原因説である。物体と精神が神の被造物である以上、その作用因としては唯一神のみを想定する立場では、両者のあいだには神を媒介とする観念的な作用関係のみが認められるために、神は世界の出来事が生起する度に介入すると考えられた。そして、三つ目がライプニッツによって提唱された予定調和説である。予定調和説は、世界の最小構成要素であるモナドが神によって前もって定められた仕方で相互に対応すると主張する立場であり、神の介入は創造のとき一度だけである。これらは、物体（身体）と精神という二種類の実体のあいだの関係を説明する学説であると同時に、いずれも神を前提として世界における実体相互の作用関係を説明する立場である点で、同一の潮流のうちにあったといえる。すなわち、いずれの学説においても、世界における実体のあいだには観念的な作用関係しか認められていなかった。しかしながら、近代科学の発展とともに、世界にはそのもののうちに運動力（や慣性力）をもつ物体（実体）相互の実在的な作用関係のみがあると主張し、一切の神の介入を認めないとする立場が支持を強めるようになった。それが物理影響説という四つ目の立場である。先の諸学説を区別する際に一つのメルクマールとなった神のはたらきは心身問題から外在化され、神のみが世界における実体に実在的に作用するという先の学説は改良を余儀なくされた。その過程でそれらの学説は二種類の実体間の関係の説明であるよりも、むしろ物体のあいだの関係の説明へ、つまり世界における因果解釈の問題として再評価されていくことになる。この潮流の変化は近代科学の発展に伴う世界への神の不在とも受け取れるが、同時に自由意志の問題を再燃させている点には注意が必要であろう。

　前記の概説を踏まえて、バウムガルテンと予定調和説の関係へと議論を移していきたい。一八世紀ドイツにおける予定調和説の帰趨を辿った古典的な研究として、現在でも多くの研究者に共有される一つの理解を提示したのはM・カスラである。M・カスラはバウムガルテン研究においても最初期の牽引者であり、主著『形而上学』を初めて包括的に扱った研究者でもあることは、予定調和説の受容の解明に際してバウムガルテンが一つの鍵を握ることを間接的に示しているだろう。そもそも予定調和説はライプニッツ自身によってではなく、ヴォルフおよびヴォルフ学派によって影響力を強めていったという経緯がある。以下、M・カスラの議論を紹介しよう（cf. Casula 1975: 399-400）。予定調和説の展開はその理論的な内容に即して、（一）ライプニッツ自身がモナド論に基づいて定式化した普遍的でそれゆえ心身的な調和の段階、（二）ヴォルフがモナド論を排して再受容した単なる心身論の仮説としての段階、そして（三）バウムガルテンがライプニッツ的な意味で再構成し、復興した段階、以上の三段階に分類することができる。つまり、ライプニッツによる提唱、ヴォルフによる注目を経て、バウムガルテンにおいて予定調和説は理論として深化したとM・カスラは主張する。さらにM・カスラは、予定調和説が一八世紀ヨーロッパにおいておよそ六〇年にわたり論争の中心であった点に注目し、とりわけハレ大学における敬虔主義神学と合理主義哲学の論争の過程で予定調和説がその評価をどのように変化させていったのかについて、以下のようにまとめる。（i）第一期：一七二〇―一七二四年ではヴォルフ学派によって心身問題への回答として擁護されているが、（ii）第二期：一七二四―一七二六年では敬虔主義神学側から強く非難されてしまう。（iii）第三期：一七二六―一七三二年に入ると、敬虔主義者たちだけでなく、折衷主義者からも批判を浴び、折衷主義者によって物理影響説が擁護されるようになった。（.iv）第四期：一七三一—一七三五年には、ヴォルフ学派のうちでも著名なロイシュ（Johann Peter Reusch, 1691-1758）と、カントの師として知られるクヌッツェン（Martin Knutzen, 1713-1751）によって理論的に構成されたことで、物理影響説が優位に立つ。（v）第五期：一七三五—一七六〇には、火種となったハレ大学での論争は終局を迎えつつあったものの、予定調和説をめぐる抗争は続いており、そのなかでバウムガルテン等による予定調和説の復興が確認された。

終　章　哲学史の再記述から哲学の再編へ

第一節　本書の成果

▼スピノザ論争史からみえたもの

私たちはバウムガルテンという一人の思想家をスピノザ論争史の一部として読み直すことを目的に、第Ⅰ部でバウムガルテンに至るまでの初期近代ドイツにおけるスピノザ論争史を紡ぎ、第Ⅱ部ではスピノザ論争史への応答というかたちでバウムガルテン『形而上学』を読解した。以下では本書の成果を振り返るとともに、今後の課題と展望を述べる。

第Ⅰ部では、第Ⅱ部の準備として、初期近代ドイツにおけるスピノザ論争を概観し、その主要な論点を析出することを目的とした。

第一章では、初期近代ドイツにおいてスピノザがどのように語られてきたのか、つまり、可能なかぎり当時の言論空間を再現するために、当時の主要な論争の担い手たちの言説を検討した。一八世紀以前、『エチカ』刊行直後のスピノザは神学的問題における異端者のうちの一人として扱われてきた。また同時期には、スピノザに限定されない多様な急進的思想がドイツに流入し、単純化された汎神論と生理学に基礎付けられた唯物論が水面下で流行するようになる。その傾向は一八世紀の始まりまで根強く残るが、一七世紀末に出版されたベール『歴史批評辞典』を転機として、スピノザは古今東西の多様な汎神論的思想と結びつけられることになった。ドイツ国内でスピノザの汎神論が単純化されて理解されていたことは、既に成立していた多様なスピノザを、ベールのスピノザ理解に即して統合するための準備となっていたのかもしれない。他方で、唯物論については生理学的説明ではなく、世界における構造への着目が確認される。この点は、ランゲによるヴォルフ批判を想起させる重大な展開であり、スピノザは神学上の異端、つまり無神論のレッテルに留まらない役割を担うことになった。

第二章では、第一章で描いたスピノザ論争史をランゲ‐ヴォルフ論争がどのように引き受けたのかを明らかにするために、まず批判者であったランゲのスピノザ論を検討した。ランゲはヴォルフの、とりわけ予定調和説のうちにスピノザ主義を捉える。世界が自動機械であるならば、そこにあるのは自発性だけであり、人間の自由が成立しないというのがランゲによる批判の要点であった。この批判の妥当性を評価することも必要であるが、私たちが注目したのは神学論争から哲学論争へ、スピノザを取り巻く論争空間がランゲの議論内部で移行した点である。ランゲはスピノザを人間の自由を脅かす思想と捉えた上で、前半部ではランゲ以前のスピノザ論争史を引き継ぐように神学的なアプローチから、つまり神の予知と人間の自由意志の両立の問題として議論していた。しかしながら、自由を偶然性と必然性の問題のうちに置き換えることで、後半部ではスピノザの運命論を世界の因果系列の種類の問題として批判し、ヴォルフへと結びつけている。そして、この後者の視点はバウムガルテンにも継承されることになる。

第三章では、ランゲによってスピノザ主義者と批判されたヴォルフの「スピノザ論」を扱った。従来はスピノザの『エチカ』を正面から批判した最初のドイツ思想家として評価されてきたが、実際にはヴォルフのスピノザ批判は論証の方法に向けられるばかりであることが示された。つまり、ヴォルフが批判したのは、概念や定義の証明が不十分であるにもかかわらず、そこから一切の体系が演繹されたことである。ゆえに、ヴォルフの「スピノザ論」の功績とは『エチカ』からの引用によってスピノザを紹介したことであると私たちは考える。但し、第Ⅱ部の主題であるバウムガルテンにとってのスピノザを考えるとき、ヴォルフによるスピノザの実体定義への批判が中心的課題となったことを忘れてはならない。

以上の議論を通じて、私たちは初期近代ドイツにおけるスピノザ論争史を、それは歴史と名乗るにはあまりに短いものではあるものの、素描した。スピノザ論争史が私たちに気付かせるのは、神学上の異端を批判するためにスピノザを用いるかぎり、スピノザは無神論を意味するレッテルに留まるということである。それは、一八世紀初頭までに登場した多様なスピノザが、いずれも他の思想と代替可能であるような、表面的な理解に終始していたように、である。もし私たちが近代ドイツ哲学におけるスピノザの影響を示そうとするならば、ランゲによって中心に据えられた世界－機械論、そしてその前提となったラウの世界の構造に注目した唯物論に焦点を当てなければならない。あるいは、ヴォルフによる実体定義への批判に着目すべきである。これらの哲学的問題とバウムガルテンがどのように対峙したのか、これを検討することが第Ⅱ部の課題であった。

▼スピノザ論争史の応答としてのバウムガルテン

第Ⅱ部では、スピノザ論争史への応答としてバウムガルテンを読み直すことを目的とした。

読み直しに先立って、私たちはバウムガルテンがどのようにスピノザを理解していたのか、つまり、先立つスピノザ論争の論題をどのように取捨選択していたのかを知っておく必要があった。そこで、第四章では主著『形而上学』におけるスピノザへの言説を検討した。それによって、バウムガルテンが同著作の初版と二版以降とではスピノザの扱いを変更した点が確認された。さらに、ランゲの問題意識を引き受けるような「スピノザ主義の運命」という運命論の議論と、ヴォルフからの影響が色濃い「形而上学上のスピノザ主義」およびその帰結である「神学上のスピノザ主義」に関わる実体論が、スピノザ論争との関係のなかで語られたことが明らかとなった。したがって、以降の議論は大きく二つの方向性から選択可能となる。つまり、前者の世界の因果性の問題を主題とするか、あるいは後者の実体論を主題とするかである。ここで私たちは後者に議論を限定した。というのも、多くの先行研究が看過してきた諸版の異同や各版の序文から、バウムガルテンの実体論に対する強い問題関心が読み取れるからである。

バウムガルテンの読み直しに取り組んだのは、第五章である。ここでは、バウムガルテンにとってスピノザとは何だったのか、スピノザ論争史を軸にしたことで浮かび上がるバウムガルテンの新しい側面を提示することが課題となった。換言すれば、〈実体の問題こそスピノザがバウムガルテンに突きつけた最大の課題である〉という仮説の検証を行った。先述のとおり、それは『形而上学』の異同や序文を考察対象とすることで初めて認識可能な事柄であるから、私たちは「第二序文」と実体論の異同の検討に注力した。それによって、伝統的な実体定義からの差異化だけではなく、形而上学上のスピノザ主義からの、そしてヴォルフの実体定義からの差異化のうちに、バウムガルテンの実体論が成立していることが示された。バウムガルテンはヴォルフによるスピノザの実体定義の批判を引き受け、それを実体は神と被造物のどちらに相応しいかという問題に変換した。バウムガルテンの結論は、実体は両者に相応しい概念でなければならないというものであり、その立場を二版で洗練することになったのである。これまでスピノザとの関係が言及されてこなかったバウムガルテンの実体定義であるが、本書はそれがスピノザ論争史なくして成立しなかったことを、従来が看過してきた版の異同に注目することによって明らかにした。これはバウムガルテン研究にとっての大きな成果であるとともに、近年の「合理主義的な敬虔主義者」という評価の妥当性をテクスト解釈によって根拠づけるものである。

第五章が示すバウムガルテンの実体論の狙いに鑑みた場合、神と被造物、あるいは神と世界という異なる質の実体がいかなる関係にあるのかを検討する必要が生じた。そこで、神という実体と被造実体の関係を解明することを課題とし、創造、協働、そして維持という三つの神のはたらきについて検討し、それによって第Ⅱ部の議論を総括したのが第六章である。神のはたらきに関する議論のうちに、私たちは「形而上学上のスピノザ主義」と「神学上のスピノザ主義」というバウムガルテンが定式化した二つのスピノザ主義への批判の姿勢を見出すことができた。このことは翻ってスピノザ論争史に対する応答として『形而上学』を読み直そうとする本書の立場の一定の妥当性を示すことにもなった。スピノザ論争史という視点は、バウムガルテンの形而上学体系を貫き、随所に散らばる問題を一連のものとして浮かび上がらせることができるのである。さらに、「合理主義的な敬虔主義者」は、合理主義哲学と敬虔主義神学を対立させるのではなく、後者による前者のスピノザ批判に目を配ることで、両者を積極的に統合することを目指していた。バウムガルテンにとって『形而上学』の執筆そのものが、神と人間の関係を神学の伝統的な教義に反することなく、合理主義哲学の道具立てを用いて語ることにほかならなかったのであろう。この点については、バウムガルテンを取り巻く敬虔主義神学者たち、とりわけ兄ジークムント・ヤーコプとの影響関係を踏まえて、詳細なテクスト分析を展開する必要があろう。

補章では、第五章および第六章では言及しなかった実体ならざるもの、つまり物質一般に対応する「実体化された現象」という概念に焦点を当てて、実体論の再検討を行った。物質一般を基礎づけるのはモナド論であり、そしてそれによって語られるのは世界論である。実体論とモナド論の異なる役割を明らかにすることは、それまでの議論の補完であるとともに、実際には本書が直接的には主題とすることができなかった世界の因果性の問題を検討するための準備でもある。

以上の議論を通じて、私たちはバウムガルテンの実体論とそれに基礎づけられた世界論・心理学・自然神学、それゆえ形而上学全体を、初期近代ドイツ哲学におけるスピノザ論争史に対する応答として評価することに一定程度成功したと考える。「世界論」においては世界における物体相互の関係を説明するための、あるいは「自然神学」においては心身問題を解決するための、あるいは「心理学」においては神と世界の関係を説明するための、それぞれの理論の基礎付けを担う実体論は、スピノザ論争史に応答するように、そこで対立した敬虔主義神学と合理主義哲学を折衷することで成立した。したがって、〈没時代的思想家であるバウムガルテンにとって『形而上学』を貫く課題とは当時のスピノザ論争への応答である〉という本書のテーゼは確立しえた。

▼スピノザ論争史に焦点を当てる方法の有効性

私たちは一貫してスピノザ論争史に焦点を当てる方法を採用してきた。本書の目的は、この方法が初期近代ドイツ哲学研究にとっても、またバウムガルテンという一人の思想家の研究にとっても有効であることを示すことでもある。まず強調したいのは、スピノザ論争史におけるスピノザがスピノザそのものではないという事情が、たしかに議論を複雑にはしているが、結果的に〈誰かをスピノザとみなす〉あるいは〈自らをスピノザ主義者と想定する〉ところの当人が依って立つ思想上の立場を剔き出しにすることに一役買っていた点である。ゆえに、私たちはスピノザがどのように語られたか、あるいは、スピノザがどのような思想と半ば恣意的に結びつけられてきたかを検討することで、当該論争の担い手を取り巻く思想状況やその思想上の立場を捉えることが可能であると主張する。つまり、スピノザ論争史に焦点を当てる方法は、当時の思想状況を把握するために有効である。

もちろん大局を見るためだけでなく、個別の思想家の理論を精確に捉えるためにも有効であることは、ランゲやバウムガルテンを扱った議論（第二章、および第二部）が示すとおりである。ランゲの場合には、スピノザ論争史のうちに位置付けることで、ランゲが果たした哲学史上の役割が鮮明に浮き彫りになった。ランゲ‐ヴォルフ論争を大学内部の権力闘争と評価するのではなく、そこではたしかに神学的な問題が哲学的な問題へと移行する兆しを見てとることができるのである。より有効であるのは、一定の研究成果が蓄積されているにもかかわらず、思想史上の意義を看過されてきたバウムガルテン研究においてではないだろうか。序章や第Ⅱ部の冒頭で、私たちはバウムガルテンの全体像がみえてこないという現状の問題点を挙げた。まさにこのような問題は、当時の代表的な思想家の思想枠組みのうちに落とし込んでバウムガルテンを読解するという研究態度、そしてバウムガルテンが当時置かれていた思想空間という文脈を十分に考慮しないという研究姿勢に起因すると考えられる。スピノザ論争史に焦点を当てる方法はこれらの方法論上の問題を克服するという点で非常に有効である。

▼残された課題

ここで私たちに残された課題についても触れておきたい。第Ⅱ部の検討ではスピノザ論争史への直接的影響が確認される実体論とそこに関連する議論へと限定したことから、世界の因果性の問題（あるいは、自由と必然性をめぐる哲学と神学の緊張関係）や美学への展開といったいくつかの主要なテーマを扱うことができなかった。まず前者については、世界の因果系列の種類というランゲによって論題とされた視点から、補章の議論を展開することが喫緊の課題となる。その際に私たちは、バウムガルテンが世界の因果系列の問題として運命という概念を扱ったという点に注目することで、スピノザ論争史という視点から一つの解釈を提示したい。また、後者の美学への展開についても一つの見通しをもっている。バウムガルテンは『美学』のなかで、芸術家の作品創作を神の世界創造に準えて記述するのであるが、これを基礎付けるのは第一に本書で示した神と被造物の両者に相応しい実体定義であり、第二にモナド一元論的世界における両者の認識能力のアナロジーである[1]。後者は、ランゲの批判を経てモナドの表象力を斥けたヴォルフを知りながら、なぜバウムガルテンはモナドに表象力を認めたのかという問題への仮説的回答ともなろう。これらの論証は今後の課題として残されるが、以上の見通しはバウムガルテンの実体論が彼の思想の根幹にあると私たちに知らせるには十分である。

第二節　一八世紀ドイツ哲学史の再記述

▼一八世紀ドイツを舞台としたスピノザ論争をめぐる群像劇としての哲学史

本節では、序章で触れた本書に底流する問題意識、すなわち、従来の哲学史に対するオルタナティブの提示について、本書の成果を踏まえて付言する。

「ドイツ観念論」の先駆者としてのカントを合理主義と経験主義という二つの思想潮流の交叉点として描くという

従来の哲学史において、啓蒙主義が哲学史に果たした貢献を矮小化するという傾向があることは、序章で指摘したとおりである。ヒルシュベルガーは、合理論と経験論を思想の深みがあるものとして高く評価するのに対して、近代の成果を信じてそれを生に適用することで幸福を目指すという平板化した通俗哲学の代表例として、啓蒙主義を批判していた（cf.ヒルシュベルガー『西洋哲学史』三二一頁）。そこで本書は、スピノザ論争史に焦点を当てる方法を用いて啓蒙主義を傍流として記述するような従来の哲学史に対する反省を促し、そのオルタナティブを提供することを目指した。具体的には、群小哲学者からなる群像劇としての一八世紀ドイツ哲学史を素描するよう努めた。この哲学史では、合理主義と経験主義を発展的に折衷した「偉大な哲学者」ではなく、むしろ合理主義と啓蒙主義を折衷した「群小哲学者」や対立のなかで合理主義哲学の発展に寄与した「群小哲学者」など、従来の哲学史に登場することのなかった群小哲学者たちに光が当たる。それは、カントではなく、バウムガルテンやランゲをはじめとする、その時代に展開された無数のスピノザ論争にかかわった群小哲学者たちである。但し、本書が提示することができたのは、そのような群像劇そのものではなく、一八世紀ドイツを舞台にスピノザ論争へと巻き込まれていった群小哲学者たちによる群像劇のプロットである。それゆえ、私たちはそのプロットの成否ではなく——完成した群像劇に対して成否を問う——、この群像劇が仮に成功した場合にそれは従来の哲学史といかなる点で異なるのかについて、述べておきたい。

前節で確認したように、スピノザ論争史のうちにバウムガルテンという一人の群小哲学者を読み直すことによって、これまでも注目されてきた合理主義哲学者たちだけではなく、啓蒙主義を牽引してきた敬虔主義神学者たちをも含む群像劇を見出すことに成功した。このような本書の成果は、スピノザ論争史に焦点を当てる方法が従来の哲学史に対するオルタナティブの提示、つまり、哲学史のなかに啓蒙主義を再布置することに貢献する可能性を示している。それゆえ、啓蒙主義に哲学史のなかで正当な場を用意することはいかにして可能かという問いについては、すでに一つの回答が用意されているのである。以下では、啓蒙主義に注目する哲学史がスピノザ論争史としての哲学史であるということ、つまり、啓蒙主義とスピノザのつながりに注目して、従来の哲学史との違いを提示してみよう。

▼啓蒙主義とスピノザ

啓蒙主義とスピノザの結びつきは恣意的なものなのか、あるいは、本質的なものなのであろうか。序章において〈なぜスピノザに注目をするのか〉とJ・イスラエルに問いかけた私たちは、この問いに対する一つの見通しを得ている。J・イスラエルによれば、現実世界の革命に先行する本質的革命として精神の革命という哲学・思想のパラダイムシフトを評価しようとするならば、私たちはスピノザに注目せざるを得ない（cf. Israel, *A Revolution of the Mind*, p. 21〔二九頁〕, p. 37〔四五頁〕）。このことは翻って、形而上学的な視座から哲学の課題だけを抽出するのではなく、むしろ現実の社会との関わりのなかで哲学を語ろうとするとき、両者を架橋するスピノザに注目するという構造を示している。まさにここに啓蒙主義とスピノザのあいだの本質的な結びつきを指摘しうるのではないだろうか。つまり、啓蒙主義という一つの思想潮流も、そしてスピノザという思想も、両者は決して純化された哲学・思想ではない。啓蒙主義もスピノザも実践を伴う思想運動なのである。

啓蒙主義がただの形而上学的な言説に留まらないという当たり前の事実に目を向け、現実の社会を眼差す哲学・思想である点に啓蒙主義とスピノザの結びつきを見出すことは、一体どの程度の妥当性を有するのであろうか。あるいは、J・イスラエルと共通の視座をもってスピノザに注目した哲学・思想史はあるのか。そこで私たちは、スピノザに注目する哲学史の一つの事例として、ハイネ（Christian Johann Heinrich Heine, 1797-1856）の『ドイツ古典哲学の本質〔*Zur Geschichte der Religion ind Philosophie in Deutschland*〕』（一八三四年）を取り上げる。

▼「現実世界における革命」のための「精神の革命」、あるいは、「政治革命」のための「哲学革命」

ハイネ『ドイツ古典哲学の本質』は、スタール夫人（Madame de Staël, 1766-1817）による『ドイツ論〔*De l'Allemagne*〕』（一八一〇年）への反駁という意図のもと、パリに亡命した後に出版されたものである。[2] ハイネの近代ドイツ哲学史に対しては、スピノザへの注目とその内容との関連を評価する研究もあるが、[3] 私たちはむしろハイネの論述の基本方針に注目したい。

ハイネは「ドイツの神学や哲学でとりあげられた大問題だけをあつかって、しかもその大問題の社会的な意味だけを明らかにする」（ハイネ『ドイツ古典哲学の本質』、二三―二四、九一頁）という論述の基本方針のもとで、現実世界のドイツを描く。このような態度は、カントから始まる「哲学革命」のあとに「政治革命」を待望していたことに通ずるものである。

> 宗教改革ののちに、はじめて哲学を研究しうるようになり、その哲学が完成したのちに、はじめて政治革命にとりかかることができるのだと。この順序はまったく合理的だと思う。（ハイネ『ドイツ古典哲学の本質』二三八頁）

ハイネによれば、ドイツではルターによる宗教革命に続いて、カントによる哲学革命が起こったこと、そしてこれから政治革命が生じることは理に適っている。ここにフランス革命との対比をみようとしていることは指摘するまでもないが、注目すべきは哲学革命という思想の革命と政治革命という現実世界の革命が連続的に捉えられている点である。さらにハイネは、スピノザにその知的起源をもつ自然哲学者（cf.同書、二二二頁）に対して、「自然哲学者はドイツの政治革命に行動をもって参加し、みずからこの革命の破壊作業と一致しようとするだろう」（同書、二四〇頁）と述べる。つまり、ハイネもまたスピノザが哲学・思想に与えた影響と現実世界における影響を地続きにみるとともに、スピノザに革命的傾向を指摘していたのである。

これらの記述は、スピノザに注目して哲学史を記述したハイネがJ・イスラエルと共通の視座に立つことを示す。それは、哲学・思想が社会的意味をもつような問題の解決に取り組むという前提のもとで、その実践的な意味を問う立場であり、哲学・思想が理論に留まることを許さない。実際にハイネは、フィヒテ（Johann Gottlieb Fichte, 1762-1814）の観念論を「社会に、なんの結果ももたらさなかった」（同書、一八九頁）と断じ、革命的性格を帯びた自然哲学に至るまでの段階の一つとしてそれを評価する。ハイネにおける「哲学革命」がJ・イスラエルの「精神の革命」に、「政治革命」が「現実世界における革命」に対応していると考えるならば、スピノザに注目するという共通性に加えて、二つの革命の捉え方と論述の目的の共通性を指摘することは十分に可能であろう(4)。

私たちはJ・イスラエルと共通の視座をもつスピノザに注目した哲学・思想史はあるのかという先の問いに、ハイネという一事例でもって回答した。それによって、現実の社会との関わりのなかで哲学・思想を語ろうとするときにスピノザが立ち現れることが明らかとなった。啓蒙主義が現実社会の変革を目指す思想運動であることを前提とするならば、啓蒙主義とスピノザのあいだに社会実践に開かれた思想運動としての本質的な結びつきを想定することは一定の妥当性をもつと私たちは判断する。それゆえ、スピノザ論争をめぐる群像劇としての哲学史は従来の哲学史よりも各思想家が果たした社会的意義に注目するであろう。但し、哲学・思想の意義はまず同時代の社会に対して評価されねばならないから、J・イスラエルが「哲学と歴史学をいっそう近づけ、両者のあいだにより有意義なパートナーシップを生み出すよう努める」(Israel. *A Revolution of the Mind*. p. xiv〔一〇頁〕)と宣言したように、私たちは哲学から歴史学に根差した思想史へと接近することになろう。そして、そこでは「現実世界における革命」のための「精神の革命」、あるいは、「政治革命」のための「哲学革命」として、それぞれの哲学・思想が読み直され、そのなかで啓蒙主義という代表的な「精神の革命」に正当な評価を与えることが期待されるのである。以上の前提に立つ本書は、スピノザ論争史として近代哲学史を再構成することによって啓蒙主義の復権を目指すための第一歩である。

▼哲学史の潮目を読み直す

このような本書の試みに別の視点から説明を与えるならば、実際に生じていた大規模な論争に注目することで、哲学史の潮目を読み直すということである。論争の規模は同時代に与えたインパクトの深刻さの指標にほかならない。それゆえ、スピノザは一八世紀を越えて近代という時代区分の反省を促す可能性をもった論題と言えよう。つまり、スピノザ論争をめぐる群像劇としての哲学史は従来とは異なる潮目を見出し得るのである。

現在広く受け容れられている哲学史が示すように、潮目をどこにみるのかは哲学史の立場を決める。ヴィンデルバント（Wilhelm Windelband, 1848-1915）の『一般哲学史』や『哲学概論』は今日でも近代哲学史の一つの雛形として引き継がれているが、ヴィンデルバントは中世哲学を古代哲学史の延長として、中世哲学をいわば古代哲学と近代哲学のあいだの空虚な思想空間とみなすことで、認識の批判へと進む近代哲学史を際立たせるよう試みた。あるいは、時代的に遡ることになるが、ヘーゲル（Georg Wilhelm Friedrich Hegel, 1770-1831）も非常に近い見解を示していた。古代哲学と中世哲学を区分するという違いこそあれ、ヘーゲルは進歩史観に立って近代哲学を発展の最高段階として高く評価するからである。また、É・ジルソン（Étienne Henri Gilson, 1884-1978）に代表されるように、存在論的な視座から中世哲学を積極的に評価し、中世哲学と近代哲学のうちに連続性をみる立場があることも忘れてはならない。É・ジルソンは近代の幕開けに置かれるデカルトの思想が以前考えられていたよりも、中世思想に依存していたかを明らかにし、暗黒時代とみなされてきた中世に光をもたらした。[5] スピノザ論争をめぐる群像劇としての哲学史が完成したとき、そこではどのように哲学史の潮目が読み直され、いかなる立場から記述されているのか、私たちはこれらの問いに改めて向き合う必要がある。

また、哲学史の潮目を読み直すことによって近代哲学史を再記述するという試みは、近代哲学を代表する哲学者カントを私たちはどのように評価すればよいのか、という問題とも相補的な関係にあることを忘れてはならない。しかしながら、この問題を正面から検討するための道具立てを本書は十分に用意することはできなかった。そこで次節では――「終章」という場に免じてこのようなことが許されるのならば――、本書が中心的に扱った一人の群小哲学者に焦点を当てて、その最良の読者としてのカントという構想を提示し、読者からの批判を期待することで本書を結びたい。

第三節　一八世紀ドイツ哲学の再編に向けて

▼バウムガルテンの最良の読者　カント

第Ⅱ部の冒頭で述べたように、バウムガルテンはカント以前・以後を繋ぐ「接ぎ木」として哲学史上で語られ、その思想の内容が不透明なままにカントの引き立て役にまわってきた。しかしながら、バウムガルテンは群小哲学者の地位を獲得したにもかかわらず、後世の哲学者・哲学研究者によって継続的に言及され、ときに哲学史に名を連ねてきたこともまた事実である。この奇妙な事態は、皮肉にもバウムガルテンを覆い隠してきた偉大な哲学者カントによって生じている。そこで、以下ではカントによるバウムガルテンの評価を紹介することで、その最良の読者としての側面をカントに指摘する。

先述のとおり、カントによる「卓越した分析家バウムガルテン」（カント、『純粋理性批判』、A21n./B35n.）という評は有名であり、多くの哲学者に継承された。では、カントはバウムガルテンのどこにその卓越性を見て取ったのだろうか。カントは講義の教科書としてバウムガルテン『形而上学』を使用した理由を、次のように説明している。(6)

> A・G・バウムガルテンの読本〔＝『形而上学』〕を特にその内容の豊かさと教授法の精確さから選んだ。少しばかりの変更で、この著者を私と同じ向きに変えることができる。（Kant, *Nachricht von der Einrichtung seiner Vorlesungen in dem Winterhalbenjahr von 1765–1766*, 2: 308〔『1765–1766冬学期講義計画公告』、二一九頁〕）

教育上の利点と議論の先回りの回避を理由として（cf. ibid. 2: 309-310〔二一九―二二〇頁〕）、存在論・宇宙論・心理学という『形而上学』の議論の順序を、経験的心理学・物体論（宇宙論の一部）・存在論（と合理的心理学）の順に並び変えるという「少しばかりの変更」を要求するものの、カントは同著作を「内容の豊かさと教授法の精確さ」という視点から

基本的には高く評価するのである。(7)

そして、カントがバウムガルテンにみた「卓越した分析家」としての側面とその「内容の豊かさ」の内実については、同時期のほかの論述において次のように説明される。

> 哲学においては一般に、そして形而上学においては特に言えることであるが、言葉がその意味をもつのは言語の慣用によっている。……しかし、かなり大きな違いが隠されているにもかかわらず非常によく似た複数の概念に、同一の言葉が使われることがよくあるので、このような場合には、たとえその概念の命名が言葉の慣用によく従うようにみえても、概念が適用されるたびに大いに慎重になり、そこでまったく同じ一つの記号に結びつけられているものが本当に同一の概念であるかどうか、注意しなければならない。(Kant, *Untersuchung über die Deutlichkeit der Grundsätze der natürlichen Theologie und der Moral*, 2: 284-285〔『自然神学と道徳の原則の判明性』、一八六頁〕)

当時のカントは「混乱した認識を分析すること」(ibid. 2: 289〔一九三頁〕)が形而上学の仕事であると考えていた。この基準に照らして本書の第Ⅱ部の議論を振り返るならば、私たちはバウムガルテンが実体という概念の定義に対して、極めて慎重な姿勢であったことを思い起こさずにはいられない。「第二序文」が明らかにしたように、バウムガルテンは実体と基体という二つの概念の混同に警鐘を鳴らし、新たな実体定義と実体論を提唱していた。また、特に前記引用の「まったく同じ一つの記号に結びつけられているものが本当に同一の概念であるかどうか、注意しなければならない」というカントの言葉は、「いくつかの音節や長母音の一致」(Baumgarten, *Metaphysica*^{2}, a7〔S.12〕)のある「規定されたもの〔determinatum〕」と「規定〔determinatio〕」という概念に相違を指摘した「第二序文」でのバウムガルテンの論述を意識させる。さらに、『形而上学』が意味の重なりをもつ概念(述語)に溢れているという事実は、概念を徹底的に分析するバウムガルテンの姿勢を最もよく表しているといえよう。読者にとってはしばしば不都合を伴うこの事実を、カントは「内容の豊かさ」として受け取り、その姿勢に「卓越した分析家」という呼称を与えたのである。

しかしながら、カントは実体と力という概念に対して、バウムガルテンの分析の不徹底性を前批判期から一貫して指摘してきた。批判期のカントは、バウムガルテンの実体概念の批判を経て、物自体としての実体（つまり、叡智的実体）と、ただ経験に必要なものとしての持続性を含意する規定概念としての実体（つまり、現象的実体）を峻別するに至る。また、カントは前批判期を中心に実体的なものという概念にも言及しており、このことはバウムガルテンの実体論を実体的なものに注目して整理した本書に新しい意義を見出すであろう。[8] 第Ⅱ部の議論で一貫して主張してきたバウムガルテンにおける実体論の構造、特に補章で指摘した実体化された現象という現象としての実体（仮象実体）と、神やモナドに代表されるような存在としての実体（真の実体）という区別は、物自体と現象というカント哲学の主要な枠組みを予感させる。ここで詳細を述べずとも、カントの批判哲学のうちで実体に関わる議論がバウムガルテンとの対峙の成果であることは疑い得ず、カントが『形而上学』を批判する過程で自らの思想を発展させたことは、その偉大な哲学者が一人の群小哲学者の最良の読者であったことを十分に物語るものである。[9]

▼思想家の「接ぎ木」から思想の「分岐点」へ

これまでバウムガルテンには、ライプニッツやヴォルフからカントへと至る哲学の歴史のうちの「接ぎ木」という役割しか見出されてこなかった。その原因の多くが方法論上の問題であることは序章で指摘したとおりである。しかしながら、スピノザ論争史に焦点を当てる方法を採用した私たちは、単なる「接ぎ木」ではなく、豊かな思想がそこに統合され、そしてそこから新しい思想が展開していくような「分岐点」としての役割を、バウムガルテンに見出すことができたのではないだろうか。バウムガルテンは、啓蒙主義という時代の潮流のなかで、合理主義哲学という同時代の支配的な思想を基礎に置きながらも、スピノザ論争においては鋭く対立した敬虔主義神学を取り込む「分岐点」にほかならない。このような前提に立って近代哲学を再考することは、カントという近代の偉大な哲学者の功績を没時代的に再評価することへ、つまり、啓蒙主義の一翼を担う敬虔主義神学が近代哲学の発展のなかで果たした貢献を議論の俎上に載せることに通じている。私たちはバウムガルテンをはじめとする群小哲学者たちとともに、近代哲学そのものを問い続けねばならない。

注

（1）バウムガルテンは、モナドとモナドから成る全体における関係を世界に拡張することで、モナドに「自らの宇宙を表象する力〔vis repraesentativae sui universi〕」を認めている（cf. Baumgarten, *Metaphysica*, §400）。というのも、複合的な世界においてモナドが普遍的に連結されているかぎり、個々のモナドは他のモナドの根拠であるか、帰結であるか、あるいはその両者であることになる（cf. Baumgarten, *Metaphysica*, §400）。バウムガルテンにおいて、帰結からは根拠が認識されうるから（cf. Baumgarten, *Metaphysica*, §29）、個々のモナドからそれが属する全体、つまり世界を知ることができることが推論されねばならない（cf. Baumgarten, *Metaphysica*, §400）。そしてこの議論は、改めて確認するまでもなく第三部「心理学」における認識能力の基礎付けを担う。つまり、私の魂が身体の位置に応じて宇宙を表象する力であるのは（cf. Baumgarten, *Metaphysica*, §513）、私の魂が世界を構成する一つのモナドであるからにほかならない。このとき、モナド一元論的な世界論においては神も被造物も同じモナドであり、両者は連続的にその程度の差として区別される。

（2）Cf. 佐藤 二〇〇七：一九五。

（3）加藤は「スピノザで」読み解いた近代哲学史の一例にハイネの『ドイツ古典哲学の本質』を挙げ、ハイネによる近代哲学は汎神論と関係づけられた自然哲学（有機体的自然観）に焦点を置くと評価する（cf. 加藤 二〇二二：ix-x）。

（4）J・イスラエルとハイネの連続性に注目した私たちは、スピノザ・スピノザ主義に革命的傾向をみるJ・イスラエルの解釈を目的論的であると棄却することを、少なくともドイツに関して留まる必要があるだろう。というのも、ハイネの論述は当時の自然哲学者というスピノザ主義者が現実に革命的な傾向をもっていたことを示唆し、また、「自然哲学、つまり自然はある精神力に生気をあたえられているという学説は、ふしぎにドイツ人の心にかなう」（ハイネ『ドイツ古典哲学の本質』一二七頁）とも述べているからである

（5）Cf. コプルストン 一九七〇：三―一三。本文で挙げたものに加えて、伊藤・山内・中島・納富による世界哲学史の構想も、より多くの時代の転換点を見出すことによって哲学史の潮目を読み直すような試みであると評価できる。

（6）　また、一七五六年に発表された「風の理論の説明に対する新たな注解」の末尾に付された講義の展望では、次のように同様の理由が述べられている。「形而上学はバウムガルテン教授の教科書〔『形而上学』〕をもちいて講述する。形而上学の教科書としてはきわめて有用で徹底しているこの書物には、難解さという障害がつきまとっているように見えるが、私は、うぬぼれるわけではないが、入念な講述と板書による詳細な説明とによって、こうした障害を取り除くつもりである」（Kant, *Neue Anmerkungen zur Erläuterung der Theorie der Winde*, 1: 503〔「風の理論」、一八二頁〕）。

（7）　この視点は、今日の研究者たちがバウムガルテンの『形而上学』を「ライプニッツとヴォルフが構想したような完全な形而上学体系を再構築する試みとしては、圧倒的に豊かで、明確で、体系的なものであった」（Fugate and Hymers 2013: 3）と評することに通ずる。

（8）　J・ワースはバウムガルテンに言及していないものの、彼が示したカントにおける実体解釈の変遷はまさに実体的なものの発展的消化の過程と評価できる（cf. Wuerth 2010: 221-234）。J・ワースの議論については、津田 二〇二四：七―九を参照。

（9）　B・ルックによれば、実体的なものという表現や実体化された現象を想起させる「よく基礎付けられた現象〔phaenomena bene fundata〕」といった表現がライプニッツによって用いられている（cf. Look 2018: 206）。もちろん、それが確認されるデ・ボス宛書簡やクーチュラ版テクストをバウムガルテンが入手していなかったという事情は十分に加味されねばならないが、それでも両者の影響関係を再度検討することは必要であろう。具体的には、バウムガルテンにおける実体的なものと、ライプニッツにおいてモナドの結合を担う「実体的紐帯〔vinculum substantiale〕」との比較・検討が課題となる。

資料1　バウムガルテンの実体論　図解

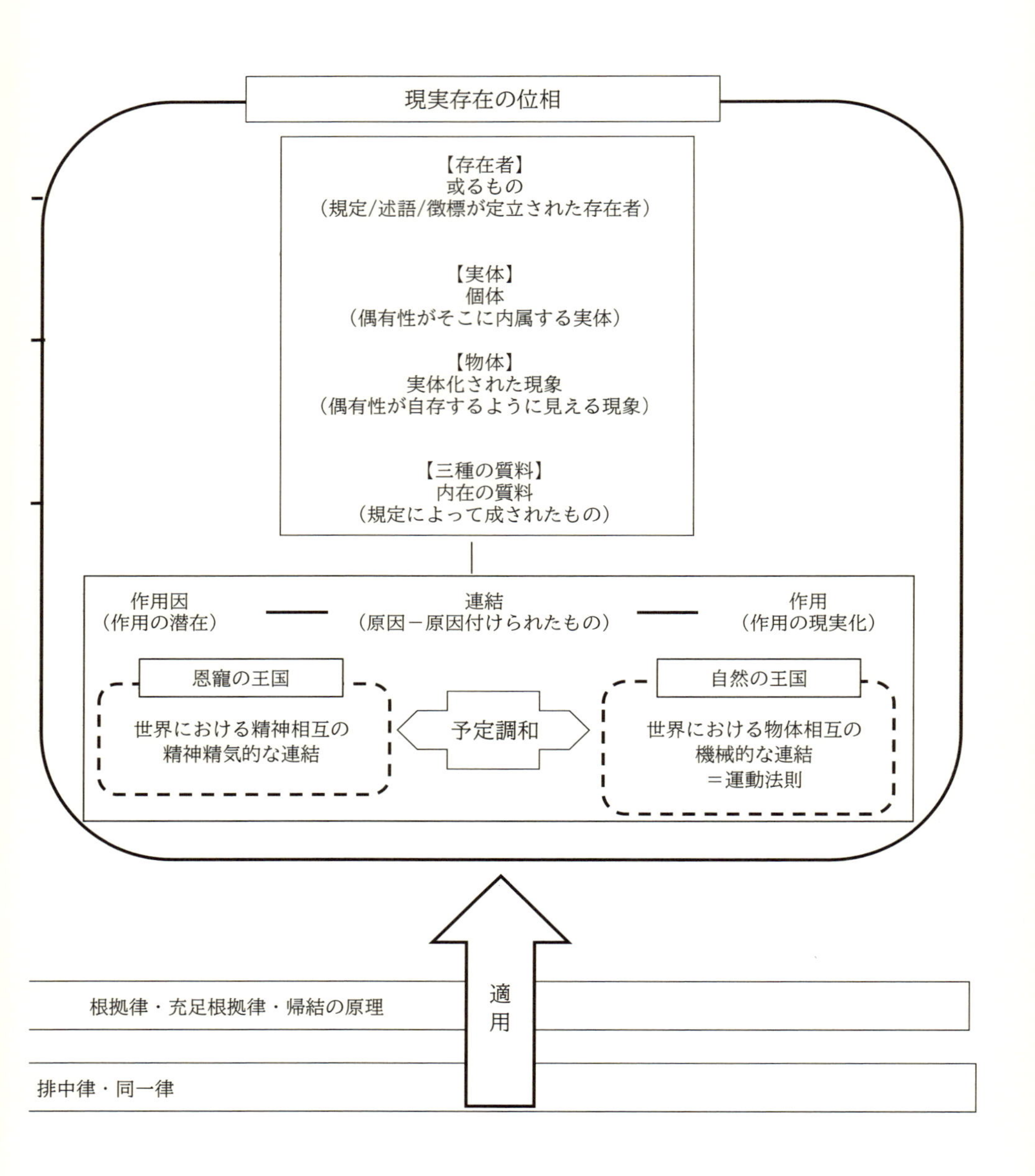
現実存在の位相
【存在者】
或るもの
（規定/述語/徴標が定立された存在者）
【実体】
個体
（偶有性がそこに内属する実体）
【物体】
実体化された現象
（偶有性が自存するように見える現象）
【三種の質料】
内在の質料
（規定によって成されたもの）
作用因
（作用の潜在）
連結
（原因－原因付けられたもの）
作用
（作用の現実化）
恩寵の王国
世界における精神相互の
精神精気的な連結
予定調和
自然の王国
世界における物体相互の
機械的な連結
＝運動法則
適用
根拠律・充足根拠律・帰結の原理
排中律・同一律

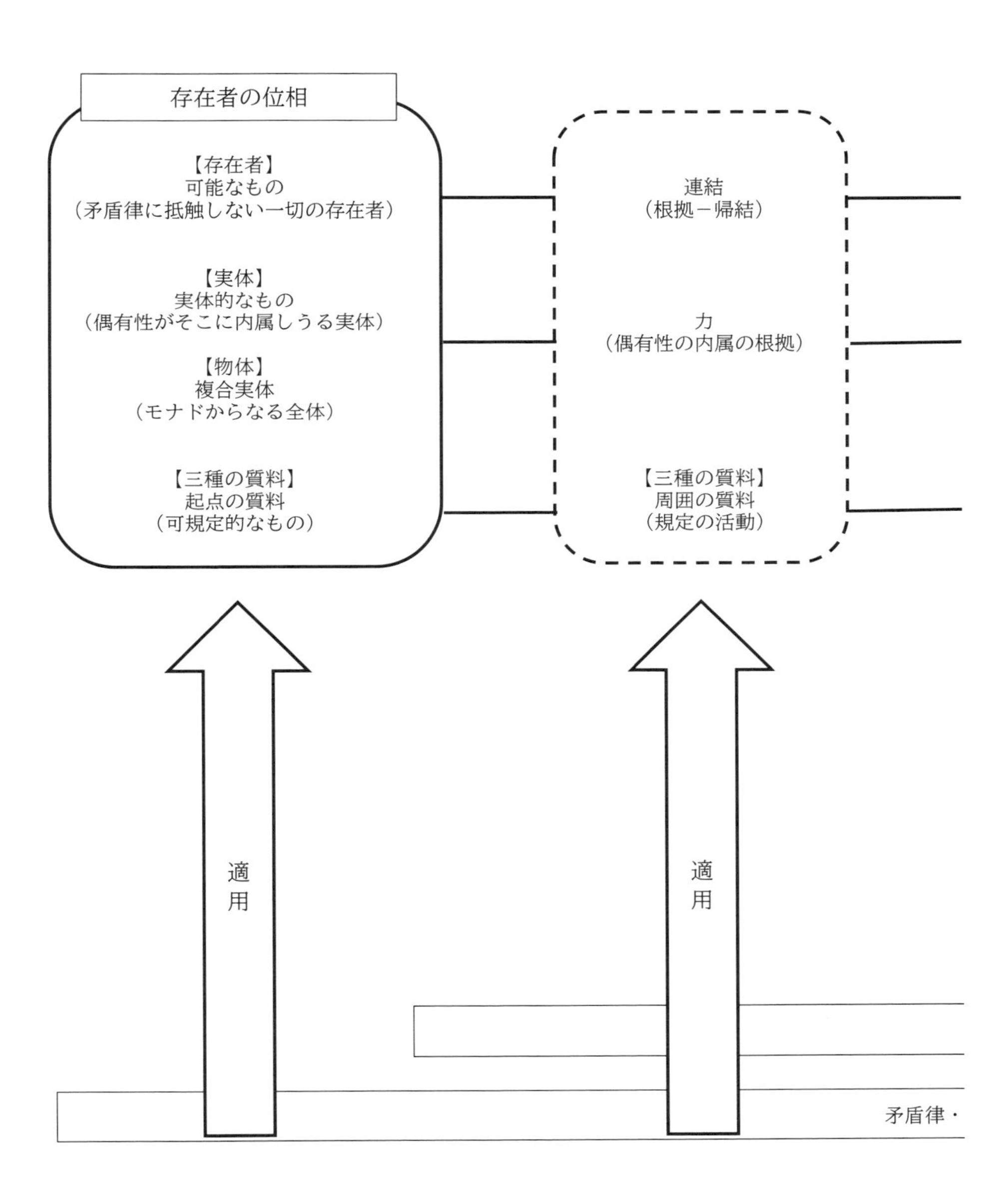
存在者の位相
【存在者】
可能なもの
（矛盾律に抵触しない一切の存在者）
【実体】
実体的なもの
（偶有性がそこに内属しうる実体）
【物体】
複合実体
（モナドからなる全体）
【三種の質料】
起点の質料
（可規定的なもの）
連結
（根拠－帰結）
力
（偶有性の内属の根拠）
【三種の質料】
周囲の質料
（規定の活動）
適用
適用
矛盾律・

資料2　バウムガルテン『形而上学』梗概〔synopsis〕

一部表記を省略および本文中の表記に改めた）			節〔sectio〕	項〔§〕
			-	1-3
			-	4-6
可能なもの〔possibile〕			1	7-18
連結されたもの〔connexum〕			2	19-33
存在者〔ens〕	実在的規定と否定的規定		3	34-36
	外的規定と内的規定			37-38
		本質的なものと変状		39-66
		量と質		67-71
一なるもの〔unum〕			4	72-77
真なるもの	秩序〔ordo〕		5	78-88
	真なるもの〔verum〕		6	89-93
完全性〔perfectum〕			7	94-100
必然的なものと偶然的なもの〔necessarium et contingens〕			1	101-123
可変的なものと不変的なもの〔mutabile et immutabile〕			2	124-134
実在的なものと否定的なもの〔reale et negativum〕			3	135-147
個別的なものと普遍的なもの〔singulare et universale〕			4	148-154
全体的なものと部分的なもの	全体と部分〔totum et pares〕		5	155-164
	度の数学の第一原理〔prima matheseos intensorum principia〕		6	165-190
実体と偶有性	実体と偶有性〔substantia et accidens〕		7	191-204
	状態〔status〕		8	205-223
単純なものと複合的なもの〔simplex et compositum〕	一般論		9	224-229
	モナド〔monas〕に関する特殊論		10	230-245
有限なものと無限なもの〔finitum et infinitum〕			11	246-264
			1	265-279
同時的な述語			2	280-296
継起的な述語			3	297-306
一般論			4	307-318
特殊論	作用因〔causa efficiens〕		5	319-335
	有用性〔utilitas〕		6	336-340
	その他の種類の原因〔reliqua causarum genera〕		7	341-346
〔signum et signatum〕			8	347-350
			-	351-353
			1	354-379
			2	380-391
一般論			1	392-401
精神〔spiritus〕についての特殊論				402-405
根本要素からの発生〔genesis ex elementis〕			2	406-429
本性〔natura〕			3	430-435
観察されるかぎりでの、観念〔idea〕			1	436-447
観察されるかぎりでの、実体の交渉〔substantiarum commercium〕とそれを説明する体系			2	448-465
自然的な手段〔medium naturalis〕			3	466-473
超自然的な手段〔medium supernaturalis〕	一般論		4	474-481
	超自然的なものの仮説的な可能性〔possibilitas supernaturalium hypothetica〕に関する特殊論		5	482-500

<table>
<tr><td colspan="5">見出し（第四版に付された梗概の表記に準ずる、但し内容にかかわらない範囲で簡略化のために</td></tr>
<tr><td colspan="5">形而上学のプロレゴメナ</td></tr>
<tr><td rowspan="14">考察
〔Tractatio〕</td><td rowspan="7">第1部
存在論
〔Ontologia〕</td><td colspan="3">存在論のプロレゴメナ</td></tr>
<tr><td rowspan="6">存在者の述語に関する考察</td><td rowspan="2">内的述語</td><td>第1章
普遍的述語</td></tr>
<tr><td>第2章
選言的述語</td></tr>
<tr><td rowspan="4">第3章
外的つまり
関係的述語</td><td>同一と差異〔idem et diversum〕</td></tr>
<tr><td>同時的なものと継起的なもの
〔simultaneum et successivum〕</td></tr>
<tr><td>原因と原因付けられたもの
〔causa et causatum〕</td></tr>
<tr><td>記号と記号付けられたもの</td></tr>
<tr><td rowspan="7">第2部
世界論
〔Cosmologia〕</td><td colspan="3">プロレゴメナ</td></tr>
<tr><td rowspan="6">世界に関する理論</td><td rowspan="2">第1章
概念</td><td>肯定的概念〔notio affirmativa〕</td></tr>
<tr><td>否定的概念〔notio negativa〕</td></tr>
<tr><td rowspan="2">第2章
部分</td><td>単純な部分〔partes simplices〕</td></tr>
<tr><td>複合的な部分
〔partes composites〕</td></tr>
<tr><td rowspan="2">第3章
完全性</td><td>最善世界</td></tr>
<tr><td>手段</td></tr>
</table>

<table>
<tr><td colspan="2">一部表記を省略および本文中の表記に改めた）</td><td>節
〔sectio〕</td><td>項〔§〕</td></tr>
<tr><td colspan="2"></td><td>-</td><td>351-353</td></tr>
<tr><td colspan="2"></td><td>1</td><td>354-379</td></tr>
<tr><td colspan="2"></td><td>2</td><td>380-391</td></tr>
<tr><td colspan="2">一般論</td><td rowspan="2">1</td><td>392-401</td></tr>
<tr><td colspan="2">精神〔spiritus〕についての特殊論</td><td>402-405</td></tr>
<tr><td colspan="2">根本要素からの発生〔genesis ex elementis〕</td><td>2</td><td>406-429</td></tr>
<tr><td colspan="2">本性〔natura〕</td><td>3</td><td>430-435</td></tr>
<tr><td colspan="2">観察されるかぎりでの、観念〔idea〕</td><td>1</td><td>436-447</td></tr>
<tr><td colspan="2">観察されるかぎりでの、実体の交渉〔substantiarum commercium〕とそれを説明する体系</td><td>2</td><td>448-465</td></tr>
<tr><td colspan="2">自然的な手段〔medium naturalis〕</td><td>3</td><td>466-473</td></tr>
<tr><td rowspan="2">超自然的な手段
〔medium supernaturalis〕</td><td>一般論</td><td>4</td><td>474-481</td></tr>
<tr><td>超自然的なものの仮説的な可能性〔possibilitas supernaturalium hypothetica〕に関する特殊論</td><td>5</td><td>482-500</td></tr>
</table>

<table>
<tr><td colspan="5">見出し（第四版に付された梗概の表記に準ずる、但し内容にかかわらない範囲で簡略化のために</td></tr>
<tr><td rowspan="7">考察
〔Tractatio〕</td><td rowspan="7">第2部
世界論
〔Cosmologia〕</td><td colspan="3">プロレゴメナ</td></tr>
<tr><td rowspan="6">世界に関する理論</td><td rowspan="2">第1章
概念</td><td>肯定的概念〔notio affirmativa〕</td></tr>
<tr><td>否定的概念〔notio negativa〕</td></tr>
<tr><td rowspan="2">第2章
部分</td><td>単純な部分〔partes simplices〕</td></tr>
<tr><td>複合的な部分
〔partes composites〕</td></tr>
<tr><td rowspan="2">第3章
完全性</td><td>最善世界</td></tr>
<tr><td>手段</td></tr>
</table>

一部表記を省略および本文中の表記に改めた）						節〔sectio〕	項〔§〕
						-	501-503
						1	504-518
認識能力〔facultas cognoscitiva〕	下位認識能力	一般論				2	519-533
		特殊論	感官〔sensus〕			3	534-556
			想像力〔phantasia〕			4	557-571
			洞察力〔perspicacia〕			5	572-578
			記憶力〔memoria〕			6	579-588
			創作する能力〔facultas fingendi〕			7	589-594
			予見力〔praevisio〕			8	595-605
			判断力〔iudicium〕			9	606-609
			予感力〔praesagitio〕			10	610-618
			記号的能力〔facultas characteristica〕			11	619-623
	上位認識能力	知性〔intellectus〕に関する一般論				12	624-639
		理性〔ratio〕に関する特殊論				13	640-650
欲求能力〔facultas appetitiva〕	一般論	無関心〔indifferentia〕				14	651-655
		快と不快〔voluptas et taedium〕				15	656-662
		欲求と忌避〔appetitio et aversatio〕				16	663-675
	特殊論	下位欲求能力				17	676-688
		上位欲求能力	意志と無意志〔voluntas et noluntas〕			18	689-699
			自由〔libertas〕	自由の前提	自発性〔spontaneitas〕	19	700-707
					選択意志〔arbitrium〕	20	708-718
				本性		21	719-732
corpore〕						22	733-739
						1	740-760
						2	761-769
						3	770-775
						4	776-781
						5	782-791
動物の魂〔anima bruta〕						6	792-795
霊的なものの魂〔anima spiritibus〕						7	796-799

見出し（第四版に付された梗概の表記に準ずる、但し内容にかかわらない範囲で簡略化のために				
考察〔Tractatio〕	第3部 心理学〔Psychologia〕	プロレゴメナ		
		心理学に関する理論	第1章 魂に関する経験的理論	現実存在〔exsistentia〕
				能力
				身体との交渉〔commercium cum
			第2章 魂に関する合理的理論	本性
				身体との交渉
				起源〔origo〕
				不死性〔immortalitas〕
				死後の状態〔status post mortem〕
				人間ではない魂との比較

簡略化のために一部表記を省略および本文中の表記に改めた）			節〔sectio〕	項〔§〕
			-	800-802
実在性〔relitas〕			1	803-820
一性〔unitas〕				821
真理〔veritas〕				822
必然性〔necessitas〕				823-827
聖性〔sanctitas〕				828-829
実体性〔substantialitas〕				830
全能〔omnipotentia〕				831-837
単純性〔simplicitas〕				838
不変性〔immutabilitas〕				839-842
無限性〔infinitudo〕				843-845
唯一性〔unicitas〕				846-848
永遠性〔aeternitas〕				849-850
不可受動性〔impassibilitas〕				851
本性〔natura〕				852-860
計り知れなさ〔immensitas〕				861
把握不可能性〔incomprehensibilitas〕				862
現実存在〔exsistentia〕			2	863-865
対象〔obiecta〕				866-878
不可謬性〔infallibilitas〕				879
主観的な確実性〔certitudo subiectiva〕				880-881
知恵〔sapientia〕				882-888
全知〔omniscientia〕				889
比例性〔proportionalitas〕			3	890-894
自由〔libertas〕				895-899
不可探究性〔imperscrutabilitas〕				900
正当性〔rectitudo〕				901-902
善性〔bonitas〕	誠実性〔fidelitas〕			903-905
	正義	褒賞的正義〔iustitia remuneratoria〕		906-907
		懲罰的正義〔iustitia punitiva〕		908-916
不偏性〔impartialitas〕				917-918
実直性〔sinceritas〕				919-925
対象〔obiectum〕			1	926-941
目的〔finis〕			2	942-949
維持〔conservatio〕			3	950-953
協働〔concursus〕				954-962
統治〔gubernatio〕				963
悪	妨害する悪〔malum impediente〕			964-968
	許容する悪〔malum permittente〕			969-970
法〔ius〕				971-975
神義〔decreta〕				976-981
啓示〔revelatio〕				982-1000

<table>
<tr><td colspan="5">見出し（第四版に付された梗概の表記に準ずる、但し内容にかかわらない範囲で</td></tr>
<tr><td rowspan="6">考察
〔Tractatio〕</td><td rowspan="6">第4部
自然神学
〔Theologia naturalis〕</td><td colspan="3">プロレゴメナ</td></tr>
<tr><td rowspan="5">神に関する理論</td><td rowspan="3">第1章
考察されるかぎり
での概念</td><td>現実存在
〔exsistentia〕</td></tr>
<tr><td>知性
〔 intellectus〕</td></tr>
<tr><td>意志〔voluntas〕</td></tr>
<tr><td rowspan="2">第2章
はたらき
〔operatio〕</td><td>創造〔creatio〕</td></tr>
<tr><td>摂理〔providentia〕</td></tr>
</table>

資料3　バウムガルテン『形而上学』第一部 第一章 第六節「実体と偶有性」（§§ 191–204）　試訳

凡　例

第二版（一七三九）を底本として、初版との異同箇所に傍線を付し、その内容については注に記載した（但し、原文には一切の注がないため、訳文中の注はすべて異同に関する訳注である）。本文中の参照指示は原文にない丸括弧に入れて、例えば（§1）のように表記し、原文中にスモール・キャピタルで綴られた強調部分は《 》で、イタリックの箇所は〈 〉でそれぞれ括ることとで表示する。翻訳上の補足や説明箇所、および原語は〔 〕で括り、挿入する。本節は第二版までは第六節であるが、第三版以降第七節になる。

第六節[1]　実体と偶有性

（1）　第二版までは第六節であるが、第三版以降は第七節となった。

第一九一項

存在者とは、他のものの〔他のもののうちで〕[1]規定としてでなければ現実存在しえないか、あるいは〔他のものの規定としてでなくとも〕現実存在しうるかのいずれかである（§10）。前者が《偶有性〔accidens〕》であり〔述語的なもの、すなわち物質的なもの、§50参照、その存在するものは内在する、付帯性〕[2]、後者が《実体〔sunstantia〕》〔自体的に自存する存在者、形相、完成態、有性、基体、現実態〕[3]である。実体は、たとえ他のもののうちになくとも、他のものの規定でなくとも、現実存在しうる。[4]

（1）二版での挿入。
（2）二版での挿入。
（3）二版での挿入。
（4）初版では「前者が《偶有性》であり、後者が《実体》すなわち《自体的に自存する存在者〔ens per se subsistens〕》である」。

第一九二項

偶有性の現実存在はそのようなものであるかぎり《内属するもの〔inhaerentia〕》であり、実体の現実存在はそのようなものであるかぎり《自存するもの〔subsistentia〕》である。

第一九三項

偶有的性が自存するものにみえるならば、それは《実体化された現象〔phaenomena substantiata〕》である。

第一九四項

偶有性は、他のもののうちにある場合を除いて、現実存在しえない。さて、一切の偶有性から離れたものは、実体のみである（§191）。したがって、偶有性は実体のうちにある場合を除いて現実存在しえない、すなわち、〈偶有性はそのものの実体のそとでは現実存在しえない〉（§58）。

第一九五項

本質的なもの、属性、様態、関係、偶有性は（§§191, 52）、実体のうちでなければ現実存在しえない（§194）。

第一九六項

実体のうちにあって偶有性が内属しうるもの、すなわち、偶有性が内属しうるところの基体（§344参照）であるかぎりの実体は[1]、《実体的なもの〔substantiale〕》と呼ばれ[2]、偶有性は実体的なもののそとでは現実存在しない。

（1）二版での挿入。
（2）初版では、「実体的なものと呼ばれ、それは偶有性の基体であり」。

第一九七項

偶有性が実体に内属するならば、或るものは内属の根拠（§20）すなわち《広義の力〔vis latius dicta〕》（効力、エネルギー、活動性、第二一六項参照）であり[1]、そして充足的根拠である（§22）。これが《力〔vis〕》（《狭義の力〔vis strictus dicta〕》、また簡略化のために時として端的に力）[2]である[3]。

（1）二版での挿入。
（2）二版での挿入。
（3）「したがって、力とは偶有性が実体に内属することの充足的根拠である」という初版の最終文は、二版で削除された。

第一九八項

狭義の力[1]は実体であるかあるいは偶有性であるかのいずれかである(§191)。さて、狭義の力は偶有性ではない。というのも、狭義の力はあらゆる偶有性の充足的根拠であるからである(§197)[2]。したがって、狭義の力は実体であり、そして基体〔subiectum〕に内属するように偶有性が狭義の力そのものに内属しうるかぎりで、狭義の力は実体的なものである(§196)。

(1) 二版での挿入。
(2) 初版では§187となっているが、これは誤植である。

第一九九項

あらゆる実体は実体的なものをもつのであり(§§191, 196)、それゆえ力が与えられる(§198)。あらゆる実体は実体的なものであり(§§196, 191)、それゆえ狭義の力であるのと同様に広義の力でもある(§§198, 197)[1]。

(1) 二版での挿入。

第二〇〇項

実体が偶有性にみえるならば《述語化された実体〔substantia praedicata〕》であろうし、個別の実体は《個体〔supposita〕》である[1]。

(1) 初版では、「力を与えられたあらゆるものは実体的なものをもつのであり(§198)、それゆえ実体である(§196)。したがって、実体は力を与えられた存在者と定義されうる(§199)」。

第二〇一項

実体化された現象には力が帰され（§§ 199, 193）、そして、実体化された現象は広義の力であるか、あるいは広義の力を与えられる（§§ 197, 23）。もし偶有性に狭義の力が帰されるならば、たしかに偶有性は実体化された現象である（§§ 198, 193）[1]。

（1）初版では、「力が帰された偶有性は実体化された現象である（§§ 193, 200）」。

第二〇二項

あらゆる実体は、絶対的にまた必然的に、本質的なものと属性をもち（§ 107）、それゆえ、あらゆる実体は偶有性をもつ（§§ 191, 195）。ところで、あらゆる実体は、様態をもつかあるいはもたないかのいずれかである（§ 10）。様態をもつものは偶然的な存在者であり、様態をもたないものは必然的な存在者である（§ 111）。

第二〇三項

〈あらゆる実体は、絶対的にまた必然的に、本質的なものと属性をもち（§ 107）、それゆえ、あらゆる実体は偶有性をもつ（§§ 191, 195）。ところで、あらゆる実体は、様態をもつかあるいはもたないかのいずれかである（§ 10）。様態をもつものは偶然的な存在者であり、様態をもたないものは必然的な存在者である（§ 111）〉[1]。

（1）初版では、「最小の力とは、ただ一つの最小のものによって内属する偶有性のために十分である（§§ 197, 166）。したがって、より多くの、より大きな偶有性によって現実化されるために十分であるほど、その力はいっそう大きい。最多で最大の偶有性によって現実化されるために十分であるのは最大の力である（§§ 197, 166）」。

第二〇四項

力についての学は、数学的であると同時に哲学的な《動力学〔dynamica〕》である。

第二〇五項

偶然的な個体[1]は、様態と関係の点で規定されたものである（§§148, 200）。それゆえ、偶然的な個体のうちには、不動なもの、つまり、内的に不変的なものが（§§107, 132）、可変的なものと（§.133）共現存する。このような共現存は《状態》である。したがって、偶然的な個体は状態をもつ。

（1） 初版では「個別の偶然的な実体」。

第二〇六項

様態の不動なものとの共現存は《内的状態〔status internus〕》であり、それゆえ、偶然的な個体[1]は内的状態をもつ（§205）。

（1） 初版では、「個別の偶然的な実体」。

第二〇七項

実体の関係は実体のうちで可変的である（§133）[1]。したがって、不動なものとの共現存は状態を与え（§205）、それが《外的状態〔status externus〕》といわれる。

（1） 初版では「実体の関係は、それ自体で考察するにはふさわしくなく（§37）、それゆえ、実体の内部で不動なものでもない」。

第二〇八項

様態が変えられると、内的状態は変えられ（§§ 125, 206）、関係が変えられると、外的状態は変えられる（§§ 125, 207）。さて、様態と関係は可変的である（§§ 133, 207）。したがって、偶然的な実体のうちで状態の変化は可能である（§§ 206, 207）。

第二〇九項

様態の変化は《変様〔modificatio〕》である。したがって、変様は内的状態の変化であり（§ 208）、そして偶然的な実体は変様可能である（§ 128）。

第二一〇項

状態の変化は偶有性であり（§ 191）、それゆえ、実体のうちに（§ 194）、そして少なくとも力が、さらに狭義の力が[1]定立されなければ（§§ 197, 22）、現実存在しえない。状態の変化の力、つまり、内属する偶有性の水準における内属する偶有性の充足的根拠は（§ 197）、変えられる実体的なもの、つまり、〔内属する偶有性の〕水準において偶有性がそこに内属するところのものであるか、あるいは、実体的なものから区別された力である（§§ 10, 38）。もし前者であれば、その状態が変えられるところの実体、〔内属する偶有性の〕水準において偶有性がそこに内属するところの実体は《能動する〔agit〕》。もし後者であれば、その状態が変えられるところの実体は、〔内属する偶有性の〕水準において偶有性がそこに内属するところの実体は《受動する〔patitur〕》。それゆえ、《能動作用〔actio〕》〔活動〔actus〕、はたらき〔operatio〕〕は状態の変化であり、そして〔内属する偶有性の〕水準における実体のうちの偶有性の、実体それ自体の力による現実化である。他方で、《受動作用〔passio〕》は状態の変化であり、そして〔内属する偶有性の〕水準における実体のうちの偶有性の、離在した力による現実化である。

（1）二版での挿入。

第二一一項

自身の外の実体に能動作用するような実体はその実体に《影響する〔influit〕》のであり、これゆえ、《影響〔influxus〕》（及ぼす能動作用）は、自身の外の実体への実体の能動作用である。能動作用は、それが影響でないならば、《内に留まる能動作用〔actio immanens〕》である。

第二一二項

もし別の実体がそれに影響するような実体の受動作用が、同時に受動者自身の能動作用であるならば、受動作用と影響は《観念的な受動作用〔passio ideales〕》と《観念的な影響〔influxus ideales〕》といわれる。もし反対に受動作用が受動者の能動作用でないならば、《実在的な受動作用〔passio reales〕》と《実在的な影響〔influxus reales〕》といわれる。

第二一三項

能動者への受動者の能動作用は《反作用〔reactio〕》であり、そして二つの実体〔つまり、能動する実体と受動する実体〕の相互の能動作用と反作用は《衝突〔conflictus〕》である。

第二一四項

〈能動作用と受動作用そして反作用は、それらによって一つの最小の偶有性のみが現実化するならば、最も小さい（§§161, 210）。したがって、より多く、より大きい偶有性が現実化されるほど、能動作用、受動作用、反作用はいっそう大きく（§§160, 213）、それら〔＝能動作用、受動作用、反作用〕が最大であるかぎり、最多で最大の偶有性が現実化される（§§161, 210）〉。

（1）初版では§260だが、誤植であると思われる。

第二一五項

能動作用と受動作用は、他の能動作用や受動作用の全体でないならば、《単一な能動作用〔actio simplex〕》と《単一な受動作用〔passio sinmplex〕》といわれ、他の能動作用や受動作用の全体であるならば、《複合的な能動作用〔actio composita〕》と《複合的な受動作用〔passio composita〕》といわれ、そして、それらがより多くの部分によって構成されるほど、いっそう複合的である（§160）。それゆえ、最大の能動作用と受動作用は最大限に複合的な能動作用と受動作用である（§§214, 161）。

第二一六項

現実存在するあらゆる実体は能動する（§§210, 199）。それゆえ、能動する可能性、すなわち、《能力〔facultas〕》（活動的な潜在力、力、第一九七項参照）[1]をもつ（§57）。もし受動するならば、その実体は受動する可能性、すなわち、《受容力〔receptivitas〕》（受動的な潜在力、受贈能力）をもつ（§57）。

（1）二版での挿入。

第二一七項

実在的な影響の能力と受容力は《実在的な能力〔facultas reales〕》と《実在的な受容力〔receptivitas reales〕》であり、観念的な影響の能力と受容力は《観念的な能力〔facultas ideales〕》と《観念的な受容力〔receptivitas ideales〕》であり、単一な作用の能力と受容力は《単一な能力〔facultas simplices〕》と《単一な受容力〔receptivitas simplices〕》であり、複合的な作用の能力と受容力は《複合的な能力〔facultas compositae〕》と《複合的な受容力〔receptivitas compositae〕》である。

第二一八項

能力と受容力は、絶対的であるか（§§216, 15）、仮定的であるか（§16）のいずれかである。ただし、後者は前者よりも常に大きい（§§165, 216）。

第二一九項

〈仮定的な能力が最小であるとすれば、それによっては、ただ一つの作用のみが実体の最小の連結において可能であるだろう（§§216, 161）。実体の作用がより多くより大きいほど、そして実体のより大きな連結において可能であるほど、仮定的な能力はいっそう大きい（§§168, 160）〉[1]。非常に大きな仮定的な能力は《習性〔habitus〕》（迅速さ、敏活さ）である。

（1）初版ではイタリック表記なし。

第二二〇項

能力や受容力が定立されても、能動作用ないし受動作用は定立されないが（§§216, 59）、それでも狭義の[1]力が定立されるならば、能動作用ないし受動作用は定立される（§§210, 30）。これ[2]〔つまり、狭義の力〕は作用に対する能力の補足物であろう。すなわち、狭義の力は能力に付け加わり、作用が現実存在することになる。それゆえ、与えられた一定の狭義の力は、与えられた一定の作用に対して十分であるか、あるいは、足りないかのいずれかであって（§§21, 210）、前者は《生きた狭義の[3]力〔vis strictius dicta viva〕》、後者は《死せる狭義の力〔vis strictius dicta mortua〕》といわれる。

（1）二版での挿入。
（2）初版では「その力」。

（3） 二版での挿入。

第二一一項

《妨害〔impedimentum〕》〔障害〕とは、内属する偶有性に対立するものであり、それゆえ、また〔状態の〕変化に対立するものも妨害である（§210）。

第二一二項

《抵抗〔resistentia〕》は能動作用の妨害である。そして、内属する偶有性と変化に対立するものが偶有性であるならば（§§191, 81）、妨害と抵抗は力のうちに充足的根拠をもつ（§§197, 27）。妨害が定立されると、妨害する力が定立され、抵抗が定立されると、抵抗する力が定立される（§22）。

第二一三項

より近くで実体に影響する実体は、その実体に《現前する〔praesens〕》であり、そして、最も近くでそれ自体相互に現前する実体は、《互いに接する〔se contingere〕》。同様に、より近い影響が《現前〔praesentia〕》であり、相互に直接的な現前、すなわち、直接的な衝突は(1)《接触〔contactus〕》である。或るものが他のものに影響しないかぎり、それは他のもののから《離れている〔absens〕》といわれる。(2)

（1） 初版では「直接的な現前」。
（2） 二版での挿入。

あとがき

本書は、二〇二一年一〇月に一橋大学大学院社会学研究科に提出した博士論文『バウムガルテンの実体論――スピノザ論争史から読み解く18世紀ドイツ哲学史――』(二〇二二年三月学位授与)を全体構成として引き継ぎつつ、バウムガルテン『形而上学』の一つの入門書となるよう、加筆・修正したものである。また、各章は既に発表してきた論文の内容を踏まえ、改訂している。

序　章

・「哲学史と思想史の交叉――J・イスラエルの「論争に焦点を当てる方法」は哲学・哲学史研究にとっても有効でありえるのか」(日本哲学会　第八二回大会、二〇二三年五月二〇日、早稲田大学、一般研究発表)

・「なぜスピノザに注目して十八世紀ドイツ哲学史を描くのか――哲学史の方法論　試論(一)」(『白山哲学』、五八号、二〇二四年、九九―一二〇頁)

第一章

・「初期近代ドイツ哲学におけるスピノザ(主義)の群像」(日本一八世紀学会　第四三回大会、二〇二一年六月二六日、オンライン、自由論題報告)

第二章

・「ランゲのスピノザ主義論――バウムガルテンによるスピノザ主義批判の前史として」(上智大学哲学会　第九四回大会、二〇二一年六月二〇日、オンライン、研究発表)

第四章

・「第四章　スピノザ論争がバウムガルテンに残した課題――実体に相応しいのは神か?被造物か?」（加藤泰史編『スピノザと近代ドイツ――思想史の虚軸』岩波書店、二〇二二年、七三―九四頁）

第五章

・「バウムガルテンの実体論における二重の差異化――伝統的な理論の刷新とスピノザへの応答」（『哲学』、七三号、二〇二二年、三二〇―三三〇頁）

第六章

・「バウムガルテンの「協働（concursus）」の概念――連続創造説の受容と変容という観点から」（日本カント協会　第四三回学会、二〇一八年一一月一七日、香川大学、一般研究発表）

補　章

・「実体化された現象（phaenomenon substantiatum）とは何か――実体的なもの（substantiale）による再構成の試み」（『日本カント研究』、二三号、二〇二二年、一―一一頁）

終　章

・「実体は力であるのか、力をもつのか――カントによる批判からのバウムガルテン『形而上学』読解」（『日本カント研究』、二五号、二〇二四年、三一―一五頁）

なお、本書には、日本学術振興会　科学研究費補助金「スピノザ論争史から読み解くバウムガルテンと一八世紀ドイツ啓蒙思想の再評価」（特別研究員奨励費、課題番号：19J20034、二〇一九年度―二〇二一年度）と「合理主義哲学による敬虔主義神学の受容と展開の観点からの近世ドイツ哲学史の再検討」（若手研究、課題番号：23K11994、二〇二三年度―二〇二七年度）による研究成果が反映されている。また、本書は日本学術振興会　研究成果公開促進費（学術図書）（課題番号：

24HP5003）と東洋大学井上円了記念研究助成からの助成を受けて刊行された。

本書のもととなった博士論文の審査は、森村敏己先生（主査、一橋大学大学院社会学研究科・特任教授）、久保哲司先生（副査、一橋大学大学院社会学研究科・特任教授）、加藤泰史先生（副査、椙山女学園大学外国語学部・教授）に務めていただいた。一橋大学大学院に進学後、哲学一辺倒であった私が歴史学や社会思想史といった隣接分野にも関心を抱き、現在の研究スタイルを確立することができたのは、間違いなく国立の地で研究生活、そして最初の教員生活を過ごす機会に恵まれたからである。博士論文の執筆に至るまでには、他にも多くの方からのお力添えがあった。特にバウムガルテンとの出会いを与えてくださった大橋容一郎先生（上智大学・名誉教授）と樋笠勝士先生（岡山県立大学・特命研究員）、そしてバウムガルテン研究の哲学的意義を私に問い続けてくださった加藤先生は、哲学研究者・教育者としての指針である。そして、樋笠先生と井奥陽子氏（東京藝術大学・特別研究員）と三人で続けている翻訳検討会がなければ、私は「群小哲学者」との対話を続けることができなかっただろう。本書の刊行に当たっては、出版助成を含め、充実した研究環境を与えてくださる東洋大学、および駆け出しの研究者に博士論文出版のお声がけをくださった担当編集者である晃洋書房の井上芳郎氏に多大なるご支援を賜った。最後に、研究者の道を応援してくれる両親や夫、そして友人たちがいなければ、本書を書き終えることはできなかった。すべての人に改めて心よりの感謝を申し上げる。

バウムガルテンが版を重ねる毎に自らの形而上学体系を洗練していったように、本書もその議論を前進させていかねばならない。バウムガルテンにとっての匿名の評者が本書にも現れることを期待して、本書の結びとする。

二〇二四年一二月

津田栞里

索　引

ア　行

J・イスラエル　Israel, Jonathan Irvine (1946-)　*6-9, 21, 23-24, 182-184, 189*
アエピヌス　Aepinus, Franz Albert (1673-1750)　*110-111, 127*
アリストテレス／アリストテレス主義　*28, 34, 39, 44, 50, 68, 91, 110, 114, 127-128, 170*
或るもの　aliquid　*111, 113, 119, 128, 164, 170*
意志　voluntas　*77-78*
維持　conservatio　*43, 140-144*
一元論／一元論者　*8, 24, 55, 64, 163*
ヴァハター　Wachter, Johann Georg (1673-1757)　*38*
ヴォルフ　Wolff, Christian (1679-1754)　*3, 10-12, 17-18, 23-24, 32, 45-46, 52-57, 63, 65, 67-69, 71-87, 96-101, 104, 125-126, 128-129, 149, 170-173*
　『自然神学』　*Theologia naturalis*　*71-72, 74-86, 99, 106, 125*
　『存在論』　*Philosophia prima sive Ontologia*　*86-87, 125*
　『世界論』　*Cosmologia generalis*　*63, 80*
運動　motus　*169*
運命　fatum　*61, 99*
運命論／運命論者〔fatalista〕　*55, 75-79, 165*
影響　influxus　*140-141, 144, 166*
エネルギー　energia　*119-120*
延長体　extensum　*156*
王国　regnum　*17, 166, 171*

カ　行

可規定的なもの　determinabile　*117, 128*
仮象的なもの　apparens　*152, 168*
活動　actus　*132*
可能なもの　possibile　*112, 170*
可変的なもの　mutabile　*122, 133*
神　Deus　*33, 37-38, 41-43, 50, 55-56, 58, 74, 77, 79-80, 82, 84, 101, 104, 106, 112, 134-136, 138-144, 165*
関係　relatio　*113, 122*
完全性　perfectio　*41, 105, 134*
カント　Kant, Immanuel (1724-1804)　*1-6, 10-11, 16-17, 91-92, 94, 105, 167-169, 186-188, 190*
観念的なもの　ideale　*135, 141, 149, 165*
観念論者　idealista　*65*
機械　machina　*43, 56, 63, 66*
機会原因論／機会原因論者〔occasionalista〕　*149-150, 170-171*
帰結　rationatum　*113, 122, 128, 155, 164, 168, 171, 189*
規定　determinatio　*102, 109, 111-113, 115, 117, 128-129, 147-148, 155, 168, 171*
規定されたもの　deteminatum　*112-113, 122*
規定するもの　determinans　*113*
共現存する　coexsistere　*122, 133*
協働　concursus　*143-144, 148-150*
偶然性　contingentia　*58, 61, 101*
偶然的なもの　contingens　*60-61, 77, 80, 122, 133, 137*
偶有性　accidens　*48, 61, 103-104, 106, 109, 115-119, 121, 127-128, 132, 134, 152-153, 155, 160-161, 167-169*
形而上学　metaphysica　*96*
形相　forma　*41, 115, 128*
啓蒙主義／啓蒙　enlightenment　*4-8, 16-17, 21-22, 24, 31-32, 44, 181-182, 184*
結合　unio　*65, 165*
欠如　defectus　*148*
原因　causa　*58-59, 61, 77-79, 134, 136, 144, 149*
原因付けられたもの　causatum　*83, 134, 136, 140, 149*
現実性　actualitas　*118*
現実態　actus　*115, 118*

現実存在　exsistentia　*116, 118, 125, 128, 144*

現実存在する　exsistere　*101–102, 109–112, 115–117, 132, 134, 142–143, 155, 160*

現象　phaenomena　*152, 168–169*

　実体化された現象　phaenomena substantiata　*152–153, 155–158, 167–170*

原理　principium　*76, 96, 112, 120*

　矛盾律　*112, 127–128*

　排中律　*112*

　同一律　*112*

　根拠律　*112, 127–128*

　充足根拠律　*17, 112, 127–128*

　帰結の原理　*122, 129*

構造　Structur　*43, 50, 58, 66*

効力　efficacia　*119, 120*

個体　suppositum　*121–122, 133–135*

ゴットシェート　Gottsched, Johann Christoph (1700-1766)　*48, 98*

根拠　ratio　*86, 101, 113, 119, 129, 132, 143–144, 161, 164, 168, 170–171*

渾然　confusio　*164*

サ　行

先在する　praeexsistere　*136–137, 160*

作用　effectus　*136*

ジークムント・ヤーコプ・バウムガルテン　Baumgarten, Siegmund Jacob (1706-1757)　*10, 12, 67, 128*

自然　natura　*25, 37, 41, 47, 56, 58, 73–74, 78, 80, 82, 84*

自然主義／自然主義者　naturalism　*7, 25, 28–30, 44*

持続　duratio　*140, 142*

自存するもの　subsistentia　*116, 152*

自然神学　theologia naturalis　*96, 105*

実在性　realitas　*136, 147–148*

実在的なもの　reale　*135, 141, 148–149, 166, 171–172*

実体　substantia　*37, 48, 55–56, 58, 65, 72–73, 82–87, 101–104, 106, 109–113, 115–129, 132, 135, 141, 143–144, 147, 154–155, 158–161, 165–172*

　複合実体　*155–156, 159, 168–170*

実体的なもの　substantiale　*116–117, 121, 129, 132, 142, 154, 160–161, 169, 190*

自動機械　automata　*43, 57–59, 63, 66, 68*

自発性　spontaneitas　*59, 68*

事物　res　*33, 58, 61, 77–78, 85, 135*

自由　libertas　*58–59, 61, 78, 80*

自由思想家　libertinos; Freigeister　*28, 35*

宗教　religio　*42, 44*

主語；基体　subiectum　*87, 103, 110, 112, 114–118, 125, 127, 161, 168–169*

述語　praedicatum　*96, 106, 109–112, 128, 134, 168–169*

受動作用　patitur　*132, 134, 141, 144*

受動する　passio　*132, 135, 144*

シュトッシュ　Stosch, Friedrich Wilhelm (1648-1704)　*35–39, 43, 47–50*

　『理性と信仰の一致』　*Concordia rationis et fidei*　*35–38*

シュペーナー　Spener, Philipp Jakob (1635-1705)　*36*

瞬間　momentum　*140, 142–143*

状態　status　*122, 132–133, 147*

衝突　conflictus　*135*

真なるもの　verum　*152, 168*

心理学　psychologia　*96, 189*

スピノザ　Spinoza, Benedict　*2, 7–8, 21, 25, 27, 32–35, 37, 41, 45–46, 50, 55, 71–72, 74–75, 77–79, 114, 171, 183*

　『神学・政治論』　*Tractatus theologico-politicus*　*8, 27, 29–30, 46*

　『エチカ』　*Ethica*　*8, 32, 34, 47, 56, 73, 78–80, 82–86*

スピノザ主義　spinozismus　*6–7, 17, 56, 58, 72, 75, 99*

　スピノザ主義者　*33, 75*

　形而上学上のスピノザ主義　spinozismus metaphysicus　*101, 147*

　神学上のスピノザ主義　spinozismus theologicus　*104, 106, 139*

制限　limitatio　*83*

精神　spiritus　*165–166*

生理学　*38*
世界　mundus　*42, 56, 80, 99, 101–104, 136–140, 142–144, 161–162, 164–166, 170–172*
世界論　cosmologia　*101, 103, 138, 161, 164*
潜在力　capacitas　*120*
全体　totum　*102, 138, 162*
相互的な連結　connexa　*166*
創造する　creare　*136, 148*
被造物　creatura　*42, 142, 171*
属性　attributa　*72–73, 77–86, 102, 104, 120, 122, 128*
ソネルス　Sonerus, Ernestus（1572/1573-1612） *110, 114*
存在者　ens　*72, 80, 82–83, 96, 102, 104, 109–110, 112, 115, 117–118, 121, 125, 128–129, 133–135, 137, 148, 155, 158*
存在する　esse　*83, 110, 115, 152*
存在論　ontologia　*96, 106, 112, 152*

タ　行

体系　systhema　*42, 56*
対象　obiectum　*117, 128*
魂　anima　*38, 42–43, 55–56, 58, 65–66, 72, 80, 171, 189*
力　vis　*83, 101, 103, 119, 121, 128–129, 132, 140, 143–144, 153–157, 160–161, 164, 169–172*
秩序　ordo　*43, 66, 77, 80*
徴標　nota　*109, 113*
調和　harmonia　*43, 164, 166*
チルンハウス　Tschirnhaus, Ehrenfried Walther von（1651-1708）　*32–35, 45–47, 126*
　『精神の医学』　*Medicina mentis*　*32–34, 45–46*
デカルト　Descartes, René（1596-1650）　*4, 34, 45, 50, 71, 74, 76, 105, 112, 114, 128, 148, 171*
　『省察』　*128, 148*
　『哲学原理』　*105, 128*
テュミッヒ　Thümmig, Ludwig Phillip（1697-1728）　*52*
特徴　character　*109*
トマジウス　Thomasius, Christian（1655-1728）　*24, 31–35, 37, 40, 45–47, 67–68*
　『月間対話』　*Monats-Gespräche*　*31, 33–34, 45–46*

ナ　行

内に留まる　immanens　*141*
内属するもの　inhaerentia　*116*
二元論／二元論者〔dualista〕　*8, 24*
能動作用　actio　*132, 135–136, 141, 143–146, 148, 165–166*
能動する　agere　*132, 135, 144*
能力　facultas　*34, 120*

ハ　行

ハイネ　Heine, Christian Johann Heinrich（1797-1856）　*16, 182–184, 189*
バウムガルテン　Baumgarten, Alexander Gottlieb（1714-1762）　*2–3, 10–14, 17–18*
　『美学』　*Aesthetica*　*180*
　『哲学的倫理学』　*Ethica Philosophica*　*10, 106*
　『形而上学』　*Metaphysica*　*3, 10, 13–14, 17, 96–97*
　『詩に関するいくつかの哲学的省察』　*Meditationes philosophicae ad nonnullis ad poema pertinentibus*　*12*
はたらき　opera　*41, 105, 132*
発生　ortus　*159–160*
反作用　reactio　*135, 145, 166*
必然性　necessitas　*58, 61, 78–80, 99*
必然的なもの　necessarium　*58, 61, 72, 77, 122, 125, 133–134, 137–139*
否定性　negatio　*147–148*
ビルフィンガー　Bilfinger, Georg Bernhard（1693-1750）　*97*
プーフェンドルフ　Pufendorf, Samuel von（1632-1694）　*36*
物質／質量　materia　*41–42, 117–118*
物質的なもの　materiale　*58, 115*
物体／身体　corpus　*63, 65, 157, 170–172*
ブッデウス　Buddeus, Johann Franz（1667-

1729） *37, 39*
『スピノザ以前のスピノザ主義に関する議論』 *Dissertatio de Spinozismo ante Spinozam* *37*
部分 pars *65, 111, 136-138, 164, 166*
不変的なもの immutabile *122*
普遍的なもの universale *77-78, 82, 164-166*
ベール Bayle, Pierre（1647-1706） *25, 32, 37, 40, 42, 48, 50, 98*
ヘルダー Herder, Johann Gottfried von（1744-1803） *92, 94*
変化 mutatio *132, 144*
変様 modificatio *72*
変状 affectio *120, 128*
ホッブズ Hobbes, Thomas（1588-1679） *29, 38, 43, 44, 49-50*
本質 essentia *113, 120, 125*
本質的なもの essentialie *83, 104, 120, 125, 128*

マ 行

マイアー Meier, Georg Friedrich（1718-1777） *127, 168*
みえる videntur *152*
無 nihil *136-138*
無限なもの infinitum *33, 101-103, 124, 134*
メンデルスゾーン Mendelssohn, Moses（1729-1786） *25, 97-98*
モナド monas *17, 142-143, 158-160, 162, 164, 168-172*

ヤ 行

ヤーコプ・トマジウス Thomasius, Jacob（1622-1684） *27-31, 34, 44-45*
「哲学する自由についての匿名の書に対する反駁」 *Adversus Anonymum de Libertate Philosopandi* *27-31*
「自由思想家に対する反駁」 *Adversus Philosophos Libertinos* *27-28*
唯物論／唯物論者〔materialista〕 *24-25, 49*
有限なもの finitum *72, 80, 102-103, 137, 141, 143-144*
様態 modus *83, 86, 102, 104, 120, 122, 128*
予定調和説 harmonia praestabilita *57, 62-66, 165-166, 170-173*

ラ 行

ライプニッツ Leibniz, Gottfried Wilhelm（1646-1716） *3, 10, 63, 123, 126-129, 148-149, 170-172*
『モナドロジー』 *10, 48, 63, 148*
ラウ Lau, Theodor Ludwig（1670-1740） *40-43, 49-50*
『神、世界、人間に関する哲学的省察』 *Meditationes philosophicae de Deo, mundo et homine* *40-43, 49-50*
ランゲ Lange, Joachim（1670-1744） *12, 17-18, 24, 36, 49, 52-69, 75, 81, 99, 101, 163, 165-166*
『神、世界、及び人間についてのヴォルフの形而上学説における、誤りで有害な哲学に関する慎ましく詳細な発見』 *Bescheidene und Ausführliche Entdeckung* *53-62, 65-66*
流出 emanatio *148*
流出による創造 creatio per emanatio *138*
連結 nexus *58, 61, 113, 164, 166*
ロイシュ Reusch, Johann Peter（1691-1758） *97, 173*
論理学 logica *34, 46-47, 152, 168*

文献一覧

一次文献

1. バウムガルテンの著作

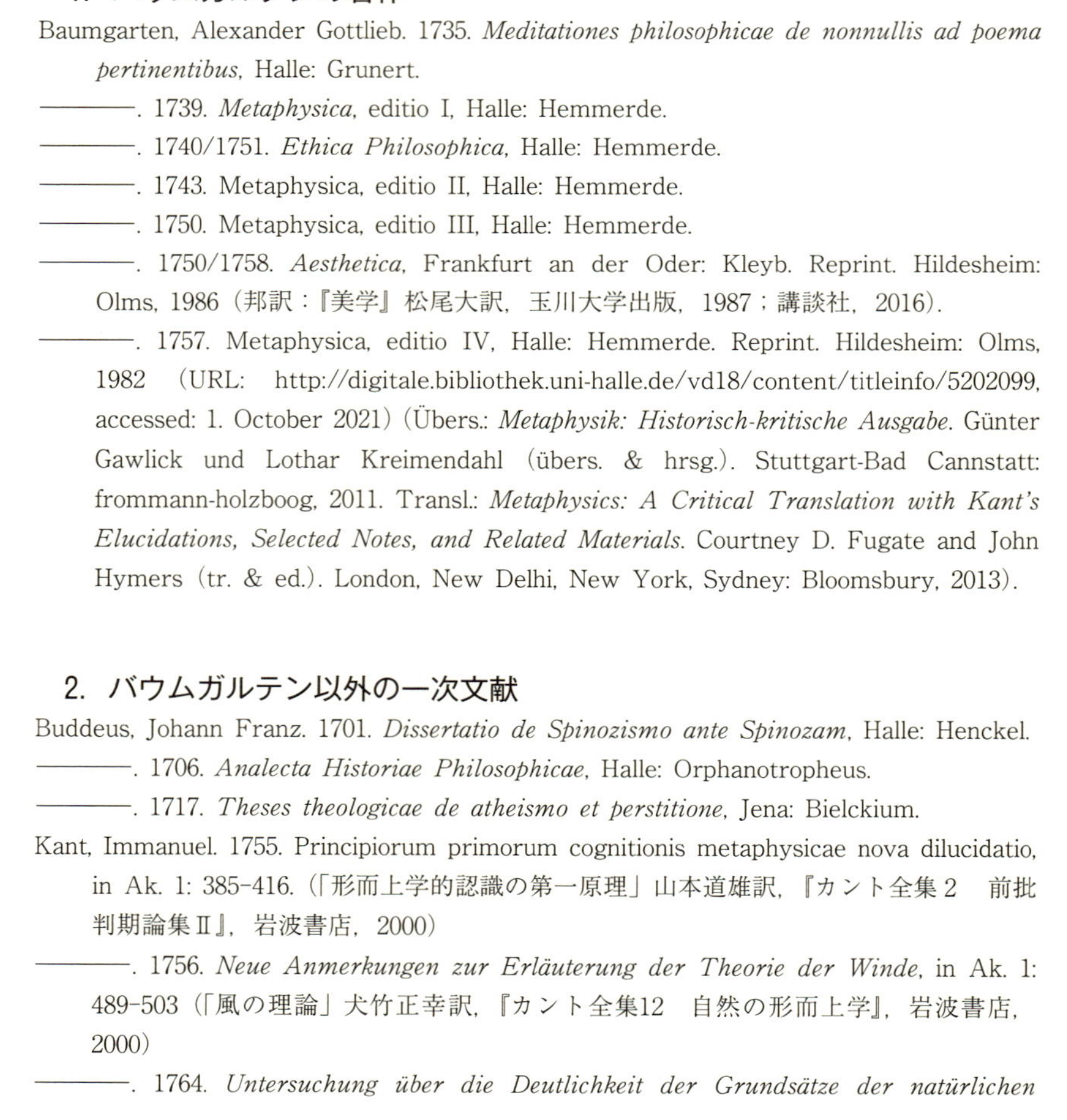

Baumgarten, Alexander Gottlieb. 1735. *Meditationes philosophicae de nonnullis ad poema pertinentibus*, Halle: Grunert.

———. 1739. *Metaphysica*, editio I, Halle: Hemmerde.

———. 1740/1751. *Ethica Philosophica*, Halle: Hemmerde.

———. 1743. Metaphysica, editio II, Halle: Hemmerde.

———. 1750. Metaphysica, editio III, Halle: Hemmerde.

———. 1750/1758. *Aesthetica*, Frankfurt an der Oder: Kleyb. Reprint. Hildesheim: Olms, 1986（邦訳：『美学』松尾大訳，玉川大学出版，1987；講談社，2016）.

———. 1757. Metaphysica, editio IV, Halle: Hemmerde. Reprint. Hildesheim: Olms, 1982 （URL: http://digitale.bibliothek.uni-halle.de/vd18/content/titleinfo/5202099, accessed: 1. October 2021）（Übers.: *Metaphysik: Historisch-kritische Ausgabe*. Günter Gawlick und Lothar Kreimendahl （übers. & hrsg.）. Stuttgart-Bad Cannstatt: frommann-holzboog, 2011. Transl.: *Metaphysics: A Critical Translation with Kant's Elucidations, Selected Notes, and Related Materials*. Courtney D. Fugate and John Hymers （tr. & ed.）. London, New Delhi, New York, Sydney: Bloomsbury, 2013）.

2. バウムガルテン以外の一次文献

Buddeus, Johann Franz. 1701. *Dissertatio de Spinozismo ante Spinozam*, Halle: Henckel.

———. 1706. *Analecta Historiae Philosophicae*, Halle: Orphanotropheus.

———. 1717. *Theses theologicae de atheismo et perstitione*, Jena: Bielckium.

Kant, Immanuel. 1755. Principiorum primorum cognitionis metaphysicae nova dilucidatio, in Ak. 1: 385-416.（「形而上学的認識の第一原理」山本道雄訳，『カント全集２　前批判期論集Ⅱ』，岩波書店，2000）

———. 1756. *Neue Anmerkungen zur Erläuterung der Theorie der Winde*, in Ak. 1: 489-503（「風の理論」犬竹正幸訳，『カント全集12　自然の形而上学』，岩波書店，2000）

———. 1764. *Untersuchung über die Deutlichkeit der Grundsätze der natürlichen*

Theologie und der Moral, in Ak. 2: 273–301.（「自然神学と道徳の原則の判明性」植村恒一郎訳，『カント全集３　前批判期論集Ⅲ』，岩波書店，2001）

———. 1765. *Nachricht von der Einrichtung seiner Vorlesungen in dem Winterhalbenjahr von 1765–1766*, in Ak. 2: 303–313.（「1765–1766冬学期講義計画公告」田山令史訳，『カント全集３　前批判期論集Ⅲ』，岩波書店，2001）

———. 1781/1787. *Kritik der reinen Vernunft*, in Ak. 3: 1–552; 4: 1–252（『純粋理性批判』有福孝岳訳，『カント 全集４・５・６』，岩波書店，2001/2003/2006）

———. 1928. *Reflexionen zur Metaphysik (1776-1789)*, in Ak. 18.

———. 2019. *Neue Reflexionen: Die frühen Notate zu Baumgartens „Metaphysica"*, Günter Gawlick, Lothar Kreimendahl und Werner Stark（hrsg.）, Stuttgart-Bad Cannstatt: frommann-holzboog.

Lange, Joachim. 1702. [Anon.] *Nothwendige Gewissens-Rüge an den Hällischen Prof juris, Herrn D. Christian Thomasium, wegen seines abermahligen Unfugs, so er im neulichsten teutschen Progammate seiner künftigen Winter-Lectionum angerichtet, angestellet von einem Diener des Göttlichen Worts in der Marek Brandenburg*, Halle.

———. 1704. *Medicina mentis, qua praemissa Historia mentis medica, seu philosophica, detectaque ac rejecta philomoria; genuina philosophandi ac litterarum studia tractandi Methodus [...] ostenditur*, Halle.

———. 1723. *Causa Dei et religionis naturalis adversus atheismum, et, quae eum gignit, aut promovet, Pseudophilosophiam veterum et recentiorum: Praesertim Stoicam et Spinozianam, e genuinis verae philosophiae principiis methodo demonstrativa adserta*, Halle.

———. 1724. *Bescheidene und ausführliche Entdeckung der falschen und schädlichen Philosophie in dem Wolffianischen Systemate Metaphysico von Gott, der Welt, und dem Menschen; und insonderheit von der so genannten harmonia praestabilita des commercii zwischen Cf.l und Leib [...]*, Halle: Buchladen des Wäysenhauses（Transl.: Joachim Lange: A Modest and Detailed Disclosure of the False and Harmful Philosophy in the Wolffian Metaphysical System（1724）. Corey W. Dyck（tr. & ed.）, *Early Modern German Philosophy (1690-1750)*, Oxford: Oxford UP, 2019, 135–155）.

Lau, Theodor Ludwig. 1717. [Anon.] *Meditationes philosophicae de Deo, mundo et homine*（In *Theodor Ludwig Lau (1670-1740): Meditationes philosophicae de Deo, mundo et hornine (1717), Philosophische Clandestina der deutschen Aufklärung*, I, 1, Martin Pott（ed.）, Stuttgart-Bad Canstatt: Fromann-Holzboog, 1992, 55–104）（Transl.: Theodor Ludwig Lau: Philosophical Meditations concerning God, the World, and the Human Being（1717）. Corey W. Dyck（tr. & ed.）, *Early Modern German Philosophy (1690-1750)*, Oxford: Oxford UP, 2019, 74–91）.

———. 1719. *Meditationes, theses, Dubia philosophico-theologica* (In *Theodor Ludwig Lau (1670-1740): Meditationes philosophicae de Deo, mundo et hornine (1717), Philosophische Clandestina der deutschen Aufklärung,* I, 1, Martin Pott (ed.), Stuttgart-Bad Canstatt: Fromann-Holzboog, 1992, 105-153).

Leenhof, Frederik van. 1706. *Der Himmel auff Erden*, Amsterdam: Wesel.

Mendelssohns, Moses. 1755. *Philosophische Gespräche* (In Moses Mendelssohn, *Schriften zur Philosophie, Aesthetik, und Apologetik*, Moritz Brasch (ed.), Olms, 1968).

Spinoza, Benedictus de.. 1925. *Ethica* (In *Spinoza Opera*, Carl Gebhardt (ed.), Heiderberg: Carl Winters; 邦訳：『エチカ（倫理学)』（上）畠中尚志訳，岩波書店，2019 (1951)).

Stosch, Friedrich Wilhelm. 1692. *Concordia rationis et fidei*, Amsterdam (In *Friedrich Wilhelm Stosch (1648-1704): Concordia rationis et fidei (1692), Philosophische Clandestina der deutschen Aufklärung*, I, 2, Winfried Schröde (ed.), Stuttgart-Bad Cannstatt: frommann-holzboog, 1992, 35-178) (Transl.: Friedrich Wilhelm Stosch: The Concord of Reason and Faith (1692). Corey W. Dyck (tr. & ed.), *Early Modern German Philosophy (1690-1750)*, Oxford: Oxford UP, 2019, 57-73).

Thomasius, Christian. 1690. *Freymüthige Lustige und Ernsthaffte iedoch Vernunfft- und Gesetz- Massige Gedancken Oder Monats-Gespräche über allerhand fürnehmlich aber Neue Bücher Durch alle zwölf f Monate des 1688. und 1689. Jahrs*, Halle.

———. 1694. *Dissertatio ad Petri Poiret libros de eruditione solida*, Halle.

Thomasius, Jacob. 1670. 'Adversus anonymum de Libertate philosophandi' (In *Dissertationes LXIII*, Halle: Zeitleri, 1693, 571-581).

Tschirnhaus, Ehrenfried Walther von. 1687. *Medicina mentis, sive Tentamen genuinae Logicae, in qua disseritur de Methodo detegendi incognitas veritates*, Amsterdam.

Wachter, Johann Georg. 1699. *Der Spinozismus im Judenthum*, Amsterdam: Wolter.

Wolff, Christian. 1720. *Vernünftige Gedanken von Gott, der Welt und der Cf.le des Menschen, auch allen Dingen überhaupt*, Halle:Hemmerde (In *Gesammelte Werke* (=WW), Charles A. Corr (hrsg.), I, Bd. 2, Hildesheim: Olms, 1983).

———. 1731. *Cosmologia generalis, methodo scientifica pertractata, qua ad solidam, inprimis Dei atque naturae, cognitionem via sternitur*, Frankfurt/Leipzig: Renger (In WW, Jean École (hrsg.), II, Bd. 4, Hildesheim: Olms, 1964).

———. 1734. *Psychologia rationalis* (In WW, Jean École (hrsg.), II, Bd. 6, Hildesheim: Olms, 1972).

———. 1736. *Philosophia prima sive Ontologia, methodo scientifica pertractata, qua omnis cognitionis humanae principia continentur*, Frankfurt/Leipzig: Renger (In WW, Jean École (hrsg.), II, Bd. 3, Hildesheim: Olms, 1962).

———. 1736(1)/1737(2). *Theologia naturalis methodo scientifica pertractata*, Frankfurt/Leipzig (In: WW, Jean École (hrsg.), II, Bd. 7.1-7.2; 8, Hildesheim:

Olms, 1978; 1981).
[Anon.]. 1742. „Metaphysica per A. G. Baumgarten (1739)," *Nova acta eruditorum*, IV, Leipzig, 266-273 (Übers.: Gawlick/Kreimendahl (2011) 586-602).
[Anon.]. 1762. *Catalogus librorum a viro excellentissimo amplissimo Alexandra Gottlieb Baumgarten : Suos et amicorum in usus comparatorum*, Frankfurt an der Oer : Winter.

アリストテレス．1968.『形而上学』，出隆訳，『アリストテレス全集12』所収，岩波書店.
ヴィンデルバント．1936.『哲学概論』，速水敬二訳，岩波書店.
————．1941.『一般哲学史』，井上忻治訳，第一書房.
カント．2000.『活力測定考』，大橋容一郎訳，『カント全集１　前批判期論集』，岩波書店，1-213.
スピノザ．1968.『知性改善論』，畠中尚志訳，岩波書店.
デカルト．1973.『省察』所雄章訳，『デカルト著作集２　省察および反論と答弁』，白水社，7-113
————．1973.「第四反論と答弁」広田昌義訳，『デカルト著作集２　省察および反論と答弁』，白水社，241-308
————．1973.『哲学原理』三輪正・本多英太郎訳，『デカルト著作集３　哲学原理・情念論・書簡集』，白水社，9-162
ハイネ．1973.『ドイツ古典哲学の本質』改訳版，伊東勉訳，岩波書店.
ヘーゲル．2016.『哲学史講義』，長谷川宏訳，河出書房新社.
ベール．1987.『歴史批評辞典』３（Ｐ～Ｚ），野沢協訳，『ピエール・ベール著作集』５，法政大学出版局．1990.『形而上学叙説』，西谷裕作訳，『ライプニッツ著作集８　前期哲学』，工作舎，137-214.
ライプニッツ．1991.『弁神論（下)』，佐々木能章訳，『ライプニッツ著作集７　宗教哲学』，工作舎，11-160.
————．1991.『神の大義――神の正義をそれ以外の神の完全性ならびにその全作用と両立させることにより弁ぜられたるところの』，佐々木能章訳，『ライプニッツ著作集７　宗教哲学』，工作舎，253-293.
————．2019.『デ・ボス宛書簡（抄)』，佐々木能章訳，『ライプニッツ著作集９　後期哲学』（新装版)，工作舎，131-204.
————．2019.『モナドロジー“哲学の原理”』，西谷裕作訳，『ライプニッツ著作集９　後期哲学』（新装版)，工作舎，205-244.

二次文献

Albrecht, Michael. 2016. 'AEPINUS, Franz Albert (1673-1750),' *BD*, 11.

App, Urs, 2010. *The Birth of Orientalism*. Philadelphia and Pennsylvania: University of Pennsylvania Press.

Begley, Bartholomew. 2018. "Naturalism and its political dangers: Jakob Thomasius against Spinoza's *Theological-Political Treatise*. A study and the translation of Thomasius' text", *The Seventeenth Century* 34: 649-670.

Beiser, Frederick C.. 1987. *The Fate of Reason*. Cambridge, Massachusetts, London: Harbard University Press.

Bianco, Bruno. 1989. „Freiheit gegen Fatalismus, Zu Joachim Lange Kritik an Wolff", *Wolenbütteler Studien zur Aufklärung*, Bd. 15, Zentrum der Aufklärung und Pietismus.

Casula, Mario. 1973. *La metafisica di A. G. Baumgarten*, Milano: Ugo Mursia Editore.

———. 1975. „Die Lehre von der prästabilierten Harmonie in ihrer Entwicklung von Leibniz bis A. G. Baumgarten", *Akten des II. Internationalen Leibniz-Kongresses. Hannover, 17.-22. Juli 1972*, Bd. 3, 397-414.

———. 1979. „A. G. Baumgarten entre G. W. Leibniz et Chr. Wolff", *Archives de Philosophie*, 42, 547-574.

Döring, Detlef. 2016. 'STOSCH, Friedrich Wilhelm (1648-1704)'. *BD*, 757-758.

Dyck, Corey W.. 2014. *Kant & Rational Psychology*. Oxford: Oxford University Press.

———. 2016. Materialism in the Mainstream of Early German Philosophy, *British Journal for the History of Philosophy*, 24, 897-916.

———. 2018. "Between Wolffianism and Pietism — Baumgarten's Rational Psychology", *BKM*, 78-93.

———. 2019. *Early Modern German Philosophy (1690-1750)*. Oxford University Press.

Effertz, Dirk. 2014. „Zur Monade bei Leibniz und Wolff", *Studia Leibnitiana*, 46, 64-75.

Ertle, Wolfgang. 2014. "Ludewig Molina and Kant's Libertarian Compatibilism", *A Companion to Luis de Molina*. Alexander Michele and Mathias Kaufmann (eds.), Leiden and Boston: Brill, 405-445.

Fugate, Courtney D. and John Hymers. 2013. Introduction to the Translation, *Metaphysics: A Critical Translation with Kant's Elucidations, Selected Notes, and Related Materials*. Courtney D. Fugate and John Hymers (tr. & ed.). London, New Delhi, New York, Sydney: Bloomsbury, 3-65.

———. 2018. *Baumgarten and Kant on Metaphysics*. Oxford: Oxford University Press, 2018. (=*BKM*)

Gawlick, Günter. 2002. „Einige Bemerkungen über Christian Wolffs Verhältnis zu Spinoza", *Spinoza im Deutschland des achtzehn Jahrhunderts*, Eva Schürmann, Norbert Waszek und Frank Weinreich (hrsg.), Stuttgart-Bad Cannstatt: frommann-holzboog, 109-119.

Gawlick, Günter und Lothar Kreimendahl. 2011. Einleitung, *Metaphysik: Historisch-kritische Ausgabe*. Günter Gawlick and Lothar Kreimendahl (übers. & hrsg.), Stuttgart-Bad Cannstatt: frommann-holzboog, IV-LXXXIII.

Israel, Jonathan. 2001. *Radical Enlightenment*. Oxford: Oxford University Press.

———. 2006. *Enlightenment Contested: Philosophy, Modernity, And the Emancipation of Man 1670-1752*. Oxford: Oxford University Press.

———. 2010. *A Revolution of the Mind: Radical Enlightenment and the Intellectual Origins of Modern Democracy*. Princeton and New Jersey: Princeton University Press（邦訳：森村敏己訳『精神の革命――急進的啓蒙と近代民主主義の知的起源』, みすず書房，2017）.

Juan, Li. 2016. *Metaphysik zwischen Tradition und Aufklärung: Wolffs Theologia naturalis im Kontext seines Gesamtwerkes*. Bern: Peter Lang.

Kemp Smith, Norman. 1923. *A Commentary to Kant's "Critique of Pure Reason"* 2nd, London: The Macmillan Press（邦訳：山本冬樹訳『カント「純粋理性批判」註解』, 行路社，2001）.

Klemme, Heiner F. and Manfred Kuehn (eds.). 2016. *The Bloomsbury Dictionary of Eighteenth Century German Philosophers*. London: Bloomsbury. (=*BD*)

Leask, Ian. 2016. "Stoicism unbound: Cicero's Academica in Toland's Pantheisticon." *British Journal for the History of Philosophy* 25: 2, 223-243.

Langton, Rae. 1998. *Kantian Humility: Our Ignorance of Things in Themselves*. Oxford: Clarendon Press.

Look, Brandon C. 2013. "Simplicity of Substance in Leibniz, Wolff and Baumgarten." *Studia Leibnitiana* 45, 191-208.

———. 2018. "Baumgarten's Rationalism." *BKM*, 10-22.

Mauthner, Fritz. 1920-1923. *Der Atheismus und seine Geschichte im Abendlande*. Stuttgart : Deutsche Verlagsanstalt.

McDonough, Jeffrey K. 2007. "Leibniz: Creation and Conservation and Concurrence." *The Leibniz Review* 17: 31-60.

McQuillan, J. Colin. 2021. "Wolffian Rationalism and Baumgarten's Aesthetics." *Baumgarten's Aesthetics: Historical and Philosophical Perspectives*. J. Colin McQuillan (ed.), Lauham, MD: Rowman and Littlefield, 149-170.

Mercer, Christia. 2001. *Leibniz's Metaphysics: Its Origins and Development*. Cambridge: Cambridge University Press.

Mori, Gianluca, 2011. "Pieere Bayle, Dictionnaire historique et critique (1697)." *the Bloomsbury Companion to Spinoza*, Wiep Van Bunge, Henri Krop, Piet Steenbakkers and Jeroen van de Ven (eds.), London, New Delhi, New York, Sydney: Bloomsbury, 85-106.

Mulsow, Martin. 2016. 'LAU. Theodor Ludwig (1670-1740).' *BD*, 460-462.

———. 2018 *Radikale Frühaufklärung in Deutschland 1680-1720*. Göttingen: Wallstein Verlag.

Niggli, Ursula. 1999. *Die Vorreden zur Metaphysik*. Zürich: Klostermann.

Pott, Martin. 1992. Einleitung, *Theodor Ludwig Lau (1670-1740): Meditationes philosophicae de Deo, mundo et hornine (1717)*, vol. 1.1 in the series *Philosophische Clandestina der deutschen Aufklärung*, Martin Pott (ed.), Stuttgart-Bad Cannstatt: frommann-holzboog, 9-50.

Schönfeld, Martin. 2016. 'LANGE, Joachim.' *BD*, 456-60.

Schröder, Peter. 2016. 'THOMASIUS, Christian (1655-1728).' *BD*, 779-782.

Schröder, Winfried. 2002. „Die ungereimteste Meynung, die, jemals von Menschen ersonnen worden" - Spinozismus in der deutschen Fruhaufklarung?, *Spinoza im Deutschland des achtzehn Jahrhunderts*, Eva Schürmann, Norbert Waszek und Frank Weinreich (hrsg.), Stuttgart-Bad Cannstatt: frommann-holzboog, 121-138.

Schürmann, Eva, Norbert Waszek und Frank Weinreich. 2002. *Spinoza im Deutschland des achtzehn Jahrhunderts*. Stuttgart-Bad Cannstatt: frommann-holzboog.

Schwaiger, Clemens. 2011. *Alexander Gottlieb Baumgarten — ein intellektuelles Porträt: Studien zur Metaphysik und Ethik von Kants Leitautor*. Stuttgart-Bad Cannstatt: frommann-holzboog.

Watkins, Eric. 2005. *Kant and the Metaphysics of Causality*. Cambridge: Cambridge University Press.

Wuerth, Julian. 2010. "The Paralogisms of Pure Reason." *The Cambridge companion to Kant's Critique of pure reason*. Paul Guyer (ed.), Cambridge: Cambridge University Press, 210-244.

Wundt, Max. 1964 (1945). *Die deutsche Schulphilosophie im Zeitalter der Aufklärung*. Hildesheim: Olms, 230-244.

Wurtz, Jean Paul. 1981. „Tschirnhaus und die Spinozismusbeschuldigung: die Polemik mit Christian Thomasius." *Studia Leibnitiana* 13, 61-75.

Zeller, Eduard. 1865. *Vorträge und Abhandlungen geschichtlichen Inhalts*. Leipzig: Fues, 108-139.

ヴァイグル，エンゲルハルト．1997.『啓蒙の都市周遊』，三島憲一・宮田敦子訳，岩波書店.

カッシーラー，エルンスト，2000.『認識問題２-１　近代哲学と科学における』，須田朗・宮武昭・村岡晋一訳，みすず書房.

———．2003.『啓蒙主義の哲学　下』，中野好之訳，筑摩書房.

キューン，マンフレッド．2017.『カント伝』，菅沢龍文・中澤武・山根雄一郎訳，春風社.

コプルストン，フレデリック．1970.『中世哲学史』，箕輪秀二・柏木英彦訳，創文社.

ジルソン，エティエンヌ．1974(1)/1975(2).『中世哲学の精神』，服部英次郎訳，筑摩書房.

シュナイダース，ヴェルナー．2009.『理性への希望——ドイツ啓蒙主義の思想と図像』，村

井則夫訳，法政大学出版局．

スチュアート，マシュー．2011.『宮廷人と異端者――ライプニッツとスピノザ，そして近代における神』，桜井直文・朝倉友海訳，書肆心水．

ヒルシュベルガー．1964.『小哲学史』，稲垣良典訳，エンデルレ書店．

――――．1976.『西洋哲学史　3 近代』，高橋憲一訳，理想社．

モロー，ピエール＝フランソワ．2021.『スピノザ入門［改訂新版］』，松田克進・樋口善郎訳，白水社．

井奥陽子．2020.『バウムガルテンの美学――図像と認識の修辞学』，慶應義塾大学出版会．
池田真治．2018.「ライプニッツと原子論――〈アトム〉から〈モナド〉へ」．田上孝一・本郷朝香編『原子論の可能性：近現代哲学における古代的思惟の反響』，111-152.
石田隆太・檜垣良成．2017.「バウムガルテン『形而上学』第 4 部「自然神学」第 1 章「神の概念」第 2 節「神の知性」試訳」．『筑波哲学』25, 72-82.
――――．2018.「バウムガルテン『形而上学』第 4 部「自然神学」第 1 章「神の概念」第 3 節「神の意志」試訳」．『筑波哲学』26, 108-122.
海老坂高．2002.「スピノザ主義」．『帝京国際文化』15, 23-39.
大河内泰樹．2015.「『ドイツ観念論』とはなにか？――あるいは『ドイツ観念論』はなぜそう呼ばれるべきではないのか？」．『ニュクス』2, 8-25.
大西克智．2014.『意志と自由――一つの系譜学』，知泉書館．
大橋容一郎．2000.「解説（活力測定考）」．『カント全集 1　前批判期論集』，岩波書店，407-419.
桂寿一．1978.『デカルト哲学とその発展』東京大学出版会．
加藤泰史．2022.「序「スピノザと」読み解く近代ドイツ哲学史」．加藤泰史編『スピノザと近代ドイツ：思想史の虚軸』，v-xxii.
河村克俊．1994.「カント第三アンチノミーの前史」．『立命館経済学』，43(5), 109-121.
――――．2014.「運命論と自由意志――ヴォルフとピエティスト派神学者の論争」．『外国語外国文化研究』16, 1-26.
佐藤恒徳．2015.「完全性の哲学の解体――ヴォルフ学派とカント」．東北大学大学院国際文化研究科博士論文．
佐藤千明．2007.「ランボーの「客観的な詩」について：ハインリッヒ・ハイネの『ドイツ論』を中心とする文学，思想観からみて」．『人文・自然研究』(1), 193-209.
嶋崎太一．2014.「「物質は substantia phaenomenon である」――カントの自然科学論における実体の問題」．『日本カント研究』15, 162-176.
下田和宣．2015.「生きている哲学――ヤコービの『無知の学』と『信の実在論』が向かう先」．『ニュクス』2, 116-129.
田子山和歌子．2013.「神という名のモナド――神と被造物の協働」．『理想』691.
田中英三．1977.『ライプニッツ的世界の宗教哲学』創文社．
津田栞里．2018.「創造の自由――バウムガルテンにおける「中間知（scientia media）」及

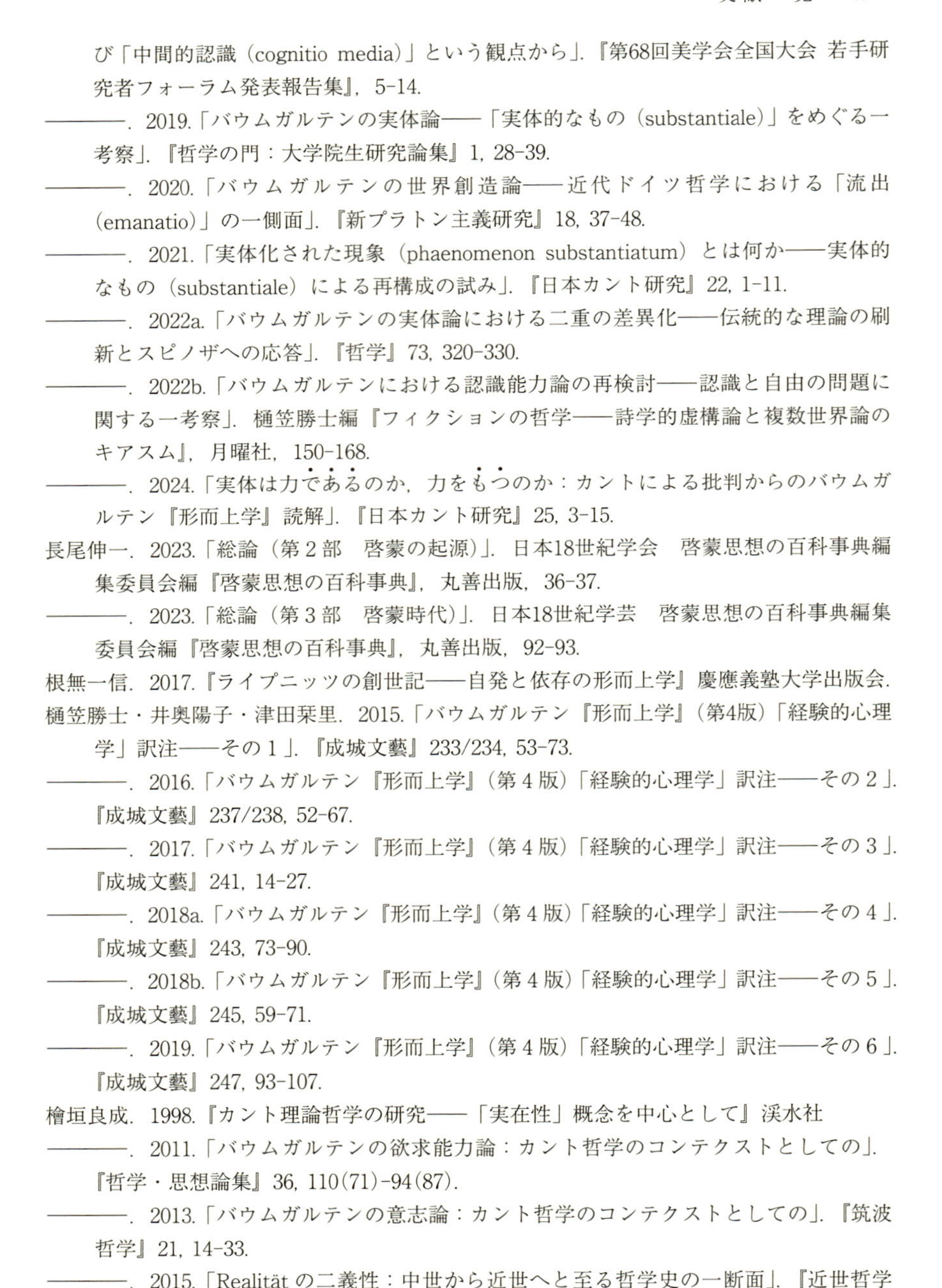

び「中間的認識（cognitio media）」という観点から」．『第68回美学会全国大会 若手研究者フォーラム発表報告集』，5-14.

———．2019.「バウムガルテンの実体論——「実体的なもの（substantiale）」をめぐる一考察」．『哲学の門：大学院生研究論集』1, 28-39.

———．2020.「バウムガルテンの世界創造論——近代ドイツ哲学における「流出（emanatio）」の一側面」．『新プラトン主義研究』18, 37-48.

———．2021.「実体化された現象（phaenomenon substantiatum）とは何か——実体的なもの（substantiale）による再構成の試み」．『日本カント研究』22, 1-11.

———．2022a.「バウムガルテンの実体論における二重の差異化——伝統的な理論の刷新とスピノザへの応答」．『哲学』73, 320-330.

———．2022b.「バウムガルテンにおける認識能力論の再検討——認識と自由の問題に関する一考察」．樋笠勝士編『フィクションの哲学——詩学的虚構論と複数世界論のキアスム』，月曜社，150-168.

———．2024.「実体は力であるのか，力をもつのか：カントによる批判からのバウムガルテン『形而上学』読解」．『日本カント研究』25, 3-15.

長尾伸一．2023.「総論（第２部　啓蒙の起源）」．日本18世紀学会　啓蒙思想の百科事典編集委員会編『啓蒙思想の百科事典』，丸善出版，36-37.

———．2023.「総論（第３部　啓蒙時代）」．日本18世紀学芸　啓蒙思想の百科事典編集委員会編『啓蒙思想の百科事典』，丸善出版，92-93.

根無一信．2017.『ライプニッツの創世記——自発と依存の形而上学』慶應義塾大学出版会．

樋笠勝士・井奥陽子・津田栞里．2015.「バウムガルテン『形而上学』（第4版）「経験的心理学」訳注——その１」．『成城文藝』233/234, 53-73.

———．2016.「バウムガルテン『形而上学』（第４版）「経験的心理学」訳注——その２」．『成城文藝』237/238, 52-67.

———．2017.「バウムガルテン『形而上学』（第４版）「経験的心理学」訳注——その３」．『成城文藝』241, 14-27.

———．2018a.「バウムガルテン『形而上学』（第４版）「経験的心理学」訳注——その４」．『成城文藝』243, 73-90.

———．2018b.「バウムガルテン『形而上学』（第４版）「経験的心理学」訳注——その５」．『成城文藝』245, 59-71.

———．2019.「バウムガルテン『形而上学』（第４版）「経験的心理学」訳注——その６」．『成城文藝』247, 93-107.

檜垣良成．1998.『カント理論哲学の研究——「実在性」概念を中心として』渓水社

———．2011.「バウムガルテンの欲求能力論：カント哲学のコンテクストとしての」．『哲学・思想論集』36, 110(71)-94(87).

———．2013.「バウムガルテンの意志論：カント哲学のコンテクストとしての」．『筑波哲学』21, 14-33.

———．2015.「Realitätの二義性：中世から近世へと至る哲学史の一断面」．『近世哲学

研究』19：1-34.

檜垣良成・石田隆太・栗原拓也．2016.「バウムガルテン『形而上学』訳注―第１部「有論」第１章（改訳増補版）」．『哲学・思想論集』41, 112(43)-77(78).

檜垣良成・石田隆太．2017.「バウムガルテンの「神」概念――『形而上学』第４部「自然神学」第１章「神の概念」第１部「神の存在」試訳．『哲学・思想論集』42, 100(19)-88(31).

平尾昌宏．2004.「啓蒙期ドイツのスピノザ主義――ランゲ－ヴォルフ論争から」．『スピノザーナ』5, 43-63.

――――．2007.「ドイツにおけるスピノザ主義の基本構図――後期啓蒙から汎神論論争まで」．『大阪産業大学論集（人文科学編）』121, 79-96.

――――．2010.「メンデルスゾーンとスピノザ主義の水脈――その源流」．『スピノザーナ』11, 87-104.

増山浩人．2015.『カントの世界論――バウムガルテンとヒュームに対する応答』，北海道大学出版会.

――――．2016.「バウムガルテンのモナドロジー」．『哲学年報』62, 53-70.

――――．2018.「カントのライプニッツ哲学受容の源泉としてのバウムガルテンの『形而上学』――前批判期カントの予定調和説批判」．『ライップニッツ研究』5, 200-218.

松山壽一．1992.『ドイツ自然哲学と近代科学』北樹出版.

山下和也．2004.「ドイツ啓蒙と敬虔主義――自由論を巡って」．『現代カント研究９近代からの問いかけ――啓蒙と理性批判』，晃洋書房，105-129.

――――．2016.『カントと敬虔主義――カント哲学とシュペーナー神学の比較』，晃洋書房.

――――．2019.「カントとシュペーナー――批判哲学と敬虔主義神学」．『日本カント研究』20, 95-104.

山本道雄．2008.『カントとその時代――ドイツ啓蒙思想の一潮流』，晃洋書房.

――――．2016.『ドイツ啓蒙の哲学者クリスティアン・ヴォルフのハレ追放顛末記――ドイツ啓蒙思想の一潮流２』，晃洋書房.

――――．2020.『ドイツ啓蒙の哲学者若きクリスティアン・ヴォルフの知識体系論――ドイツ啓蒙思想の一潮流３』，晃洋書房.

吉田耕太郎．2002.「17-18世紀ドイツ知識人世界の一側面――Augustinus Hubertus Laeven The 》Acta Eruditorum《 under the editorship of Otto Mencke（1644-1707）の議論をめぐって」．『Quadrante：クァドランテ：四分儀：地域・文化・位置のための総合雑誌』4, 359-368.

吉田量彦．2022.『スピノザ――人間の自由の哲学』，講談社.

《著者紹介》

津田栞里（つだ　しおり）

一橋大学大学院社会学研究科博士後期課程修了。博士（社会学）。
一橋大学大学院社会学研究科ジュニアフェロー（特任講師）、東洋大学文学部助教を経て、現在は同大学講師。

主要業績

「実体は力であるのか、力をもつのか――カントによる批判からのバウムガルテン『形而上学』読解」（『日本カント研究』第25巻、2024年）

「バウムガルテンの実体論における二重の差異化――伝統的な理論の刷新とスピノザへの応答」（『哲学』第73号、2022年）

「スピノザ論争がバウムガルテンに残した課題――実体に相応しいのは神か？被造物か？」（加藤泰史編『スピノザと近代ドイツ：思想史の虚軸』、岩波書店、2022年）

バウムガルテンとスピノザ論争史
――18世紀ドイツ哲学再考――

2025年2月28日　初版第1刷発行　　＊定価はカバーに表示してあります

著　者　津　田　栞　里©
発行者　萩　原　淳　平
印刷者　田　中　雅　博

発行所　株式会社　晃　洋　書　房
〒615-0026　京都市右京区西院北矢掛町7番地
電話　075(312)0788番(代)
振替口座　01040-6-32280

装幀　安藤紫野　　印刷・製本　創栄図書印刷㈱

ISBN 978-4-7710-3914-8